U0033463

活著說出真相

蔡寬裕先生訪談錄

附錄——陳麗珠女士訪問紀錄

陳儀深——訪問

彭孟濤、林東璟、潘彥蓉——記錄

眞相與轉型正義的生命之旅
——序蔡寬裕先生訪談錄

陳儀深（國史館館長）

　　2019年夏天我從中研院近史所退休、緊接著到國史館任職之前爲止，總共已經出版超過十本的口述歷史，在台灣歷史學界可以算是「名列前茅」吧。作爲我研究戰後台灣政治史、尤其是研究戒嚴時期政治案件的基礎，口述歷史的重要性不亞於檔案，而我第一本的口訪成果是2000年中研院近史所出版的《口述歷史》第十期：蘇東啓政治案件專輯，第二本是2002年出版的《口述歷史》第十一期：泰源監獄事件專輯；這兩個案件的追查，很大的程度是透過蔡寬裕前輩的協助，才順利找到適當的受訪者。

　　從我爲了研究蘇東啓案而初次正式訪問蔡前輩，到2017-18年爲了執行人權館委託案而訪問蔡前輩，乃至2019

年夏天我來國史館任職以後的補訪，前後有20年左右的時間，其實歷經不少非正式的訪問（請教），如今終於要出版一本有頭有尾的訪談錄了，可以說是完成彼此的一樁宿願；這次的「滿願」當然也要感謝中研院近史所以及國家人權博物館，願意將相關的著作權授予我們。本書的形成既然歷經長時間的「積累」，內容不免有些許的重複，還望讀者鑒諒。

就蘇案而言，蔡前輩不但在獄中、獄外與諸位受難前輩相熟，由於他常住高雄的時候不時開車去台中或台北，路過北港常會去找蘇東啓「秉燭夜談」，所以對蘇東啓政治案的細節以及蘇本人與李萬居之間的關係，知之甚詳。就1970年泰源監獄事件而言，國民黨政府認為這是「劫械逃獄案」或「獄中再叛亂案」，對支持台獨的人而言則認為是一樁革命事件，蔡前輩就是當時參與其事的外役，事發之後雖然因鄭金河、江炳興等烈士一肩挑起而沒有擴大偵辦，蔡前輩和柯旗化等「涉嫌人」一樣——在綠島感訓監獄刑期滿了之後——還被留訓在綠指部三年，在這個意義上，他也是泰源事件的受難者之一。十幾年前我做完泰源案的口述史以後，曾經遠赴台東縣東河鄉，進去泰源技訓所（即昔日泰源感訓監獄）參訪、拍照，2018年初我為了執行人權館委託的泰源事件研究案，再度造訪泰源的時候則與蔡前輩同行，當時我們夜宿台東的溫泉旅館，我也是隨身帶著錄音筆，「浴前浴後」繼續進行不知已經是第幾次的訪談……所以，蔡前輩平常很少對外人說起的複雜身世，終於可以比較完整地記錄在本書中。

本書不只是一般政治受難者的口述史，因為蔡前輩的

生命經驗擴大了政治受難的意涵，例如：他出獄以後在台中開工廠、聘用不少「難友」，繼續與警總打交道；解嚴後參與組織台獨政治犯為主的聯誼會（2000年他們的團體曾經租遊覽車去屏東墾丁旅遊，我當時帶著錄音筆隨車南下，在墾丁一起過夜，我記得張世欽、黃錫琅兩位前輩的訪問就是那天晚上完成的），成為反對運動的一環；此外，他和蔡焜霖前輩一樣常常受邀參加人權館的委託案審查，我若有機會和他們一起開會討論，每每感受到他們兩人不但博學多聞，而且具有目標清晰卻又兼容並蓄的性格；最重要的是，蔡前輩對於轉型正義的追求鍥而不捨，包括馬政府時代的龍應台部長、王逸群主任，蔡政府時代的鄭麗君部長、陳俊宏館長、楊翠主任委員，以及立法委員柯建銘、謝聰敏、尤美女乃至國民黨籍的陳學聖、蔣萬安等等，都是蔡前輩不斷遊說、接觸或「周旋」的對象，其中關於《促轉條例》、《國家人權博物館組織法》、《政治檔案條例》等重大的轉型正義立法過程，都可以看到蔡前輩的身影，本書也儘可能在這方面做了記錄。

　　《轉型正義：邁向民主時代的法律典範轉移》一書的作者、美國紐約法學院教授璐蒂・泰鐸（Ruti G. Teitel）於2019年7月曾經來台訪問，她在一場座談會中指出，世界各國對於如何面對昔日的加害者會有不同的決定，例如阿根廷民主化以後軍人的力量較弱，所以可以進行追究審判，但同是在南美洲的智利，民主化之後軍政府的力量還很強，轉型正義的工作就以和解為主——後來這方式被南非學去、成為所謂的「南非模式」。要之，轉型正義標榜的真相和正義不是理想化的正義，而是一種確實可行的正

義。台灣政治民主化以後的轉型正義，是從九〇年代國民黨執政的李登輝時代開始，歷經民進黨執政的陳水扁總統、蔡英文總統時期並沒有另起爐灶，只是延續和深化，其中理想與現實的拉鋸，大概很少人能比蔡寬裕前輩的體會更深刻了。

　　謝聰敏先生曾在他自己的《台灣自救宣言：謝聰敏先生訪談錄》中自問：「受苦一輩子有什麼意義？」他以自己年老了還為台灣戒嚴時期的人權問題奔走，甚至不惜和政府打官司為例，說這是他做為一個政治犯的意義所在，也就是Creative Suffering！我認為蔡寬裕前輩所實踐的，同樣是這個意義和價值。感謝前衛出版社願意和國史館合作出版這本書，當我們在尋思本書的書名時，負責編輯的佩穎小姐說，她最感動的段落是：泰源事件烈士之一的詹天增，準備赴義之前還交代蔡前輩等──要活下來，以便為後人說出真相。於是，我們就決定用「活著說出真相」作為書名了。

目　錄

第五章　出獄後的事業經營

家世與成長

沒有見過生母

　　我1933年出生在台北大稻埕。印象中沒有看過生母，小時候可能有見過，但我沒有印象，等到懂事之後，就沒有再和生母見過面。依稀記得五、六歲時，曾有一次，一位親戚說要帶我去和生母見面，但我不要。

　　我的生母是歌仔戲演員，藝名叫「賽月金」，在戶籍謄本上有兩個名字，在瑞芳領的叫顏招治，在新莊和竹南領的則叫楊招治，但我的身分證上，母親的名字也寫楊招治。母親和父親結婚後，父親的戶口在竹南，所以她跟著入籍竹南。生母是在新莊出生的，大概八、九歲時，才和我外公與他的兄弟一起搬到瑞芳。當時瑞芳已經開始開採金礦，人口逐漸變多。現在外公幾個兄弟的後代還住在瑞芳，都姓顏，有的在開旅社。在外公的時代，做什麼我不太清楚，但是舅舅開「錦芳布行」，到三十年前才收起來。

　　後來，母親去廈門發展，也小有名氣。根據李坤城的研究，歌仔戲是在台灣民間自發性產生的，但現在中國大陸一直在說，台灣的歌仔戲是從他們那邊傳來的。皇民化運動之後，因為禁止歌仔戲，父親說要解散戲班，母親則說要搬去廈門，因為她過去曾經去那裡巡迴演出過，知道那裡還有市場，這也是他們離婚的原因。這些故事是1975年我出獄後，去瑞芳住了幾個月，那裡的長輩告訴我的。李坤城沒說之前，我其實不知道這些事。

　　聽說歌仔戲的發源地是宜蘭員山。而我母親算是第一批去大陸的。1937年母親帶了兩團的人過去，在那之前，她就有帶團去廈門和南洋做過巡迴演出，所以在那裡有很多戲迷。我回來之後，舅媽跟我說，1946年母親回來時，她一直留她，叫她不要再去了，但母親拿出了一個盒子，說：「阿嫂，裡面都是珠寶，妳自己挑，這些都是戲迷送的。」意思是說，她的事業都在那裡，所以她一定得去。而這一次她帶著她的養母一起去，因為我大哥是由這位外婆帶大的，所以他也跟著一起去。姊姊本來都跟我在一起，但也有偷偷去見面，但我不知道，是去了之後我才知道的。但，母親這一次回來，我沒有跟她見面，所以我才說我沒有和生母見過面。

　　外公有兩個小孩，一個是我的生母，一個就是舅舅。舅舅的年紀比較大，但我以前不知道，是我從綠島回來之後，舅媽跟我說，我才知道的，但當時舅舅已經過世了。因為母親演歌仔戲，加上戲班又是流浪性的，全台巡迴表演，根本沒辦法帶小孩，所以都把小孩帶回瑞芳的娘家，讓我外婆和舅媽照顧。母親在我四歲時和父親離婚，應該是離婚後不久，父親就和繼母結婚。記得五歲時，父親把我和姊姊從瑞

芳帶去錫口，也就是今天的松山饒河街一帶，和我繼母一起住。

　　父親之前在瑞芳採礦，有賺到一些錢，所以才去追求戲旦，看上了我的生母，所以兩個人才結婚。本來戲班的老闆不放人，但父親說：「不然我把整個戲班買下來，換我當老闆，這樣我就可以娶她當老婆了！」後來，父親果然買下了戲班，但沒有負責經營，因為他已經去台中做木材生意了，所以就把戲班交給母親。雖然名義上的班主是父親，但實際上父親什麼都不懂，也沒有跟著戲班。後來，戲班發展成兩團，在台灣歌仔戲界已經算有名了，但1937年皇民化運動之後，禁止歌仔戲演出，母親就說要帶團去廈門，但父親反對，結果反對無效，兩個人因此分道揚鑣。

兄弟都不同姓

　　父親在戶籍謄本上的名字是蔡乞食，但沒有人叫他這個名字，都叫他「水金」。母親的本家姓顏，養家姓楊，所以叫楊招治。因為母親的養家無後，當時就說好以後生男孩的話，要給他們做後代，所以我的大哥就從母姓，姓楊。換句話說，他是繼承人家的宗祠，所以他的戶口名叫「錦秀」，但實際上只有我和姊姊這樣叫他，家族裡的其他親戚都叫他「阿宗仔」。等到他去廈門時，就把名字改成「繼宗」。弟弟則給我的舅媽當養子，所以弟弟從舅舅那邊的姓，姓顏。我和姊姊姓蔡，姊姊名叫蔡秀英。後來我要繼承姊姊的遺產時，去領日本時代的戶籍謄本，才發現弟弟蔡寬水，是到三歲給舅媽當養子時，才改姓顏的。

　　我出獄後，舅媽跟我講了一些家族裡的故事。她說，當初生我的時候，她和舅舅要求父親把我過繼給他們，本來父親答應了，但後來沒有履行，因為父親說：「老大已經給娘家了，和我不同姓，第二個怎麼可能給你？」後來生弟弟的時候，父親雖然也答應了，但一直沒有過繼，可是弟弟和我都是舅媽在照顧的。舅媽告訴我，當時鬧得不太愉快，她一再抗議我父親說話不算話，所以到弟弟三歲時，才過繼給他們。弟弟是昭和九年（1934年）生的，在昭和十一年（1936年）過繼給舅媽當養子，現在叫養子，但那個年代叫「螟蛉子」，那是我在戶籍謄本上看到的。

小學念了五間

　　在我五歲、姊姊六歲時，我們搬到錫口和繼母一起住，但父親沒有住在那裡，他在台中做木材的生意。我讀過四間國校。一開始讀松山國民學校，但一年級就轉到太平國校。因為繼母的養家在松山，本家在大橋頭，當時她回來娘家，所以我們就跟著來大橋頭。八歲時，父親要我們搬來台中，我就和姊姊、繼母來台中，但繼母發現父親的私生活很不檢點，還和別的女人同居。所以我才念了一個學期，繼母就跟父親離婚，自己回去，把我們留在台中。但繼母回去後，父親不可能叫「菜店查某」（從事特種行業的女性）照顧我們，所以我和姊姊又回到瑞芳念國校。但沒有幾個月的時間，父親就病倒了，因為他的私生活很糟，花天酒地，所以得了肺癆，當時也沒有藥醫，所以在昭和十七年（1942年）就過世了。

　　臨終前，父親寫信給我繼母，說自己病重了，要她來看他，因為感情還在，所以繼母就來看他。當時父親跟她要求說：「我不久於人世，這兩個孩子希望妳幫忙照顧。」因為繼母的教育程度比較高，她十六歲在赤十字醫院當護士，十八歲時日本醫生就帶她去神戶當護士，所以在日本生活了很多年。父親覺得把我們交給她比較放心，但繼母說：「人家有外婆和舅媽，我憑什麼？」當時唯一的辦法是重新和我父親結婚，不然她沒有小孩的監護權，所以我很感謝我的繼母，在父親臨終前，又重新辦了結婚，目的就是要幫忙養這兩個小孩。所以後來我和姊姊又回到台中，和繼母一起住，我也在台中的國校完成學業。

　　嚴格說起來，我小學念了五間。畢業那年，我讀的是新高國民學校[1]，現在叫太平國小。我第一次去台中時，念的是村上國民學校[2]，戰後改作忠孝，是台中最古老的國民學

1　1937年成立「台中市新高公學校」。1946年奉准改為「台中市北區玉山國民學校」。1947年奉准改為「台中市北區太平國民學校」。〈簡介沿革〉，「台中市北區太平國民小學」：http://www.tpes.tc.edu.tw/content/index.php?m=1&m1=3&m2=12，點閱日期：2018年3月12日。
2　1896年成立「台中國語傳習所」。1897年設立牛罵頭（清水）分教場。1898年設立梧棲分教場（今梧棲國小）、葫蘆墩分教場（今豐原國小）分教場、東勢分教場（今東勢國小）、南投分教場（今南投國小），廢止台中國語傳習所，創立六年制公學校，校名訂為「台中公學校」。1914年設立大里杙分教場（今大里國小）。1918年改為男女分校，男生遷入三民路現址，校名仍用「台中公學校」，女生留在原址，校名定為「台中女子公學校」（今篤行國小）。1920年設立「樹子腳分離教室」（今南區和平國小）。1923年設立台中公學校曙分教場（今台中國小）。1932年校名改稱為「台中市村上公學校」。1941年校名改稱為「台中市村上國民學校」。1946年校名改稱為「台中市

校。第二次回去時，本來也回來讀這間。但到戰爭末期，學區重新分配，也就是住在哪裡，就必須就近在那裡就讀，所以我住的地方，就分配到了新高，也就是說，五年級時，我才轉到新高。

我跟陳再福的關係很親，是因為我從台北轉到村上，他剛好也從日本東京回來，轉到村上，我們是在同一天轉進去的，所以老師介紹新轉入的同學時，我們兩個人就在一起。而且下課回家時，發現我們竟然住在同一條街上，距離不遠，所以兩個人也一起相約上下課。可以說我們從小學三年級就一直「做陣」了。但，戰後來往比較沒有那麼密切，原因之一是，他讀台中一中，我讀中商（台中商業學校[3]）。

立忠孝國民學校」。1953年學校籌設的忠明分班獨立，稱為「忠明國民學校」。1957年學校籌設的忠信分班獨立，稱為「忠信國民學校」。1968年奉令校名改稱為「台中市立忠孝國民小學」。1992年學校籌設的「大勇國民小學」獨立。〈學校介紹〉，「台中市西區忠孝國民小學」：http://www.jses.tc.edu.tw/about/introduction，點閱日期：2018年3月12日。

3　1919年6月1日創校，名為「台灣公立台中商業學校」。校址設於大屯郡北屯庄邱厝子241番地，及現址台中市北區三民路三段129號，校舍未落成前暫借台灣公立台中高等普通學校（即現在之國立台中第一高級中學）上課。第一任校長由日人小豆澤英男接任。1921年5月10日，改名為「台中州立台中商業學校」。10月18日，遷入現址上課。1945年4月5日，校名改為「台灣省立台中商業職業學校」。11月20日，江文章奉派為戰後第一任代理校長（江文章於1932年到校服務，是該校第一位台籍教師）。1946年2月1日，台灣省行政長官公署教育處指令江文章真除校長。1949年8月，省立台中補習學校併入本校，改為「台灣省立台中商業職業學校附設商業職業補習學校」。1950年5月20日，吳恭接任戰後第二任校長。1956年5月，設立草屯分部。後於1959年獨立設校改為「台灣省立草屯商業職業學校（現為國立草屯商工）」。

姓蔡也姓莊

　　我中商畢業，要去報考大學時，因為畢業證書寫我是台灣省台北市人，但身分證卻寫我是台灣省苗栗縣人，所以就要去更正。改的時候，我先回到原始戶籍地竹南去領戶籍謄本，領完謄本後，再回到台中，把戶籍改成台中市。說起來，我的家族很複雜，以我繼母來說，一般都叫「改嫁」，但她其實是再婚。因為她當時不是嫁過去的，而是繼父來我們家，後來才辦結婚登記。繼父姓莊，但我中學畢業時還是姓蔡，母親就說，你們父子不同姓，出社會後，別人一定會問這個淵源，而且還有財產的問題，所以大概在二十一、二歲那年，我就去辦了收養手續，改姓莊。

　　繼父是中醫，人很古意，滴酒不沾，但說起來也很風流。據我所知，他父親在日本時代也是中醫，但很早就過世了，所以繼父就在南投跟著舅舅做中醫。後來，舅舅安排他去給人家招贅，對方也是中醫的獨生女，當時他才十八歲而已。既然他是被招贅的，在保守的社會裡，就應該乖乖繼承女方的家業，但他卻風流成性，換帖兄弟一大堆，一天到晚去花天酒地，丈人當然無法容忍，所以大概三、四年後就離婚了。

1963年8月1日，改制為「台灣省立台中商業專科學校」。1982年7月1日，改名為「國立台中商業專科學校」。1999年7月1日，改制為「國立台中技術學院」。2011年12月1日，改名為「國立台中科技大學」，並與國立台中護理專科學校完成合併。〈大事紀〉，「國立台中科技大學｜百年校慶」：http://100th.nutc.edu.tw/history.html，點閱日期：2020年4月16日。

　　離婚之後，繼父先去中國，然後再去日本。他在日本很多年，都在日本的會社工作，包括戰爭期間也在同一間會社。因爲他有中醫的底子，語言也通，所以戰後取得了中醫師資格，並且從1945年開始在台中開中醫診所。本來我和陳再福住在同一條街上，但後來我們搬來台中病院對面開業。加上陳再福念一中，我讀中商，後來來往比較沒有那麼密切。

　　1975年，我第二次出獄，姊姊跟我說：「母親過世前一直交代，你回來之後要改姓蔡。」母親提起這件事的原因是因爲我改姓莊之後，就發生「五二四事件」（劉自然事件）[4]，被抓去關了幾個月。想不到才短短五年，1961年又

4　1957年3月20日服務於革命實踐研究院的劉自然，於參加朋友婚宴返家途中，在陽明山被美軍雷諾上士開槍打死。5月24日為抗議前一日美軍軍事法庭判決槍殺劉自然的雷諾上士無罪，大批群眾衝入搗毀美國大使館，撕下美國國旗，破壞美國新聞處，並包圍美軍協防台灣司令部，甚至對警用車輛縱火，衝入台北市警察局。因此，台北衛戍司令部宣布台北市及陽明山進入戒嚴狀態，晚上並實施宵禁，最後並由衛戍部隊將群眾驅散。史稱五二四事件或劉自然事件。5月26日蔣介石總統除慰留提出總辭的行政院長俞鴻鈞，當面向美國大使藍欽（Karl Rankin）表示遺憾，並解釋此一事件並非反美的群眾暴動事件。台北衛戍司令黃珍吾等人在此日被明令免職，為此一治安事件負責。這次事件有3名民眾死亡，100多人被捕，其中40人被提出公訴，受到軍法審判。此事凸顯美國駐台軍事人員與台灣居民生活水準上的落差所造成的摩擦怨懟，以及享有外交官待遇，不受我國司法管轄所衍生的問題。事件發生後中華民國與美國雙方雖加緊協商早就開始的〈在華美軍地位協定〉談判，但由於對管轄權的爭執，遲至1965年8月31日才正式簽訂。薛化元撰，〈五二四劉自然事件〉，許雪姬、薛化元、張淑雅等撰文，《台灣歷史辭典》（台北市：文建會，2004），頁157。

出了事，判刑十年，而且十年後還沒有回來，對於我什麼時候出獄回來，似乎都遙遙無期。所以她老人家會覺得，我父親有三個兒子，只有我姓蔡，但連我這個姓蔡的，後來也改姓莊，可能因為這樣，父親非常不滿，所以就要我改回來姓蔡。我被關在台北時，繼母都會來看我，後來送去泰源和綠島時，她就沒辦法來了，加上我入獄時，她的身體已經不好了。結果我要回來的八個月前，她就去世了。雖然當時我不知道，但我有預感，因為我和她都有通信，那段時間有好幾個月沒有她的消息，我就想說母親可能出事了。

事實上，一年多前，我就叫弟弟來綠島接見，因為我在留訓隊遇到了一件事。當時有一位四川人，反共義士，被判十二年，因為沒有找到保人，就留在我們隊裡。後來找到保人，手續也辦好了，當時交通船只有警總的補給船，說明天有船隻回台灣，所以晚上福利社就切了幾盤菜，因為他是四川人，愛吃辣，加上高粱酒又浸小辣椒，當天晚上就胃穿孔。因為綠島醫療不好，他胃穿孔又出血，結果在那裡去世了。因為有這樣的情況，我就叫弟弟來接見。我跟他交代說，萬一我在這裡出事，你不用運棺回去，在這裡就地埋葬就好。雖然弟弟沒有跟著母親，但也叫她「母ちゃん」。尤其，我出事後，都是弟弟出面幫我處理事情，所以在那段期間，他和我母親和繼父都保持很密切的聯繫。所以我也交代他，萬一母ちゃん有什麼三長兩短，後事你要替我辦。弟弟問我為什麼要交代這些，我不敢說我胃潰瘍，而且我也感覺回去遙遙無期！

後來，一直都沒有母親的消息。直到1975年，我從綠島離開，一到台東，我就馬上去電信局打電話回家，這才知道

母親已經不在了。記得我要回來的那天，因為風雨很大，交通不方便，要到隔天才有車，所以隊裡就安排我住在警總的台東招待所。但，我從電信局出來之後，情緒很低落，精神恍惚，站在路上給雨淋了一、兩個鐘頭，所以回到招待所時，衣褲都濕透了。於是我拿錢請官兵到街上幫我買了一條卡其褲和一件襯衫，隔天早上，我再搭公路局的車經高雄回台中。

第二章
個人受難經歷

因劉自然事件入獄

中商畢業後，我到東吳大學經濟系念書，畢業前夕發生了「五二四事件」。1957年3月左右，有一位美軍雷諾（Robert G. Reynolds）上士，不知道什麼原因，開槍打死一名中國人劉自然。當時已經有「中美協防條約」（中美共同防禦條約），規定若駐台美軍犯刑事案件，台灣政府沒有審判權，需由美軍軍事法庭自行審理。[1]當然，還沒發生事情

1　中美共同防禦條約並沒有該項規定。1951年1月30日，美駐華大使館代辦藍欽（Karl L. Rankin）遵奉其政府訓令，特照會中華民國政府，表示願依照美國八十一屆國會修正之法案，供給中華民國若干軍事物資，用以防衛台灣。惟美國對於此項物資之供應及美方人員在華待遇，則訂有附帶條款；其中關於人員部份，其要求如下：中國政府接受美國政府人員在中國政府管轄區域內依照本協定履行美國政府之責任，並給予適當便利，使其得以視察所施援助之進展，證實所供應之

以前，我們不會注意到這個。但5月23日判決無罪後，美軍顧問團馬上把雷諾送往沖繩。隔天（24日）報紙登出來，大家就開始關心這件事。當時的報導是傾向認為不合理，感覺美國在欺負台灣。

24日上午，劉自然的太太到美國大使館抗議，引起一些路人和學生的聲援，後來發展成攻擊大使館。這段我沒有在

物資確係用於原定用途，並執行雙方應予同意之任務。此項人員，包括臨時指派人員在內，在其對於中國政府之關係上，構成美駐華大使館之一部份，受美國駐華外交首長之指導與管轄。中華民國政府於2月9日由外交部長葉公超以正式照會回覆藍欽代辦，表示接受。於是在此基礎上，美國政府乃於4月21日，派遣蔡斯（William C. Chase）少將為軍事援華顧問團團長；翌日，美軍事援華顧問團先遣人員十六人抵達台北。4月26日，中華民國政府公布了前述美國派遣〈「軍事援華顧問團」換文〉之全文。5月初，美國軍事援華顧問團正式在台北辦公，美軍自是開始進駐台灣。1952年11月1日，中美雙方復依1951年1月30日及2月9日彼此之協定，簽訂〈中美關於美軍援顧問團應享待遇之換文〉，美方關於「軍事援助顧問團人員」之定義及其應享之待遇，有進一步之闡明及界定。1954年12月，美國與中華民國簽署了〈中美共同防禦條約〉，該約於翌年2月9日，經美國參議院批准而生效。美軍大量駐台，遂為正常現象；截至1957年6月初為止，駐台之美軍、公民及其眷屬已超過一萬人。惟依照前述1951年美國派遣〈「軍事援華顧問團」之換文〉觀察，此大量駐台之美軍，實比照外交人員，享有「治外法權」，並不受中華民國法律之管轄。而此項法律管轄權問題，實即為1957年台北民眾搗毀美國大使館的「劉自然事件」發生的重要根源。栗國成，〈1957年台北「劉自然事件」及1965年美軍在華地位協定之簽訂〉，《東吳政治學報》，第24期（2006），頁3-4。
2 陳中統，1937年出生，彰化人。高雄醫學院畢業後到日本深造，就讀於岡山大學醫學院研究所，專攻癌症治療和血液學。在日本時認識「台灣青年獨立聯盟」的成員。1968年12月因父親生病，陳返台探視。翌年2月6日與蔡憲子女士結婚。根據個人回憶錄暨口述訪談資

場，是事後聽人說的，但中統（陳中統[2]）和陳永善[3]都有在

料，兩人在蜜月旅行期間，即被特務跟監，2月21日回到家中，陳立即遭到逮捕。根據事後官方的判決資料，1966年初，陳中統在東京留學時即認識「台灣青年獨立聯盟」組織部部長侯榮邦，受其影響漸有台獨思想。同年5月回台，曾帶回大批宣傳文件，祕密交給他人閱覽。返日後正式加入「台灣青年獨立聯盟」，侯並交付陳活動經費，陳也利用返台期間吸收陳永善等加入組織，並由其直接領導，繼續從事台灣獨立運動。1969年年初陳中統遭逮捕，同年7月12日官方以其「意圖以非法之方法顛覆政府而著手實行」，判刑十五年。刑期確定後，陳申請覆判，不過仍維持原判。陳在警總被羈押近四個月，1970年1月調警備總部軍法處看守所（景美），服刑期間，因其醫學專長，主要在醫務室看診。1975年蔣介石總統去世，獲減刑，1979年2月22日出獄，坐牢十年。陳中統在景美看守所醫務室看病期間，因透過看診，可以看到坐監政治犯的資料，若有人想抄錄名單，他從旁協助。爾後部分政治犯名單，輾轉傳遞到海外，於國際媒體公布，引起國際人權組織對台灣政治犯的注意與救援。正式出獄後，陳中統於長庚醫院擔任一年醫師，1980年回父親陳朝安開設的中和醫院幫忙。父親病逝後，承接父業，擔任中和醫院院長。醫療工作外，陳中統熱心公益，曾任中和扶輪社社長。90年代前後他參與白色恐怖時期受難者的平反運動，是五十年代白色恐怖政治案件平反促進會、台灣戒嚴時期政治受難者關懷協會的重要幹部，積極投入相關的業務與活動。2002年出版回憶錄《生命的關懷》。〈陳中統〉，「國家人權博物館」：https://www.nhrm.gov.tw/information_196_80229.html，點閱日期：2021年1月19日。

3　陳映真（1937-2016），本名陳永善，出生於台北鶯歌，陳映真這個筆名源自於早逝的孿生兄長。1957年於成功高中畢業後，考取淡江文理學院外文系，1959年便以第一篇小說《麵攤》出道文壇，之後在強恕高中任職英語教師，也曾進入輝瑞大藥廠工作。1968年7月政府以「為共產黨宣傳」等罪名逮捕包括陳映真、李作成、吳耀忠、丘延亮等36人，被稱為民主台灣聯盟案，當時被判處十年有期徒刑，但在1975年因蔣介石去世百日特赦，提早三年出獄，隨後寫作風格轉向現實主義，曾在台灣鄉土文學論戰中發表〈建立民族文學的風格〉、〈文學來自社會反映社會〉、〈鄉土文學的盲點〉反擊余光中等人對鄉土文

現場。我讀東吳[4]，學校在漢口街，距離沒有很遠，但我沒有去。

我是四年級的學生，在學校裡不是說美軍打死中國人，我們被欺壓，而且說當天報紙有報導，為什麼雷諾交給美軍顧問團軍法審判？因為《中美協防條約》訂有一條，美軍在台犯刑事案件不受中華民國法院審判，由美軍自行審判。當時還不知道有這個內容，但出事之後，記者當然在報導上，一定會提到協防條約的情形，我在學校裡是針對這個在做解釋的。我還說，治外法權是外交官才有的權利，不論哪個國家駐在哪裡犯了法，當地的政府不能辦，由自己的政府辦，

學傾向工農兵文學的攻擊。1980年代，陳映真繼續參與《文季》、《夏潮論壇》等雜誌的編務，並且在「中國結」與「台灣結」論戰中與台灣本土派人士交鋒；1985年11月，創辦以關懷被遺忘的弱勢者為主題的《人間雜誌》（至1989年停刊），1989年7月成立人間出版社並擔任發行人。2006年6月移居中國北京後，接連傳出中風病情，臥病十年後於2016年11月22日過世，享壽80歲。〈陳映真的左統傳奇 白色恐怖出獄後創《人間雜誌》〉，「ETtoday新聞雲」：https://www.ettoday.net/news/20161122/816063.htm#ixzz5xwxTnraf，點閱日期：2019年8月29日。

4 1900年由基督教監理會衛理公會創辦於中國蘇州，1954年在台北復校。創辦之初假蘇州天賜莊博習書院原址為校址，設文、理二科。學校初名中央大學，英文校名為「Soochow University」（蘇州），後改稱「東吳」。1949年國府撤退來台，東吳不及遷離。1951年東吳之旅台同學會推動在台復校，因恪於法令，乃先設東吳補習學校，暫以台北市漢口街為校址。1954年7月獲准復校，首先恢復法學院。1958年3月遷入位台北市郊外雙溪之新校址。1969年奉准恢復完全大學建制，隨後逐步增設各學系與學院，現已成為包括文學、理學、法學、商學、外語學院等5個學院22個系之綜合大學。何義麟撰，〈東吳大學〉，《台灣歷史辭典》，頁457。

這就是外交豁免權，這是一般有政治或法律常識的人都會知道的事。但雷諾不是外交官，為什麼我們會去跟人家簽這條美軍在台犯案不受中國政府審判？這跟當年上海的租界一樣。簡直是喪權辱國！

這些話是在學校的教室裡講的，很像在評論時事。但東吳很複雜，當時我們就知道有很多職業學生。東吳在台灣復校的前兩年，就先設立東吳補習學校，規定大學肄業兩年以上的，才可以來報考。雖然名義上是補習學校，但教的是大學的課程。所以這些補習學校的學生，後來就變成第一屆、第二屆的畢業生，但他們都是大陸流亡學生。這些人國民黨當然不放心，因為在中國的經驗裡，可能有一些職業學生會滲透，所以他們也派職業學生在學校裡面。這我們多少都有警覺，因為他們和我們不一樣，是補習學校轉進來的，大我們兩屆，在我們的觀念裡，並不是正式生。但後來才知道，他們也有畢業。

當時我講這些話，並沒有注意到旁邊有什麼人在聽。大概是黃昏時，聽人家說有人受傷，被送到台大醫院，因為我們在漢口街，離台大很近，幾個人就說要一起去看看。當然，我們不是去看熱鬧，而是去慰問，看傷勢，但這個行程可能也有人跟蹤。過了兩天，有風聲說開始抓人了，但我沒有參與，所以不會想說會來抓我。依照過去的經驗，學期結束了，我就回台中，但回去後，經過四、五天，記得是5月30日凌晨兩、三點，他們就來家裡抓人了。

我父親當中醫，家裡有裝門鈴，因為有時候患者晚上會來。當時他們按門鈴，店員來開門，一開門他們就闖了進來，說要找莊寬裕，店員不曉得發生什麼事，就說：「他在

樓上。」當時我在日式的房間睡覺，他們一把門打開，穿著鞋子就衝進來，直接踏在榻榻米上，把我拉了起來。他們都是便衣，來的時候開Jeep，後來就直接開去台北。換句話說，在台中沒有問訊，拘票、押票也都沒有，當天晚上就直接把我押往台北。

　　到了台北，就直接把我載到大龍峒酒泉街的一棟古厝。古厝的庭院插著一根旗竿，周圍是竹籬笆，不是一般磚作的高牆。過去成長的年代裡，我們也有竹籬笆，上面削平，很整齊，但那裡的竹籬笆，竹子很粗，沒有切尾，直接透天，很特殊。而且，一進去，不但有大鐵門，還有碉堡在旁邊，一看就是特殊機構，附近的人也都知道，後來才知道，那裡原來是調查局的偵訊室。[5]

　　當時沒有高速公路，到台北已經是早上八、九點了。到了之後，先吃早點，送來饅頭、稀飯，但怎麼可能吃得下？接著就開始審問。古厝裡都隔成押房，旁邊有蓋幾間偵訊室，就在那裡問案。大概問了三、四天，但不像第二次被抓去那樣疲勞審問。一個人問完，他去休息，你就坐在原地，再換下一個人來，沒有刑求，連最簡單的搧耳光也沒有，只有問你整個事情的經過，好比有去現場嗎？做了什麼？在學校說了什麼話？什麼人教你說的？等等，我都照實說，沒有否認我說過那些話。

5　大龍峒留質室位於台北市酒泉街的保安宮附近，由民宅改建而成，確切位置今已難考。據蔡寬裕所言，自己在大龍峒留質室時聽得見廟前表演的歌仔戲，可知其鄰近保安宮。1950、51年內政部調查局（1956年6月1日改隸司法行政部，更名為司法行政部調查局）在台北恢復工

　　兩、三個禮拜後，有一天晚上，他們把我載出去，後來才知道，是到青島東路的軍法處。[6]到了之後，一個不同單

　作，亟須有一囚禁人犯的留質室，初期便徵用大龍峒民宅改建，直至1958年三張犁留質室成立後，才取而代之。根據受難者和自新者證言，大龍峒留質室的外觀如同一間老房子、民宅，令人難以察覺此處其實是關押犯人處。留質室有院子，牢房的門白天不上鎖，夜間才上鎖。白天可以出來走動、洗衣、在外廳用餐，廁所和洗澡間都在外面，共同使用。郭振坤曾表示，這裡是調查局修理人的地方，「主要是疲勞轟炸，一個星期不讓你睡覺，你就受不了。」〈大龍峒留質室〉，「不義遺址網站 - 國家人權博物館」：https://hsi.nhrm.gov.tw/home/zh-tw/injusticelandmarks/113315，點閱日期：2019年8月26日。

6　軍法處看守所位於台北市青島東路3號時有兩階段，分別為台灣省保安司令部軍法處看守所（1949-1958）、台灣省警備總司令部軍法處看守所（1958-1967），範圍約在今忠孝東路一段以南、林森南路以西、青島東路以北、鎮江街以東之街廓內（此指保安司令部／警總軍法處看守所與國防部軍法局看守所兩者合佔之範圍）。日治時期此地原為騎兵營及練兵場，市區改正後改建為陸軍經理部倉庫；1949年國民黨政府遷台後，台灣省保安司令部軍法處與國防部軍法局等機關進駐此地，並設有看守所；1967年軍法處與軍法局遷出，該地交由民間運用，其中北邊二分之一範圍成為今台北喜來登大飯店。此地係1949至68年決定「政治犯」生死的最後關卡，1950年代人滿為患。多位受難者的證言皆指出，押房內小小空間經常需關押十幾二十餘人，環境擁擠薰臭，盛夏時悶熱空氣不流通，必須掛起被子揮動散熱，且輪流睡眠，甚至有些人是站著睡覺，加上押房內蝨鼠猖獗，菜質又差，猶如「人間地獄」；而殷穎則指出，凌晨四、五點為最緊張恐怖的時刻，若有囚犯此刻被提去，便是押到馬場町去槍斃了。警總軍法處暨看守所於1968年搬遷至景美軍法學校，過程中看守所曾短暫移至安坑分所（1967年12月至1968年6月）。此後景美軍法處暨看守所繼青島東路三號，成為1970、80年代關押「政治犯」的主要場所，即為今國家人權博物館「白色恐怖景美紀念園區」。〈台灣警備總司令部軍法處看守所（青島東路3號）〉，「不義遺址網站 - 國家人權博物館」：https://

位的軍官過來，因爲抓人的可能有很多單位，所以不同單位的送來，都在那裡集合，一個一個問筆錄。後來才知道，那裡是收押庭，但第一次去還很生疏，所以不知道。他們一開始先問姓名、年籍、24日有去現場嗎？做了什麼？因爲我都沒有去，所以他們接著問，那些話眞的說過嗎？我說：「有啊，我有這麼說。」然後又問，什麼人教你說的？我說：「哪裡需要教？這是一個大學生最起碼的基本法律常識！」

一個一個問，大概問到六、七點，天亮了，才把我們送去押房。一進去，裡面的舊犯人，包括縫衣工廠、洗衣工廠的外役，都在押房外面一、兩百坪的廣場蹲著吃早餐，我們則在旁邊排隊分配房間。他們早就知道在大量抓人了，但不知道是什麼案子。因爲有在清房間，所以我們沒有跟舊犯人安插在一起，而是單獨四、五間房給我們擠。跟我關在一起的，都是劉自然這個案子進來的。學生很少，我知道有幾個是法商學院的學生。涉案的台灣人也很少，一百個人中，一間房只有二、三十個，其他的都關在不同房。當天進來之後，就問案，然後集體分配房間。

大概經過三、四個禮拜，有一天吃完晚飯，突然開門說：「莊寬裕，開庭！」我想，哪有晚上在開庭的，所以有點緊張。我說：「爲什麼晚上開庭？」他說：「把東西帶出來！」我想，哪有什麼東西？被抓的時候空手，來的時候也空手，怎麼會有行李？大家都問出了什麼事，沒有吃飽飯在開庭的，看守說：「回家啦！」大家說：「爲什麼他可以回

---

hsi.nhrm.gov.tw/home/zh-tw/injusticelandmarks/112573，點閱日期：2019年8月26日。

家？」這時我已經在門口穿鞋了，就這樣被帶了出去。

出了中門，就是看守所的辦公室，在那裡遇見兩個調查局的人。我在調查局關了三、四個禮拜，所以問案的都認得。後來就在那裡辦離所手續，包括簽一些切結書，像是在裡面聽到的、看到的都不能講出去，不然要負法律責任等等，並且把鞋帶和皮帶都還給我。我身上沒有半毛錢，辦好了就直接坐一台Jeep離開。路上他們都沒有說什麼，當時天色已經暗了，看到外面燈火通明，十分熱鬧。車子繞來繞去，最後又回到大龍峒的偵訊室。

回去之後，就把我丟下來，完全沒有問訊。跟我關同房的是一個外省人，姓熊，他跟我說他是建國中學的教員。當時是夏天，裡面很悶熱，所以大家只穿一條內褲，上面連汗衫都沒有。他吃得肥肥胖胖的，奶頭像女人一樣，還垂下來。他說他在裡面已經一年多了，都沒有開庭，我聽了很著急，心想我回來應該要問訊啊，怎麼都沒問？

到了11月，天氣有點冷。我們通常早上放風，然後鎖回押房，吃飽飯差不多兩、三點輪流洗澡。洗澡時自己要去廚房打水，那裡有一個大鍋子，飯菜煮完，就燒熱水，我們都用桶子裝水去洗澡。通常下午放出來都是為了洗澡。有一天中午睡醒時，開門說準備洗澡，我把塑膠盆拿起來，看守說：「不要拿！不要拿！把東西帶出來！」所以一樣沒有東西，就空手出來。

出來之後，第一次來我家抓我，並且把我押來台北的那個人，就站在那裡，我還認得他。一樣辦完離所手續，簽好切結書後，他就帶我出來。通過大門，以前都是車進車出，但這次沒有，他是帶我走出去的。當時酒泉街還是石子路，

那裡停了一輛三輪車，他就帶我坐三輪車直接去台北車站。
到了車站，他也陪我搭火車回台中。回去之後，我父親已經
在那裡等候了。這時他才說：「你不是沒事，你是保護管束
處分。第一，你如果離開台中，要事先報告，而且限制居
住，也就是說，你不可以回台北了，因為你的保護管束人是
你的父親，所以你要住在台中。第二，一個禮拜要來報到一
次，把這個禮拜跟什麼人見面、做了什麼事，甚至看報紙的
感想跟我們報告。」

　　報到地點是在台中的調查站，但外面看不出來，就跟一
般的樓房沒什麼兩樣。一樓是店面，但門都關起來。一進去，
後面是樓梯，一共三層樓，爬到二樓，就看到一間房間，裡面
有沙發。我第一次去，他們沒有馬上看報告，反而放在一邊，
開始跟我天南地北聊。後來把報告拿起來看，說：「你為什麼
不務正業，花天酒地？」因為我的報告都寫說，我跟這個朋友
去這間酒家，跟那個朋友去那間酒家。這是事實。因為中商的
同學很少升學，但幾乎都在銀行或合作社工作，我關回來，大
家都要幫我壓驚、洗塵。後來才知道，他們也不是自己出錢，
而是叫廠商幫忙付的，所以今天他請，明天他請，我就這樣
寫。結果他說：「你怎麼不務正業？」我說：「我回來，大家
幫我壓驚。」他說：「你害怕嗎？」我說：「不是害怕，是台
灣人說驚（嚇）到就要壓驚！」

　　後來，李樹遠因為籌備一間餐廳，我就去幫忙餐廳開業
的事。記得二十幾天就開業了，開業之後，我就待在那裡，
當然，生活報告也是寫這些。這中間，每個禮拜都去做生活
報告，很無聊。到後來，餐廳收起來，我去中商任教時，也
一樣去報到。當時李樹遠要我同他們攤牌，我就跟他們說：

「我如果有事，你給我判刑；如果沒事，不要找我麻煩，叫我每個禮拜都要來報到！」他們扮笑臉說：「唉呀，小老弟，交交朋友嘛！大家多認識一下，聊聊天嘛！」但我很叛逆，跟他們說完，就不理他們了，後來我都沒有去，他們也沒有追究。

等到第二次被抓時，我在調查站整整一個月。那一個月問案都是面對面，一次四個人坐在對面沙發。後來才知道，那是聯合調查小組，有調查局、警察局、憲兵隊和警總，所以問案時，每個單位都有一個代表。但他們在問案時，我心裡都在偷笑，這麼沒有耐力！因為在那裡兩、三天，等於沒吃沒睡，只有灌水而已，雖然早上會送饅頭、豆漿來，但饅頭吃不下，倒是豆漿都有喝，水也喝得不少。當時我估算，差不多兩、三個小時，就換一批人來問案，所以我才說他們很沒有耐力！

日本之行：東京教育大學進修、與廖文毅組織接觸

民國48年（1959年）我去日本短期進修，對我的政治立場和思想影響很大。我有一位小學同學陳再福，台獨意念比我積極，所以台中一中畢業後，照說一般人都會升學，但他沒有，因為他準備要去日本。去日本的主要目的，是要參加廖文毅[7]政府，做獨立運動。他的訊息來自他的妹婿，姓

---

7 廖文毅（1910-1986.5.10），原名溫毅，雲林西螺人，1934年獲美國俄亥俄州立大學化工博士，曾二度赴中國任教，戰後迅速返台，任台北

楊，清水人。過去是師範學院的學生，四六事件要抓人時，他就逃亡了，後來經過一段時間才出來自首。自首時，調查局吸收他成為工作人員，並且以留學生的身分派到日本，其實是要他滲透到廖文毅政府。但這中間，來來去去，他跟他的大舅仔（陳再福）說，他是「雙面間諜」，其實他已經投靠廖文毅政府了。我們的一些訊息都是透過他回來說的，所以陳再福很積極要去日本。

我不知道他的妹婿現在還在不在，我過去也沒有懷疑他。因為他說他已經投靠加入廖文毅的組織，但他是台灣派去的職業學生，所以變成「雙面間諜」。當時陳再福要去日本，但我不像他一樣積極，因為條件不夠。當時出國，除了留學，沒有其他的管道。後來開放業務出國，是到我出獄後，才有這樣的制度，在我坐牢之前，可說幾乎是「海禁」。

陳再福出去都是用偷渡的，他父母不在了，這房只剩他一個男的，所以有分到幾間房子，是他阿公留下來的。他後來把一間房子賣掉，準備買船去日本。雖然有邀我一起去，

市工務局長，成立《前鋒》雜誌議論時政主張聯省自治。1946年參選國民參政員、制憲國代均落選。1947年二二八事件發生，3月在南京請願，以廢除行政長官公署而遭通緝，遂流亡香港。1948年與謝雪紅等在香港組織台灣再解放聯盟，1950年潛赴日本成立台灣民主獨立黨，以美軍接管、公投票決台灣前途為訴求，1955年成立台灣共和國臨時政府自任大統領，創設機關報《台灣民報》。1965年5月14日聲明放棄獨立運動歸台，6月獲得特赦，12月獲政府任命為曾文水庫建設委員會副主任委員，餘生飽嘗監視。著有《台灣民本主義》等。任育德撰，〈廖文毅〉，《台灣歷史辭典》，頁1023。

但我沒有意願。結果他被人騙了，因爲那個人把錢拿去，非但沒有買船，反而恐嚇他：「你如果告我詐欺，我就說你要偷渡到日本從事政治運動。」所以他被騙了，卻不敢討回這筆錢。

不過，他沒有死心。隔了兩年，他不再買船用政治逃亡的方式，而是包漁船走私。當時流行賣糖，因爲日本缺糖，從台灣載糖到沖繩，利潤很高。他就用這樣的方式，包船，載糖，走私。結果他本來已經出海了，卻被檢舉，所以在外海就被海防部隊給攔截了。後來用走私的名義辦他。當然，糖被沒收，他和船主也都吃上官司。這兩次行動我都沒有參與，只知道他很積極想去日本。

五二四事件之後，我一回來馬上接了李樹遠籌備的餐廳，跟他一起共事。但經營中間，我跟他太太意見不和，所以經營四個月就收起來。當時我跟李樹遠說，我想去學校任教，但李樹遠說：「如果去當教員，不值得。」他覺得我比較外向，過去他在籌備新生商職期間，對外都是由我去處理，雖然都是他指導我去做什麼，但因爲父親的關係，我有相關人脈，所以做起事情比較方便。

但，李樹遠當時也有遇到一些挫折，就是董事長徐成一直想把他趕出去。在這樣的情況下，他已經有了警覺性，所以在買校地時，他是用私人名義買，但蓋學校則是用學校的名義蓋，訂租約，則是地主租的，所以變成李樹遠跟李樹遠訂合同。一個李樹遠是地主，另一個李樹遠則是校長。照說應該是董事會去簽約，不是校長，但他是創辦人，董事會只是掛名，所以都由他一手包辦。這中間董事長一直想把學校吞掉，所以李樹遠有戒心，土地始終沒有登記成學校的名

義。換句話說，他有留一手，不然登記下去，到時候董事會改組，把他踢出去怎麼辦？李樹遠大我十六歲，劉自然事件後，我回來經營餐廳，那一年我二十四歲，同一年我們也在餐廳幫他慶祝四十歲的生日，所以對他的生日印象深刻。

我去中商後，得知教育廳有一個獎勵教育人員的進修方案，每年有公費出國一年的短期進修，一般要經過考試，但也可以自費進修，不用考試，但學雜費和旅費一概自理。公私立都可以申請，得到這個消息後，我就打算要提出自費申請，但因為我是保護管束，所以要出國就要先報告。

我父親跟一些調查局高階算是有熟悉，因為有一個中藥的批發商，廣東汕頭人，他有好幾個汕頭的同鄉在調查局擁有高階的身分，我知道其中有幾個被派到香港工作。因為我父親很愛打麻將，這間蔘藥行的同鄉跟調查局的高階，都會來這裡打麻將，長久下來，我父親和他們就從牌友變朋友，所以很熟。五二四時，父親也透過他們去交涉，後來我沒有事，並不是他們的功勞，但一般人都覺得我走後門，所以才會沒事，而且也沒有被刑求。我父親認為是他的關係保護了我，但以我個人的經驗來說，我根本就沒有問題。第一，我沒有參與。第二，背景單純，只有在學校公開說了那些話，所以我始終認為我不會有事。

我在台中調查站時也有見過這些高階，但他們當時都當作不認識。為什麼我會認識這些人？因為我父親在蔘藥行打麻將時，我有去找過他，所以有印象這些人在那裡出入。第二次被抓時，我在調查站足足一個月，他們也在那裡出入，但他們不是台中調查站的人，不曾跟我談過話，所以不是辦案的。他們都出出入入，我認得，但他們都當作不認識，也

不會探頭打招呼。是不是爲了公務，我不知道，因爲我都在二樓。

話說回來，我去日本的動機，是因爲有這個獎勵辦法，後來透過我父親去跟這些調查局的人喝酒、交涉，儘管出境審查不是調查局，而是警總，但透過他們的關係去運作，最後出境證有下來，這才確定我可以出國。

但，進修申請一定要有學校，所以我就去申請東京教育大學。東京教育大學的前身是東京高等師範，戰後改爲教育大學，聽人家說，現在叫筑波大學，但因爲中間我在坐牢，所以不知道是什麼時候改名的。去日本之前，因爲要找學校，所以我事先透過在日本的一位親戚幫忙。照說我要叫他舅舅，但那時候都叫他叔叔。因爲我後來這個母親，其實是養女，那個人是她養家的兄弟，所以照說應該要叫舅舅，但不知道爲什麼都叫他叔叔。他早就在日本了，所以我們有通信，也請他幫忙找學校、辦手續等等。當時還有一個很特別的情況，就是想要出境的話，在台灣要找兩個保證人，日本也要找兩個保證人，這就很奇怪了，又不是每個人都認識日本人或在日本的台灣人？結果我記得舅舅就幫我辦日本的保證人，台灣的保證人則是我父親辦的。

去日本的時候，我不是正式生。因爲在他們的學制裡，研究所分成兩種，一種是研修生，不用考試，只要主任教授收你就可以。但那種沒有學籍，也沒有學位，只有學分。你修了學分，經過考試，轉爲研究生，那才有學籍。等於研修生修的學分可以併入研究生學分，但我始終沒有去考，因爲本來就沒有繼續讀下去的打算。我主要是去「探路」的，「探路」的重點就是廖文毅的組織。

　　但，我始終沒有說一件事。當然，在調查局不會說，出獄我也不曾提過。其實，去之前，我有跟廖文毅的兄嫂見過面。陳再福有三個姊姊，一個妹妹，他三姊的婆婆是清水蔡家的人，跟史豪（廖史豪[8]）的媽媽（廖蔡綉鸞[9]）是同房的堂姊妹，所以他們常說廖文毅兄嫂的故事。等我確定要去日本時，陳再福三姊的婆婆就跟我說：「你要跟廖文毅的兄嫂見個面嗎？」我說：「見面要做什麼？」她說：「你如果有機會去跟廖文毅見面，她可能有話要交代你。」當時我沒有很謹慎，就在陳再福三姊夫家中跟廖文毅的大嫂見了一面。當然，我去東京時，也有說我跟廖文毅的大嫂見過面。

　　雖然知道介紹的這個人是她自己同族的親戚，但會安排

8　廖史豪，1923年2月11日出生於日本京都，是廖文毅長兄廖溫仁的長子。1936年就讀嘉義中學，1940年進入日本立教大學文學系。廖史豪是台灣獨立運動的先驅者。受廖文奎、文毅兄弟的影響，深具民主與獨立的思想。1947年二二八事件之後，廖史豪當時在上海，即參加「台灣再解放聯盟」的運作。1948年9月，廖文毅、廖史豪在香港印製給聯合國的請願書，表達台灣人獨立的願望，並希望透過聯合國託管，公民投票決定台灣前途。1950年5月，廖文毅在日本組織「台灣民主獨立黨」，1956年2月成立「台灣共和國臨時政府」，並被推選為大統領。海外有台灣獨立運動的組織，台灣國內亦同時配合運作。廖史豪和黃紀男分別聯絡同志，規劃革命工作，但1950年5月事跡洩漏，被判處無期徒刑，後減刑為十二年。1958年8月，廖史豪保外就醫後，仍然積極從事獨立運動，散發獨立傳單，策劃革命行動，不久又被偵破，1962年1月被捕，被判處死刑。1965年5月，廖文毅自日本返台，廖史豪12月才被釋放。前後兩次為了台灣獨立而坐牢，出獄之後仍不改其志，一生以獨立建國為念。2011年9月28日逝世，享年九十歲。張炎憲，〈追思廖史豪先生〉，「炎憲1947 - Google Sites」：https://sites.google.com/site/yanxian1947/zhui-si-wen/zhuisiliaoshihaoxiansheng，點閱日期：2019年8月28日。

　　我們見面，代表對我有一定的信任。因為我跟陳再福三姊的婆婆很熟，差不多一個禮拜會在他們家兩、三天。早期我們這群朋友都在陳再福家，但後來這幾年我都去他三姊夫那裡。他三姊夫有一個group，這個group說起來很特殊。

　　這些人的身分是軍人，後來有跟我說他們的經歷。原來他們大部份都在日本讀中學，戰後才回來。在日本讀中學時，大家都有打野球。後來，可能是1948年，因為舉辦台灣省運動會，台中市商會、也是台中體育會的理事長顏春福[10]就說要組一支棒球隊參加省運，於是找了這些從日本回來的學生參加。結果他們獲得棒球比賽的冠軍。

　　這期間，台中空軍第三機廠的廠長，外省人，留美的，

9　廖蔡綉鸞，台中清水人，約生於1907年，同志社女子專科英文學科肄業。1950年被捕作為人質，以誘捕其長子廖史豪。1958年廖史豪獲釋後，與廖史豪繼續從事宣傳工作，推動台獨理念。1962年與廖史豪、陳火桐同時被捕。廖文毅確定返台前一日，1965年5月13日，獲准保外就醫，7月2日病逝。陳慶立，《廖文毅的理想國》（台北市：玉山社，2014），頁114。

10　顏春福（1905-1969），1905年11月16日在彰化出生。1912年，入台中公學校就讀。1918年，進入台南長老教會中學。畢業後，在台中刑務所購買組合服務。1922年，組織台中市青年團。1926年，被選任為台中市青年團副團長，之後又被任命為台中市聯合壯丁團團長。1927年，經台灣總督府核准為鴉片小賣商。1928年，出席台灣總督府主辦的「全島青年團指導者講習會」與「御大典第四回全國青年團奉祝大會」。1929年，出席台中州廳主辦的「青年團指導講習會」與「第二回全島社會事業講習會」。由於顏春福在青年工作上的傑出表現，被任命為台中市商工協會評議員、少年團評議員、台中市保町方向委員。1948年2月，接任台中市商會第三任理事長。1958年3月，再度接任台中市商會理事長。王振勳、趙國光主持，國立中興大學編纂，《台中市志・人物志》（台中市：中市府，2008），頁296-297。

對棒球很有興趣，就把這群人找來參加空軍的棒球隊。後來他們去中國參加第七屆在上海舉行的全國運動會，因爲中國沒有什麼人打棒球，所以沒有對手，當然也是拿冠軍。他們代表空軍參加全國運動會，後來中國空軍還有載他們去北京、東北跟美軍打友誼賽。但回台灣之後，大陸淪陷，這些人變成軍人，既不是兵，也不是官，還不能退伍，所以大家都滿腹牢騷，覺得是被騙來的。這個group其中之一就是陳再福的三姊夫。因爲他們常常在一起，我去的時候，跟大家談得來，所以就變成團體的一份子，唯一不是棒球隊的成員。

　　這些人長我三、四歲，都有台灣意識，所以大家來往得很密切。因爲跟這些人來往的緣故，所以我常常會去陳再福三姊夫的家，他母親也常常來。陳再福三姊夫的父親過去是台中太平鄉的鄉長，也是當地的大地主。因爲他母親常常會來，所以跟我們也很熟，因此我們跟他兒子往來，她當然很清楚。當時陳再福的三姊夫正設法退伍，準備去日本，我則是要去進修，跟他不一樣。他母親因爲知道我要去，所以才會提起要不要跟廖文毅的大嫂見一面。爲了避免引起麻煩，這一段我在獄中沒有跟別人提起。當然，調查局也沒有問這一段。

　　在日本，我最先是跟簡文介[11]見面。那是陳再福的妹婿

<hr/>

11 簡文介，二二八事件後脱出台灣，歷任台灣再解放聯盟副秘書長、台灣民主獨立黨秘書長、台灣臨時國民議會憲法草案起草委員會委員長、台灣共和國臨時政府秘書長、外務省長、台灣獨立統一戰線執行委員會委員長。著有《台湾の独立》一書，於1972年放棄台獨返台。

楊仔安排的。見面之後，我才跟他提起：「出國之前，我有跟廖文毅的大嫂見過面，如果有機會，我希望跟大統領見一次面。」後來，簡文介就安排機會讓我去跟廖文毅見面。因為廖文毅的大嫂沒有交代什麼特別的事，所以見面時，我只有跟他說：「來之前我有跟你的兄嫂見過面。」

在安排的過程中，楊仔有跟我講了幾個情況，其中一個是廖文毅的組職非常複雜，裡面跟他相同身分的人不少，雖然彼此都不知道對方的身分，但他知道裡面有很多這樣的人，所以這些人的行程，一定都有組織的人在跟蹤。他說：「所以，第一，說話要特別注意，第二，可能會被人偷錄音。如果有要求你參加組織，你要跟他拒絕。你要回台灣，他可能會交代你什麼工作，或是幫忙帶東西，你也不能接受。因為類似這種的都有人錄音。」

所以後來見面時，我就採取這幾項原則。但，簡文介並沒有直接吸收我，說你來參加組織，或你要回去，幫忙帶什麼。談話中間，我想瞭解共和國政府目前跟國外的發展情形，他則想瞭解島內的情勢，所以沒有提到他們的工作。當時我有問他一句，「萬隆會議大統領有出席演講嗎？」因為我在台灣就有收到這個訊息，說廖文毅應印尼總統的邀請去參加萬隆會議，所以去的時候，我當然要瞭解這些第三世界的國家有沒有支持台灣獨立。簡文介跟我說：「大統領有出席。」我也深信不疑。

但我第二次被抓去時，跟陳智雄[12]關在一起。陳智雄出

陳慶立，《廖文毅的理想國》，頁113。

12 陳智雄（1916-1963.5.28），屏東人。日本青山學院、東京外語大學

身印尼，又是（台灣共和國臨時政府）駐東南亞的巡迴大使，所以我就問他這些事。結果陳智雄跟我說，不是廖文毅去，而是他去。這是陳智雄親口跟我說的。但簡文介跟我說，是廖文毅親自出席，所以我在想，是不是有去，但沒有出席？

陳再福這個人

後來，我發覺到一個問題，就是我坐牢回來之後，有去找陳再福。陳再福跟我說，他的妹婿現在人在台灣，他還帶我去跟他妹婿見面。但，我發覺楊仔在經營特種行業，在當時都要有特殊背景才能經營特種行業，如果他是「雙面間諜」，回台灣一定會被判刑，怎麼可能在經營特種行業？也因此，回來之後，我從來沒有跟陳再福提到泰源事件的事情。

畢業，任職外務省，1941年太平洋戰爭後派赴印尼。1945年大戰後，辭去外務省職務，改經營珠寶生意，不久與荷蘭籍女子結婚，並幫助印尼獨立運動，暗中提供日軍遺留武器給蘇卡諾，印尼獨立後被奉為國賓。受印尼獨立成功的鼓勵，遂決心獻身台灣獨立運動，不久出任廖文毅台灣共和國臨時政府駐東南亞巡迴大使。一年後，中共迫印尼政府阻止他從事台灣臨時政府的外交活動，並將他逮捕。出獄後，仍從事台灣獨立建國運動，於赴日時，日本政府受國民黨政府影響，限制出境，原機遣返印尼，印尼亦禁止他入境。六個月後，他到瑞士取得國籍，再回日本。1959年被國民黨情治人員以外交郵袋綁架運回台灣，許以省府參議職位，不為所動，更積極公開演講主張台灣獨立建國，同時秘密發展組織。1961年於組織「同心社」時被捕，1963年5月28日遭槍斃。沈懷玉撰，〈陳智雄〉，《台灣歷史辭典》，頁849。

　　另一方面，我回來之後，過了幾年，陳再福一直都沒有放棄理想，他還是積極想去日本，所以我回來的第二年，他去了日本，接著又去美國。但，有一些情況到現在我還想不通。他過去非常親日，到小學三年級才從日本回台灣，所以日文的基礎相當好，看的都是日文的東西。但自從他從美國被送回來之後，情況卻完全不同了。第一，變得非常反日。他去美國之前，有先到日本住了一年，但我沒有問他原因。第二，變得非常反台獨，一直在批評美國的台獨組織。他在美國六、七年，中間可能有去參加台獨組織，但和他們意見有衝突的樣子，可是他回來都沒有說這些，只是變得非常反台獨，因為他的精神狀態已經不正常了，所以我就沒有去問他原因。

　　為什麼說精神狀態不正常？因為他在美國，他的大姊也在美國，所以租了一間房子給他住。他沒有讀書，因為他去美國主要是為了參加台獨組織，從事獨立運動。但有一天他被美國政府以非法居留遣送回來，他的太太和外甥去機場接他，他竟然說他太太是警總派來的。他太太說：「什麼是警總？」因為陳再福沒有坐過牢，他太太當然不知道什麼是警總。陳再福說：「妳是警總派來監視我的特務。」他太太說：「你怎麼這樣說？」他說：「不然妳怎麼會知道我坐這架班機回來？妳如果不是警總的，怎麼會知道這個訊息？」

　　事實上，我還沒有去見陳再福之前，他太太就先跟我說了這段經過。他太太說，陳再福在美國租房子，跟留學生住在一起，但他的生活習慣在台灣就是日夜顛倒，去了美國之後一樣白天睡覺，晚上裝音響，房客當然會反彈：「我們晚上要睡覺，早上要去上課、打工；你早上睡一整天，晚上才

在那裡鏗鏗鏘鏘，會吵到我們！」結果有一次吵架，人家去報警，警察來了，才發覺他是非法居留，所以就把他送去移民局。他在美國這段期間有跟教會聯繫，但教會得到消息時，已經是禮拜六，沒辦法營救，等到禮拜天送回來時，要營救已經來不及了，但他們有探聽到他是坐什麼航空公司第幾班次的飛機，所以就馬上通知他的外甥，他的外甥再通知他的嬸嬸，然後兩個人一起到機場接他。過程就是這樣，但陳再福卻一直說他們是警總派來的。

我一開始以為是他們夫妻意見不和，但有一次陳再福的妹妹給我地址，我就去找陳再福，當時他已經跟他太太離婚了，兩個孩子也跟著他太太，所以一個人單獨住在外面。他住在日式的房子裡，沒有庭院，門打開就是一條巷子。我進去跟他坐著說話，他竟然問：「你怎麼會自己來？」我說：「是要跟誰來？」他說：「你有問題，我也有問題啊！你怎麼可以單獨跟我見面？」好像真的不正常的樣子！而且談話中間，門都打開，不敢關，跟我見面怎麼會這樣！所以我就沒辦法跟他談下去了，包括一些比較深入的問題，好比你去日本跟日本的組織發生了什麼問題，怎麼會變成反日？你去美國是去參加獨立運動，為什麼會變成反台獨？批判組織的人？這兩點我本來想跟他談的，但看到他這樣就談不下去了。

可是，經過這麼多年，有幾個朋友都在問。因為我的起訴書、判決書都有列他的名字，說另案處理，所以大家都會問我到底是怎麼一回事。而且我出獄後，他還是很熱烈，一直說要參與這個運動，所以中間有一些難友來台中找我，都有跟他見面、交換意見，他也非常積極。他太太和妹妹現在

住在哪裡，我不知道，他二姊已經過世了，三姊我回來時有見過一面，但後來就沒有再見面了。我有一個朋友，這幾年一直在找我，他跟陳再福不是政治上的淵源，而是事業上的關係。因為這個朋友是做機械出口的，本身不懂英文，英文信的寄收，都請陳再福幫忙，所以他們的關係很密切。

接手經營新生商職

離開調查局之後，我回母校台中商職任教，並且在一間私立的新生商職兼課，那間學校創辦期間，創辦人兼校長李樹遠是我的老師，所以我都有過去幫忙。1958年正式任教，1959年到日本短期進修，後來涉案也跟日本有關。

我這輩子做過三個事業。第一個是接手新生商職。但接手的淵源，其實和獨立運動有關聯。我去日本做短期進修，最主要的目的是瞭解廖文毅的組織和發展。在那裡我就開始思考一個問題，回來台灣之後，要怎樣謀求發展？就是辦學校。換句話說，我在東京時，就已經在想回來是不是要辦學校。

我們台灣人和中國人不一樣的地方在於台灣人辦學校是為了公益，地方仕紳拿錢出來興學，但中國人方面，雖然也有一些地方仕紳私人興學，但大部份在台灣的外省人，辦的學校都是「學店」，他們的態度就是這樣，不是真正對地方有貢獻。

過去，我們想說辦學校就要有一大筆資金，去買土地、蓋校舍等等，但從民國41年（1952年）李樹遠開始籌備時，要我幫忙做一些雜務的工作，後來也跟他相識多年，一起規

劃校地、蓋校舍的過程中間，我才深入瞭解到，辦學校不是我們想得那樣困難。

而且，辦學校有兩個理由，一個是發財，這是大家看不到的。現在很多外省人辦的學校都發財，所以不一定要有一大筆資金才能辦學校。另一個，也是最主要的理由，則是組織的問題。有一間學校，才有辦法吸收兩方面的人才。一方面是老師，要找一些有台灣意識、志同道合的來教育這些學生，就可以培養台灣意識。另一方面則是學生，講得具體一點就是我在東京時便想說要發展台獨組織，就是要有一個據點，集合一些人，所以學校是最理想的地方。

但，1959年回來之後，我沒有真的以個人去創校的原因，其實是跟李樹遠有關係。我在東京時，李樹遠把新生商職的土地賣給了省黨部，買賣是在法院公證的，我父親是保證人之一。他們先付了二十萬的訂金，簽訂合約、公證之後，再開立一張一百萬的支票。但，後來省黨部第五組的總幹事跟台中市政府發生了一些摩擦，所以台中市政府一位姓莊的秘書就故意把這個消息曝光。為什麼姓莊的敢去得罪省黨部？因為他知道省黨部主委上官業佑和省主席周至柔有矛盾，這是黨內都知道的事，所以就利用這件事來打擊省黨部。但，他始終不敢正面去攻擊省黨部，而是透過報紙，批評李樹遠校長盜賣校產。[13]

這中間，我剛好從日本回來，李樹遠跟我說：「我要搬去台北了，學校交給你代理，你幫我坐鎮。」換句話說，我

---

13 〈藉辦學之名 作土地生意 台中新生補校校長 涉嫌變賣校地牟利〉，《聯合報》，1957年11月2日，版三。

是代理，而不是一開始就接班。但，經過一年，李樹遠和省黨部的事還是沒辦法解決，因為省黨部要取消合約，解約之後，二十萬的訂金我們可以沒收。但，買賣之前，省黨部已經來「借」了兩間教室，買賣之後，又再擴張，變成佔了四間教室做為他用，後來發生糾紛，他們又說不買了，卻不同意訂金被沒收，甚至霸占四間教室不肯歸還。所以，我回來開始代理校長之後，就要著手處理這個問題。

　　當時我找了一些中商的老師來兼課，也跟深切仙[14]一起

---

14 張深切（1904.8.19-1965.11.8），南投草屯人，五歲時過繼給張玉書為養子，1917年隨林獻堂赴日求學，入礫川小學校，1920年入東京府立化學工業學校，遷入高砂寮寄宿，與留日台灣學生多往返，開始關心社會運動。1922年插班青山學院中學部，1924年轉往中國上海商務印書館附設之國語師範學校就讀，與郭德欽等人成立台灣自治協會。1926年往廣州，積極投入反日運動，與郭德欽、張月澄等人廣東台灣學生聯合會。1927年考入中山大學法科政治系，與同志組織廣東台灣革命青年團，聲援台中一中事件，批判六一七始政紀念。往來於台灣與中國廣東之間，1928年以違反治安維持法被起訴，判刑2年。1930年出獄，活躍於文學與演劇活動，1934年組「台灣文藝聯盟」，出刊《台灣文藝》。1938年轉往中國，於北京藝術專科學校擔任教授訓導主任，又於王克敏主持的新民書院任日文教授，擔任《中國文藝》主編。1945年8月日本戰敗，張深切與吳三連、洪炎秋等人協助華北台灣人之返鄉工作。1946年春，張深切回到台灣，受台中師範學校校長洪森秋之邀，擔任該校教務主任，郭德欽則任該校總務主任。1947年二二八事件發生後，張深切遭通緝，家屬認為是因為中國籍公教人員被集中保護於師範學院禮堂，事後被台中市長黃克立密告獲罪。但從已出土之檔案則顯示，中國國民黨台中市黨部指張深切發現該黨部人員，要求集中看管，將之冠以「協助謝雪紅煽動學生，強調排外，推翻國民政府，打倒國民黨，參與暴動，抵抗國府軍」之罪名。張深切遂避其四弟張鴻禧南投中寮山區數月，後因警備總部少將參謀蔡

討論這件事。深切仙說：「既然李樹遠要賣校地，省黨部要求解約，不如我們把學校接手過來自己辦。但如果要接手，勢必得跟李樹遠買校地，這是一筆很龐大的費用，你要跟他好好商量，看要怎樣付這筆錢？」他還跟我說，新生的董事長徐成[15]，是台中《民聲報》的社長，也是軍統的人，這是

繼琨之協助，得以撤銷通緝。此後，張深切不再涉足政治，全心於文化工作，著有《我與我的思想》、《在廣東發動的台灣革命運動史略──附獄中記》、《孔子哲學評論》、《里程碑》等書，與陳逸松等人成立藝林影業公司，出品電影「邱罔舍」。陳翠蓮撰，〈張深切〉，《二二八事件辭典》（台北縣新店市：國史館；台北市：二二八事件紀念基金會，2008），頁352-353。

15 徐成（？-1956.12.19），字士達，彰化埔心人。1936年間至台中《台灣新聞社》當工友，因獲社長松岡賞識，幾年後破格升為見習校正員、社長室勤務，二次大戰爆發後不久，透過與松岡之關係，開始出入台中憲兵隊。戰後於台中市成立台灣民聲報社，發行《民聲報》半月刊，並擔任中國國民黨台中市黨部第四區分部書記，及台中市民生會顧問。二二八事件發生前不久，中統局調查局蔡志昌涉及多起搶案，徐成因與蔡志昌關係密切，遭台中市警局逮捕，因獲憲兵隊長王守樸包庇而逃逸。事後台中市警局所造之「台中地區三二事件重要人犯名冊」，指徐成於事件期間擔任處委會調查員，兼充中統局情報員，多方詆譭政府，被視為十三大哥第二大哥。然若據中國國民黨台中市黨部所撰之報告，則指徐成係黨部安排在台中市時局處理委員會之地下工作人員，擔任處委會聯絡部委員。1947年3月4日，時局處理委員會假中國國民黨部辦事處為會所時，徐成曾掩護該黨部指導員及秘書等人，並居中傳遞消息，由於見有處委會以學生名義張貼反動標語，乃聯絡學生於大會時提出反對。該報告中並指出事件期間市黨部同志中以徐成、施金涂、魏賢坤三人最為努力，徐成主要負責聯絡學生及忠實分子，以利控制局面，並糾正處委會目標，檢舉其罪行。因此，雖軍統情治系統及台中市府、市警局之情報對徐成不利，但由於與中統局關係密切，事後得以身免於難。事後，徐成將《民聲報》

大家都知道的事。他當董事長沒多久，就跟李樹遠產生摩擦。因為徐成想要霸占學校，所以在董事會上提出要開除校長。但，這些董事都是地方的仕紳，大家說：「我們只是掛名的董事，沒有實際拿錢出來，這樣要怎麼把創辦人李樹遠給趕出去？」因為沒人贊成，也沒人敢出聲反對，所以就散會了。後來，徐成要召開董事會時，其他董事都不出席，所以這件事就一直懸著。

　　這中間，李樹遠都不跟徐成正面衝突。照說，董事會秘書是董事長指派的，但李樹遠是創辦人，所以就用創辦人的身分，給我掛名做董事會秘書，要我去跟徐成周旋。但，我怎麼可能有辦法跟他周旋？所以任何事，他怎麼講，我就怎麼傳達，等於是兩邊的傳令兵。

　　按照規定，學校是民國41年（1952年）成立的，董事會一屆三年，44年（1955年）就應該要改組，但董事會一直沒辦法召開，所以就沒有改選。儘管教育廳一再來公文，說董事會任期已滿，應該要改選，但我們沒有理它，因為知道有這個糾紛在。後來一直拖到我接手，這件事才獲得解決。但，董事會改組，不是因為我有什麼本領，而是徐成去世了！

半月刊改為《民聲日報》，病逝前一直擔任該報社長，1951年參選彰化縣臨時省議會議員失利，曾歷任台中市記者公會理事長、台中市合作社聯合社理事主席、台中市商會理事、中部橫貫公路促進委員會宣傳組長、中國合作事業協會台灣分會監事、省合作金庫民股理事，及中華民國報紙事業協會理事等職。1956年年底病逝於台中市繼光街寓所。林正慧撰，〈徐成〉，張炎憲主編，《二二八事件辭典》（台北縣新店市：國史館；台北市：二二八事件紀念基金會，2008），頁306。

　　其實，當初徐成會當董事長，是組成董事會在開會時，林湯盤[16]提案的。林湯盤是合作金庫台中支庫經理，也是我們學校第一屆的董事。但，這個提案跟我們的規畫不一樣。我們原本是要找林獻堂的兒子林猶龍[17]來當董事長，但林湯盤突然提出來，這些董事沒人敢反對，所以徐成就成為新生商職的董事長。

　　等我接手要組成第二屆董事會時，深切仙就推薦林寶樹[18]來當董事長，林寶樹是林湯盤的兒子，當時擔任中興大

16 林湯盤（1901-1985），字修平，台中人。日本橫濱本牧中學，東京明治大學法科畢業。日治時期曾被選任為台中市庶民信用利用組合理事及厚生信用販賣購買利用組合專務理事。戰後，歷任台中市合作社聯合社第一屆理事主席、台中市農會理事長、台灣省農會理事、彰化銀行監察人、台灣省合作金庫台中支庫經理、豐榮農田水利會評議委員會主任委員、台中市合作社聯合社理事主席、台灣省臨時省議會第一屆議員、國民大會代表等職。〈林湯盤先生略傳（1901-1985）〉，「修平科技大學」：http://library.hust.edu.tw/hust_history/www/W-inaugurator_1.jsp，點閱日期：2020年4月10日。
17 林猶龍（1902-1955），林獻堂次子。生於1902年，九歲時被父親林獻堂安排到日本求學，後來考上東京專科大學（今一橋大學前身）。1926年自大學畢業，隔年跟隨其父遊歷歐美。返台後，擔任「大東信託會社」外交課長。1931年出任霧峰鄉長，長達五年。後創設「新光產業會社」、擔任霧峰信用組會長、台中州澱粉工業組會長。1943年日本政府以其熟習金融事業的背景，聘任他為華南銀行常務董事。戰後，林猶龍奉命為彰化銀行籌備委員。1947年彰銀改組，林獻堂任董事，他則擔任常務董事。1952年，父親辭董事長，由他繼任。1954年，台灣水泥公司轉為民營，又被選為董事。1955年7月，因狹心症病逝，享年五十四歲。戴月芳，《台灣大家族》（台北市：台灣書房出版，2012），頁137。
18 林寶樹，畢業於日本鹿兒島大學農學系，並獲頒日本特許大學農學博

學農經系的教授。深切仙跟林寶樹兩個人同事過，二二八之前，洪炎秋是台中師範的校長，深切仙是教務主任，寶樹是教員。因為他知道林寶樹的背景，所以就介紹他來當董事長，林寶樹也很願意幫我的忙，承擔起這個責任。

我也跟李樹遠講好了，接手學校的金額是兩百八十萬。付款方式是董事會先出三十萬，其中二十萬用來還給省黨部，跟他們解約，並且讓他們撤出學校，把四間教室收回來；其餘的兩百五十萬，則以校地去跟銀行抵押一百五十萬，剩下的一百萬，我準備分兩年四學期，每學期二十五萬付給李樹遠。但，大家都講好了，字也簽了，中間卻發生波折。

當時，為了新生商職董事會改組的事，林寶樹交代他的堂弟，台中西區合作社經理林錫三負責聯絡。請他負責聯絡的原因是林寶樹打算找台中三間合作社（一信、三信、五信）的理事主席加入董事會，並且以校地做為擔保，向這三間合作社聯貸一百五十萬，原本他們的主席也都同意了。

但，有一天，林湯盤打電話給林錫三，不知道是要交代他什麼工作，林錫三說：「我下午有事。」林湯盤問說什麼事，他說：「哥哥要我去聯絡新生商職董事會的某某人……」林湯盤嚇了一跳，說：「這跟你哥哥有什麼關係？」

士榮銜。曾任省農會總幹事、救國團總團部輔導組長。除執教於中興大學農經系長達三十年外；亦擔任樹德家專與工專的首任校長，前後計26年（1966年8月迄1992年7月）。〈歷任校長〉，「修平科技大學」：http://library.hust.edu.tw/hust_history/www/W-principal.jsp，點閱日期：2020年4月10日。

林錫三說：「哥哥當新生商職董事長啊，你不知道嗎？」結果，這個消息讓林湯盤大發雷霆，甚至打電話給這三間合作社的主席，罵他們為什麼插手這件事。

這三間合作社的主席雖然都認定有必要支持我們學校，但大家都不敢得罪這位合作界的元老林湯盤，所以有一天，林寶樹、三間合作社的主席，我和中商的一位老師（也是他們林家家族的成員），就坐一台Jeep，到林湯盤在樹仔腳的本家拜訪。到了之後，父子倆竟然當場吵了起來，而且吵得很厲害。本來說要一起吃午餐的，但大家看到這種場面都不敢吃了，鼻子摸一摸就離開了。

回程途中，剛好當天的報紙有報導一個消息，說台中市議長張啓仲要接台中體育會的理事長，所以這些主席都在談論這件事，還說張啓仲懂什麼體育？因為張啓仲也是合作界的人，是中區合作社的理事主席，但區域的合作社跟他們這些正式的合作社性質不太相同，所以他們有點看不起張啓仲。當時體育會的理事長是顏春福。顏春福在日據時代就是台中商界的重要人物。不但是台中市商會的理事長，也是台中倉庫合作社的主席。後來因為承包軍事工程出了事，被抓去關，而且還破產，所以就把倉庫合作社主席和市商會理事長辭掉了。沒想到，剩下的體育會理事長職務，國民黨也想把它吃下來。

談論期間，其中一個人突然說：「找春福仙來當董事長，好不好？」我的老師說：「不然問寶樹願不願意退出？」他們想請顏春福當董事長的原因是顏春福過去在台中的人脈很廣，輩分也很高，而且他們說，春福仙跟湯盤仙是同學，如果他出面，林湯盤不會反對，這樣我們也比較好做

事。所以我就請我的老師去跟林寶樹疏通；同時，因為我另一位老師的太太跟顏春福的媳婦是姊妹，所以我也請他去跟顏春福說這件事，並且邀請他來當董事長。顏春福聽完之後，說：「哪有這麼好的事？我事業失敗，還被糟蹋到連一個體育會理事長都不讓我做，現在居然有一間學校說要給我當董事長，還不用我出錢，我當然接受！」接著問：「什麼人要當校長？」我的老師說：「莊某某。」於是他說要跟我見面。

　　見面時，大家交談了一下，但他後來跟我的老師反應說：「太年輕了！要代表一間學校，要由一位比較有身分的人來當校長。」他提議說，他找一個人來當校長，由我先當教務主任，三年後，校長退休，我再接任。我問我的老師：「什麼人要來接校長？」老師說：「他要找江文章。」我說：「江文章如果肯來，我當然求之不得！」因為江文章是台中商職第一任校長，但二二八之後就被撤換了，後來到了建設廳，現在已經退休了。他的兒子和我是小學同學。所以我說：「這件事我同意，但要去跟林寶樹說。」結果，林寶樹卻發脾氣。當時甘迺迪（John F. Kennedy）剛當選美國總統，他說：「一個四十幾歲的人都要領導全世界了，現在，一個二十八歲的人要當校長，哪有什麼太年輕的道理？」換句話說，他堅持要由我來當校長，還說會設法去土地銀行貸款。後來，他真的以過去的人脈要去土地銀行貸款給學校一百五十萬，總算解決了這個問題。

　　這期間，我曾經去找第一屆董事林湯盤談判，當時我跟他舉一個例子，我說過去在南投縣政府當教育科長的楊德鈞，來台中辦了一間「武訓中學」（今「明道中學」），他

身無分文，但合作金庫贊助他五十萬。我一個地方青年，現在要在地方辦學，你為什麼不支持我？他說：「我不是不支持你，你不要去接新生，如果你要創校，我支持你！」我說：「請問一下，我現在要創校，但沒有半毛錢，也沒有擔保品，你會願意借我一百五十萬嗎？」他聽完，整個人沉默了下來。我接著說：「我已經有付款方式了，包括去貸款和分期付款等等，你為什麼不支持我？」雖然我單刀直入，但終究還是沒能說服林湯盤。

後來我在想，林湯盤會反對，不是反對我辦學校，而是不希望他的兒子跟李樹遠攪和在一起吧。李樹遠在台中的風評很不好。深切仙曾說，徐成有一個外號叫「台中之虎」，食銅食鐵（官僚奸商惡霸等仗勢獲取暴利），但徐成還輸給李樹遠，這樣李樹遠豈不成「獅」了！而且，林湯盤說李樹遠把他解聘，但其實沒有解聘，而是一直沒有改組。一間辦了十幾年的學校，一直要到林寶樹出任董事長時，才變成第二屆的校董會，實在很離譜！

總之，在整個辦學過程中間，從跟省黨部的糾紛，到我承接、改組董事會，真的非常複雜。記得母親當時一直要我放手，還不時說：「四兩人不能做一斤事！」意思是說，你不夠份量，怎麼能做這些事？但我說：「事在人為，這間學校不能讓它消失掉！」

二度入獄

我是1962年第二度入獄的。跟我同案的李森榮，在台中魚市場當職員。他和一位姓溫的警員，不知道哪一省的，每

天都要去車站抓魚貨走私。但他們兩個人不和，因為李森榮很討厭外省人，不時在批判，而且公開叫他們「豬仔」，可以說講話完全沒有在顧慮。當時李森榮寫完條子，就拿去丟在垃圾桶裡。等他走了之後，那位警員就把條子撿起來，「哦！原來有這樣的問題！」但他沒有去警察局檢舉，而是去憲兵隊檢舉。他們看到這個東西不是一般的傳單，而是有組織性的，於是開始跟蹤李森榮，但沒人知道，包括我們也不知道。

這個案子的案頭是我，他出事之後，因為思想來源、資料提供都是我，而且傳單寫說「獻身在台灣解放民族運動」，他們就認定這個有宣傳和鼓勵性質，而且一定有組織，所以憲兵隊就報去憲兵司令部特調組，接著調查局、警總保安處、憲兵司令部和警務處四個單位就成立聯合小組，開始跟蹤。他們的目標不是我，而是李森榮。

當時我學校很忙，剛好在改組，我擔任代理校長，李樹遠校長則已經離開學校，搬去台北了。我的學校叫新生商業職業學校，我接之前是補習學校，接了以後才改組。李森榮因為在魚市場，所以有辦法拿海產過來。我們學校出來有一些違章建築，都是外省人在做北方菜的小餐廳，再過去有一間旅社，李校長來，都會在那裡住一個月，但他不是為了校務，而是來避難的，因為他和太太不和，他也沒有朋友，所以每次來台中，都待在旅社寫毛筆字，或是畫中國的國畫，而我一方面要跟他報告學校的事，另一方面也要陪他。

他們動手的前一天，廖福聲跟李森榮說要帶一些海產給我們，我說：「我們在旅社。」於是他們就拿到旅社旁邊的餐廳去煮，煮好再送回來旅社，然後大家一起跟校長吃。那

頓吃完，他們就回去了。回去之後，大概三、四點左右，他們就去抓李森榮。

當時李森榮跟廖福聲有合作做事業，所以調查局的人來抓李森榮時，李森榮說：「我有跟別人合作事業，我要去交代一下事情。」於是，兩個特務就跟著李森榮去廖福聲的家，廖福聲問他出了什麼事，他應了一句：「和老蔡（蔡寬裕，雖然中學之後我改姓莊，但小學同學都一直稱呼我為老蔡）一樣。」結果，這句話對我來說就解釋不清了。因為他說這句話，我知道，並不是說我（蔡寬裕）涉及到這個案子，而是說，我（蔡寬裕）在「五二四」被抓去，他同樣也是因為政治問題被抓的。也就是說，這句話是在暗示，一樣是因為政治問題。但，調查局不這麼認定。他們認定的是，這個案子跟我有關聯，而且是從我這裡來的。

李森榮被抓去之後，第二天就來通知了，要我過去說明。我跟台中的調查站很熟，我「五二四事件」回來後，受到「保護管束處分」，有一年每個禮拜要去報到一次，寫生活報告、讀書報告、跟什麼人見面等等，但後來就沒有時間去了。李校長跟我說，你不要去，你就跟他們嗆說：「我有事你把我抓去關，沒事不要找我麻煩！」因為我有幾個月沒去，電話就來了，「莊某某，怎麼一直沒有來？」我就照校長跟我說的回答，他說：「不要這樣嘛，大家交朋友，來聊聊天嘛！」但我沒有理他，這樣也經過了好幾年。但這次他們來通知時，我是自動去談話的。

去了之後，他們問我是不是有拿什麼東西給李森榮，但我事實上沒有拿東西給他。在那裡被問了二十九個小時，從早上一直問到隔天中午，中間都沒有休息。後來他們才從外

面叫了一碗麵給我吃，讓我休息。到了三、四點，我父親來了，他們說：「可以回去了，你爸爸來接你了。」我一出去，沒有辦交保，一輛計程車已經在調查站門口等了。一上車，父親在車上就跟我說：「早上陳再福和廖福聲被抓走了。」原來，他們就是要把我們錯開，早上先把這些人抓進來，下午再放我出去。我回來經過十二天，以我的經驗來說，這中間他們為了知道我的行蹤，一定有派人監視，因為我有「五二四事件」的經驗，所以都很小心。但十二天之後，我又被抓了回去。

陳再福的二姊夫張啓仲是台中國民黨市黨部的主委，又是台中市議長，但陳再福一直跟他不和，因為他是國民黨，陳再福是台獨的。當時他太太跟他說：「你當黨部主委、議長，人家一天就回來了，我弟弟這麼多天都還沒回來，你卻不聞不問。」於是張啓仲就找我過去，問我發生了什麼事？我跟他說這涉及到台獨。他早就知道陳再福的態度了，所以說：「唉呀！時間就可以解決這個問題了，他怎麼這樣……」

我們這個案子，李森榮和張啓堂有送來判刑，其他兩個李森榮的同事則是「另案處理」，但那兩個人，我不認識；我們這邊，陳再福和廖福聲被抓去好幾個月，我在新竹的調查站有遇到他們，但我之後送來台北，他們沒有，後來起訴書就寫「另案處分」。當時我在法庭上說：「你指名我在我家、在陳再福家不斷召開會議，但如果是在陳再福家開會，為什麼陳再福沒有辦？」法官說：「陳再福不是不辦，而是另案處理。」我聽完嚇了一跳，就不敢再去強調這點做辯護了。事實上，我們常在一起「做陣」，但沒有牽連出來的部

份，真正的group其實是陳再福三姊夫的這個group，但這個group陳再福也不知道。

我跟這個group有相當的接觸，他們的人都比我大四、五歲，原因是這些人都是戰時在日本讀中學，戰後回來的，而且他們在日本都打野球，所以回來後，市商會就把他們集合起來，組了一支棒球隊，參加比賽，也拿到冠軍。後來，台中空軍第三飛機廠的廠長，一位空軍上校，因為留學美國，對棒球有相當的興趣，就說：「我請你們代表空軍去上海參加第七屆全國運動會。」

當然，中國的棒球並不興盛，所以在沒有對手的情況下，他們拿到了冠軍。在中國四、五個月後，運動會結束了，空軍就載他們去各地和美軍打棒球。回來台灣之後，他們也留在空軍打球。起初發銀圓，但後來銀圓不發了，改成軍人待遇，等於被編入軍隊中，變成軍人了。但他們既不是軍官，也不是士兵，而是類似公務人員的階級。換句話說，大家都被綁死了，當然，也不能退伍。

陳再福的三姊夫是這支棒球隊的成員之一，所以這些人常到他家聚會。陳再福的三姊我都叫她「三姊」，他的二姊我也跟著叫「二姊」，所以他們的小孩叫陳再福舅舅，也一樣叫我舅舅，可以說大家都很親。陳再福很奇怪，他和二姊夫不和、對立，但還是住在一起。他和三姊夫倒不會，但沒有很密切，反而是我和三姊夫的這個group相當密切。當然，在這中間我們會談論一些問題，所以有這個group沒錯，可是沒有發展組織，但大家的意識都一樣。陳再福雖然知道我常去他三姊夫那裡，但不知道我和這群人到底在談什麼。

　　話說回來，我被起訴的理由是根據「二條三」，也就是預備以非法之方法顛覆政府。此外，我被抓去之後，才知道他們已經跟蹤李森榮半年了，都看他跟什麼人在來往。說起來，在我們同案裡，張啓堂可以說是冤案，因爲他本身沒有很強烈的政治意識和台獨意識。但爲什麼他們同事抓三個人，只有他被送去判刑？因爲他太直了，人家問他：「李森榮寫這個給你看，你同不同意？」張啓堂說：「我同意他這個說法。」這樣就變成參加台獨組織了。但，我們的案子沒有組織名稱，因爲張深切老師一直交代，絕對不能發展任何組織，因爲他知道我有涉及「五二四事件」的經驗。

　　當時我和李樹遠校長吃飯，他們就說，你們要吃飯就去餐廳吃，爲什麼要去旅社吃？也就是說，他們認定，我們有可能在那裡開會、預謀。李樹遠曾經跟我說，校長一定要加入國民黨，但他不是國民黨的，所以要自保。當時台中二中有一位教員在我們那裡兼課，是市黨部的委員，他跟李樹遠說：「你還是要入黨，這樣對你才有保障，因爲沒有黨籍，做校長不穩，而且你的對手是徐成！」所以他就要入黨，但上頭不准，因爲他們對他不放心。我第二次被抓進去時，會拖那麼久，就是因爲他們一直要逼我咬出李樹遠和張深切這兩個人。

　　張深切老師不曾跟我說「台灣獨立」，但他是用暗示性的。他說：「我這個人天生背骨，日本人來統治台灣，我反日，國民黨來統治台灣，我反國民黨，共產黨來統治台灣，我也反共產黨，有一天美國來統治台灣，我也反美國，爲什麼？因爲台灣人要自主！」但他沒有說「獨立」。

　　我是二條三，預備叛亂。我被捕後在台中調查站待一個

月,睡在客廳,接著送調查局新竹的偵訊室。在台中的時候,四個單位對我進行疲勞審問,當時我的體力比較好,我自己都還沒想睡,問話的人已經累得想睡了。我從移送書上面看出來,有四個單位在問話。判決書上也提到刑求的問題,上面記載,這是由四個單位組成的專案小組,不可能刑求。

與我同案的共四人,另有四人是另案處理。我們是在警備總部軍法處被判刑的,我在青島東路三號待了一年,那個年代的政治案件都是在警總判的,純軍人才是由陸軍總部判刑,案件當中若有軍有民,也是由警總判刑。最後我被判十年徒刑,離開警總後被送去安坑軍人監獄,接著送泰源監獄,泰源事件發生後又送去綠島,在綠島刑期期滿後又被延訓三年,總共關了十三年,原因不明,我揣測是因為泰源事件。

必須說明的是,李森榮寫的那幾個字,「獻身在台灣解放民族運動」,其實不清楚,也寫不完整。他說,那是他去我家時,我寫在報紙上給他看的。但這是轉移話題、避重就輕。實際上,真的有一張傳單,但始終沒有印出來,也從來沒有散發出去。那是我和陳再福一起討論出來的。李森榮寫的,只是引用傳單裡的標語而已,但寫的不完整。在「獻身……」之前,其實是「起來吧!起來!」,然後才接「台灣青年應該獻身解放台灣民族獨立運動」。但,李森榮不知道是不是為了轉移焦點,所以始終沒有說傳單的事,而是說寫在報紙上,所以我去調查站時,因為他這樣講,所以我也跟著他這樣講。

啟蒙恩師張深切

我的老師張深切，很照顧我，我的諸多政治理念都是來自他的啟蒙，他戰前人在北京，戰後回台中師範擔任教務主任，二二八事件時是台中治安維持會委員，中國軍隊來台後，張深切根據自己的中國經驗，判斷應該要避風頭，所以就跑去番仔寮躲起來，就是現在的草湖，他就在那裡寫了一本《我與我的思想》。台中有一間新民商職，是日治時期由台灣人辦的，國民黨一直不讓張深切去新民商職擔任校長。

起訴書有提到我受廖文毅的影響，台獨思想自此萌芽。他們把重點擺在張深切和李校長，張深切是國民黨的黑名單，他是台中私立新民商職的董事，當時董事會要推他擔任校長，也未獲許可。張深切寫的一些書也被列為禁書，例如《孔子哲學評論》一書被禁，他只好自己送給親朋好友閱讀，1957年，他的朋友去聯合國參觀，看到中華民國的展覽品之一就是《孔子哲學評論》。張深切開了一間「聖林咖啡館」，台中藝文界人士常常過去聊天，一些比較好的朋友、學生，會被他帶到樓上去。

東海大學徐復觀教授就去跟國民黨講，禁書《孔子哲學評論》正在聯合國展覽，為此，國民黨要求張深切修改部份內容，就不會列為禁書。本來我都有這些書，但是都被調查局沒收了。張深切就說，我不知道要修改什麼，國民黨也講不出來，只是一直要他自己改，事實上，張深切知道是因為書中提到馮友蘭這個人，他寫過一本《中國哲學大綱》，後來才知道檢舉人是林衡道，林衡道對劉啟光說：「這本書我愈看愈怕。」劉啟光與張深切是老朋友，張深切是中國中山

大學畢業的。

　　調查人員一直對我說，李校長等人是中國共產黨派來的，你們從事台灣獨立運動都是被共產黨教唆的。調查局來抄過我家，張深切的書很多，大家都把他的書寄放在我那裡。在我被捕的時候，他正要出版一本書叫做《里程碑》，正在校對、排版階段，那時候他也因為胃病住院開刀，本來要我幫忙，但是我隨後就被捕了。據我瞭解，很多我這個年紀的人，在青年時期受他的思想啟蒙很深。他在1964年過世，我是出獄後才知道的。

第三章

我看蘇東啓案[*]

綜觀全局知之甚詳

　　蘇東啓案發生的時候，我尚未入獄，但是很關心這件事，入獄後我常和他們一起討論，說不定我比大家都還要清楚事情的來龍去脈，因為涉案人主要可分成三條系統，各路人馬在入獄前並不認識，只知道自己負責部份的事實，入獄後互相認識、討論才稍微知道事件整體的輪廓。而且當時一些重要人物已經過世，例如蘇東啓，其他人大多只知道片段，甚至連蘇東啓也不見得瞭解事件的全貌，因為他被捕後一直被隔離，除了在1965年他曾被送到泰源監獄三個月，得以和同案的其他人見面外，他長久都是處於被隔離的狀態。

*　本篇訪問紀錄原載於中央研究院近代史研究所出版之《口述歷史》第10期：蘇東啟政治案件專輯中的〈莊寬裕先生訪問紀錄〉（陳儀深訪問，林東璟記錄），感謝該所同意授權刊登。

而他當時之所以被調離泰源監獄，是因為當時台東縣長黃順興是青年黨的，過去黃順興，蘇東啓、李萬居[1]就有在往來，再加上台東縣東河鄉選出的縣議員黃萬福也是青年黨的，他在當地經營碾米工廠。

---

1 李萬居（1901-1966），1901年生於雲林口湖梧北村。二十三歲時赴中
  國大陸求學，先後就讀過文治大學與民國大學。二十五歲時獲得親友的
  資助赴法國求學，就讀巴黎大學文學院，主修社會學，兼修政治學，
  留法期間加入中國青年黨。1932年返國後到上海從事法文翻譯工作，並
  與鍾賢瀞女士結婚，婚後搬到南京定居。在南京期間任職於中山文化
  教育館。1937年發生蘆溝橋事變，國民政府由南京搬遷到重慶，李萬居
  此時參與編輯《戰時日本》半月刊。1944年擔任台灣調查委員會專門委
  員，1945年4月擔任台灣革命同盟會行動組長，並擔任《台灣民聲報》
  發行人，同年6月初任台灣省行政長官公署前進指揮所新聞事業專門委
  員。戰後李萬居負責接收日治時代的《台灣新報》，將其改名為《台
  灣新生報》，並擔任社長與發行人。1946年當選台灣省首屆參議員並當
  選副議長，同年10月又當選制憲國民大會台灣代表。二二八事件結束
  後，國民黨黨部為控制《台灣新生報》，將李萬居升任為《台灣新生
  報》董事長，不過此舉意將李萬居在《台灣新生報》內的權力架空。於
  是李萬居乃辭掉《台灣新生報》董事長之職，決定自創一份報紙。1947
  年《公論報》成立，李萬居擔任發行人兼社長。1951年當選首屆臨時省
  議員，但競選副議長時落選。在中國民主黨籌組期間，也是籌備委員
  之一的李萬居運用《公論報》，鼓吹組黨運動。「雷震案」發生後，
  《公論報》大力為雷震辯護。《公論報》在經營上一直都相當艱困，除
  了受到國民黨政府打壓外，李萬居本身亦不善理財，使得報社虧損連
  連。1961年《公論報》改組，李萬居被迫交出經營權。失去《公論報》
  的李萬居仍舊連任省議員，在省議會中與郭雨新、郭國基、李源棧、吳
  三連、許世賢合稱「五龍一鳳」。1966年4月9日病逝於台大醫院。余慶
  俊撰，〈李萬居〉，「台灣大百科全書」：http://nrch.culture.tw/twpedia.
  aspx?id=5390，點閱日期：2019年6月26日。

蔡寬裕在1965年攝於泰源感訓監
獄，時年卅三歲（蔡寬裕提供）

蔡寬裕在1970年攝於泰源事件
後，時年卅八歲（蔡寬裕提供）

蔡寬裕攝於泰源感訓監獄（蔡寬裕提供）

1974年春節攝於綠島，第一排右二為蔡寬裕，第四排左四為柯旗化
（柯旗化夫人柯蔡阿李提供）

蔡寬裕重返綠島綠洲山莊（冠霖傳播事業有限公司提供）

蔡寬裕重返綠島感
訓監獄（冠霖傳播
事業有限公司提
供）

蔡寬裕（左）與鄭正成（中）於2017年11月1日在桃園榮總受訪時合影（陳儀深提供）

2018年2月陳儀深與蔡寬裕參訪泰源感訓監獄舊址，於台東市餐廳合影（陳儀深提供）

2018年2月陳儀深與蔡寬裕參訪泰源感訓監獄舊址（陳儀深提供）

2020年3月26日蔡寬裕與陳儀深於國史館館長室合影（陳儀深提供）

1988年聲援「許蔡案」在高
等法院阻擋憲兵驅離民眾
（邱萬興攝影，蔡寬裕提
供）

蔡寬裕在陳文成博士紀念基金會（蔡寬裕提供）

蔡寬裕在「台灣白色恐怖四十～五十年代政治文化研討會」上致詞
（台灣戒嚴時期政治受難者關懷協會提供）

2007年支持教育部將中正紀念堂改名為「台灣民主紀念館」（台灣戒
嚴時期政治受難者關懷協會提供）

2007年支持教育部將中正紀念堂改名為「台灣民主紀念館」（台灣戒嚴時期政治受難者關懷協會提供）

流亡瑞典的台獨聯盟成員張文祺回台拜訪「台灣戒嚴時期政治受難者關懷協會」（台灣戒嚴時期政治受難者關懷協會提供）

蔡寬裕與史明（右二）攝於台北市獨立台灣會，左二為巴西的莊深
湖，左一為吳鍾靈（吳鍾靈提供）

蔡寬裕與金美齡攝於義光教會（吳鍾靈提供）

蔡寬裕攝於綠島綠洲山莊禮堂政治犯群像前（冠霖傳播事業有限公司提供）

蔡寬裕為轉型正義立法奔走（黃謙賢攝影，蔡寬裕提供）

2012年5月30日，蔡寬裕引介時任文化部長龍應台參加義光教會紀念
泰源抗暴紀念追思活動（吳鍾靈提供）

2012年8月22日，蔡寬裕陪同國家人權博物館籌備處主任王逸群接待
前副總統呂秀蓮參訪景美紀念園區（國家人權博物館提供）

2014年9月16日，蔡寬裕於綠島綠洲山莊籃球場出席國際籃球賽事，
與蔡焜霖共同主持開球儀式（國家人權博物館提供）

2014年12月10日，蔡寬裕出席2014年國家人權博物館籌備處舉辦世界
人權日紀念活動（國家人權博物館提供）

立法院長蘇嘉全(中)接見政治受難者蔡寬裕(左)等人情願，強調將推動早日立法 完成，落實「轉型正義」（黃謙賢記者攝）

2016年5月12日，立法院長蘇嘉全（中）接見政治受難者蔡寬裕（左）等人請願，強調將推動早日立法完成，落實「轉型正義」（黃謙賢攝影，蔡寬裕提供）

蔡寬裕為年輕人解說白色恐怖（國家人權博物館提供）

2015年3月22日，蔡寬裕出席國家人權博物館籌備處舉辦追思紀念會典禮（國家人權博物館提供）

2016年6月27日，蔡寬裕出席國家人權博物館籌備處「鏡頭下的白色人生」與時任文化部長鄭麗君合影（國家人權博物館提供）

2016年8月23日,蔡寬裕出席立法委員尤美女主持轉型正義分區座談
會(國家人權博物館提供)

2016年8月23日，蔡寬裕出席立法委員尤美女主持轉型正義分區座談會，代表政治受難者團體發表意見（國家人權博物館提供）

2016年12月10日，蔡寬裕出席國家人權博物館籌備處舉辦世界人權日紀念活動（國家人權博物館提供）

2017年3月22日，蔡寬裕攝於景
美人權紀念碑個人受難錄名石刻
前（國家人權博物館提供）

2018年5月18日，蔡寬裕出席國家人權博物館景美紀念園區成立揭牌
典禮受邀上台共同揭牌（國家人權博物館提供）

2018年5月18日，蔡寬裕出席國家人權博物館景美紀念園區成立揭牌
典禮與時任行政院長賴清德合影（國家人權博物館提供）

2019年3月16日，蔡寬裕出席國家人權博物館春祭紀念活動獻花向消
逝受難者前輩致意（國家人權博物館提供）

2019年7月7日，蔡寬裕出席「反省記憶-平復司法不法之第三、四波
有罪判決撤銷公告儀式」，代表政治受難者致詞（促進轉型正義委員
會提供）

2020年12月10日，國家人權委員會LOGO進行啓用儀式。左起：原住民代表高英傑、人權委員王榮璋、總統蔡英文、監察院長陳菊、新住民代表陳鳳凰、政治受難者代表蔡寬裕（出處：監察院全球資訊網）

2019年7月12日，蔡寬裕在機場
（陳儀深提供）

1989年8月蔡寬裕與兒子攝於大雪山烏石坑苗圃（陳麗珠提供）

1989年8月蔡寬裕與雙胞胎女兒攝於大雪山鳥石坑苗圃（陳麗珠提供）

蔡寬裕與兒女們攝於高雄市文化中心（陳麗珠提供）

全家福（冠霖傳播事業有限公司提供）

台灣獨立要靠武力

（一）體制內改革無望

　　當年雲林縣非常貧窮，可以用民不聊生來形容，李萬居是雲林縣的精神領袖，底下有四大金剛：蘇東啓、蔡誅、薛萬、蔡連德，李萬居的競選活動只需要在投票前兩個月開始即可，因為四大金剛各擁地盤，協助選舉，萬居仙的聲勢很高。

　　在一九六〇年代以前台灣人的心態只有兩種，一是會怕事，會閃躲政治問題，但不是反對，只是害怕；另一則是關心台灣，會積極討論時事。例如在校園，同學們都會避開喜好談政治的學生，不跟他往來，因為會擔心將來有一天出事情會被連累，不過也不會去檢舉。但是有同樣想法的人，彼此建立起信任關係後，就會無話不談。

　　「三九事件」是台灣前途的轉捩點，如果當天有起義行動，不論規模大小、成功失敗，都是繼二二八事件之後，台灣首次武裝革命。當年一般人民雖然有台灣意識，但是外有大中國意識型態壓制，因而不敢超越現實壓力，只能期望體制內改革。原本他們寄望雷震的組黨，但是雷震被捕後，[2]

2　1960年雷震等人因《自由中國》的言論與「中國民主黨」的籌組而被逮捕判刑的政治案件。雷震，中國浙江省長興縣人，日本京都帝國大學畢業。在國民政府時期歷任教育部總務司司長、國民大會副秘書長、行政院政務委員等職，來台後擔任國策顧問。1949年創辦《自由中國》半月刊。隨著時局的變化，蔣中正總統的威權色彩日漸增強，雷震與當局的關係逐漸對立與惡化。1960年4月第二屆省議員選舉之

蘇東啓等人開始意識到，既然組黨之路不可行，只好訴諸台灣人最原始的要求：台灣獨立。在當年要從事台獨運動的唯一方式只有武裝革命一途。或許有人會問，武裝革命可行嗎？但是想一想，當時的時空環境並沒有漸進改革（非武裝革命）的條件，隨便講兩句真心話可能命就沒了。

後，以李萬居、許世賢等省議會「五龍一鳳」為首的台籍人士，因不滿選舉不公，5月18日在台北召開「在野黨及無黨派人士本屆地方選舉檢討會」，決議籌組新政黨（後命名「中國民主黨」）。《自由中國》發行人雷震、編輯傅正等人亦參與籌組，雷震並成為主要領導人之一，在《自由中國》予以言論上的支持，並爭取中國國民黨、民社黨與青年黨內較有民主意識的政治菁英加入組黨行列。7-8月間，在全台各地舉辦選舉改進座談會，並宣布將在9月底組黨。9月4日，台灣警備總司令部（警備總部）以「涉嫌叛亂」為由，拘捕《自由中國》社社長雷震、編輯傅正、經理馬之驌，以及離職職員劉子英等四人。10月8日上午，蔣中正總統召集十四名黨政軍特要員召開「商討雷（震）案」的極機密會議，擬於甲、乙、丙三個腹案中擇定一案。經過與會者分析利弊得失後，蔣中正裁決採用乙案，並做出「雷之刑期不得少於十年」與「覆判不能變更初審判決」等指示。當天下午警備總部軍事法庭宣判：雷震「明知為匪諜（指劉子英）而不告密檢舉……連續以文字（指《自由中國》言論）為有利於叛徒之宣傳」，判刑十年；劉子英意圖以非法之方法顛覆政府，判刑十二年；馬之驌預備以非法之方法顛覆政府，判刑五年，後經覆判，改為交付感化三年。傅正因發表兩篇反對總統修憲連任的文章，遭控「與匪之統戰策略相呼應，便利匪幫之叫囂」，而被裁定感化三年。雷震案爆發後，《自由中國》隨之停刊，1961年「中國民主黨」組黨運動亦告沉寂。雷震在十年刑滿出獄後，於1972年撰寫〈救亡圖存獻議〉，提出「從速宣布成立『中華台灣民主國』」等10點政治改革建議，然執政當局不予採納，1979年病逝於台北。蘇瑞鏘撰，〈雷震案〉，「台灣大百科全書」：http://nrch.culture.tw/twpedia.aspx?id=3865，點閱日期：2020年6月23日。

三九事件幕後是高玉樹[3]，最重要的靈魂人物是詹益仁，沒有詹益仁，就沒有蘇東啓案，他是此案的原始發起人之一，雖然他的教育程度不高，對時事卻非常關心。

（二）積極建立人際網絡

台灣要獨立，獨立靠武力，武力在軍中。因此駐紮在樹仔腳的台籍士兵陳庚辛等人假日放假時，擔任放映師的李慶斌就會去找阿兵哥稱兄道弟，請他們吃飯、看電影等等，刺探軍中情形。那個年代，大家多少受二二八的影響，因為二二八也才經過了十多年而已，大家很好溝通。這段經過仍要由陳庚辛來講比較清楚。

---

3 高玉樹（1913-2005），1913年出生於現今的台北市延吉街，1941年早稻田大學機械工程系畢業。1945年被推認為日本華僑總會會長。1946年中國駐日軍事代表團長朱世明為表示對「澀谷事件」的負責態度，將擔任華僑總會會長的高玉樹專機遣至上海。1947年3月在上海被囚禁92天後，返回台灣；經商，任台北市商會總幹事。1951年參加台北市第一屆省轄市市民選市長選舉，得到28,075票，以第二名落選，吳三連當選。1954年競選第二屆民選台北市長，以無黨派背景擊敗國民黨全力支持的王民寧。1957年第三屆民選台北市長選舉，國民黨派出黃啟瑞角逐台北市長，高玉樹落選。1960年第四屆市長選舉，國民黨不允許候選人派監票員至投開票所監票，於選前宣布棄選。1964年第五屆市長選舉，國民黨同意候選人可以派監票員，高玉樹參選，打敗國民黨候選人周百鍊，當選台北市長。1967台北市升格為院轄市，高玉樹被派為首任院轄市市長，張祥傳就職市議會議長。1972年出任交通部長。1976年出任行政院政務委員。1989年出任總統府資政。黃富三訪談，胡俊媛、楊永彬記錄整理，〈高玉樹先生訪談記錄〉，黃富三作，《台北市歷屆市長議長口述歷史》（台北市：北市文獻會，2001），頁15-46。

　　我和陳庚辛相處四十年了，他是一個豪爽的人，出身勞工階級，因而有較強的自尊心，最討厭別人看輕他，但是他是一個很好相處的人。事件中，海軍陸戰隊系統有兩位靈魂人物，一是陳庚辛，一是鄭金河，但是鄭金河已經不在人世了，關於陸戰隊部份是如何發展、吸收成員，3月9日當晚發生了什麼事情等等，都有賴陳庚辛做一個説明。

　　詹益仁開國際照相館，人來人往，林東鏗、黃樹琳、張茂鐘等人因此認識，其中張茂鐘屬於花花公子型，大家對他較不信任。另外，也透過黃金戲院和海軍陸戰隊軍人接觸。張茂鐘、洪進發也曾擔任「辯士」工作。當地有兩個軍事單位，一是空軍訓練中心，一是海軍陸戰隊，但是空訓中心只是供各部隊下基地訓練之用，故各部隊來來去去，並非駐軍。

　　時代不同，人也不同。現在大家都要爭著當領導人、要頭銜，但是過去那個年代並不是這樣，此案的人際網絡起點是詹益仁，一條路線是軍中，另一條路線是民間力量，即拳頭師父，從判決書來看，這批人後來都另案處理。當人際網絡擴大到一個程度時，詹益仁等人不便出面當領導人，因為他們認為自己只是一般老百姓，所以請蘇東啓出面，當時他競選縣長落選，也很贊成，但是他認為自己只在雲林縣有影響力，必須要再找一個有全台影響力的人出面才行；蘇東啓認為，雷震因為組黨被打壓後，檯面上政治人物以高玉樹最適合。而高玉樹瞭解這件事之後，他準備走政治解決路線，打算利用8、9月聯合國大會期間，在局部發動軍事事件，透過他與美國的關係，在二十四小時內引進美國第七艦隊，壓制國民黨的軍事力量，把這件事拿到聯合國去討論。

高玉樹其實早就有類似的想法了，他的指示就是發展組織，但是先不要曝光，要等到聯合國開會期間再發動事變。

蘇東啓後來非常積極，他透過公所兵役課謝登科取得雲林縣役男資料，根據這份名單才知道雲林子弟被分到哪些部隊去，當時的目標是台中裝甲部隊，蔣緯國擔任台中裝甲部隊司令。蘇東啓叫裝甲兵退伍的陳一郎到台中裝甲部隊吸收成員，運用海軍陸戰隊的模式，大家結拜，稱兄道弟，不過當時還在刺探階段。

空軍部份只有吸收李志元，李志元從小就在蘇東啓那裡出入，和蘇的關係很密切，李志元只有吸收許錦亭、顏錦福，並未在部隊裡吸收成員，因為他是在空軍訓練中心，並沒有長期駐守的軍隊，所以就沒有吸收成員。蘇東啓比較積極的對象應是台中裝甲部隊。

三月九日起義不成

（一）請高玉樹指示

陳庚辛隸屬的部隊是從高雄縣林園鄉來到雲林基地受訓，3月8日陳庚辛接到3月10日移防回高雄的命令，營區車輛要加滿油、保養好車輛等等，他就跑去跟詹益仁講，很快要移防回高雄要怎麼發動事變？當時蘇東啓人在台北，於是林東鏗奉派直奔台北，到金龍旅社（或白宮旅社，蘇東啓在台北常住這兩間旅社）與蘇東啓會合，由蘇東啓帶他向高玉樹請示。

高玉樹說既然如此，只好發動。他還交代切斷西螺大

橋、搶佔電台，他可以從廣播得知事情發動了，不過，他從
未告訴他們他得知事變後，會有哪些具體動作，他只讓他們
知道原則。我相信如果沒有高玉樹的指令，大家也不會發
動。

　　蘇東啓和林東鏗是到高玉樹家會談，但是沒有住在高
家。當時高玉樹已經不是台北市長，他在民國43年（1954
年）至46年（1957年）擔任市長，一直到民國53年（1964
年）才又擔任市長，由於他的特殊背景，國民黨不敢對他怎
麼樣。

　　在保安處偵訊時及第一審法庭上有提到高玉樹，但是第
一審判決書都沒有提起他，覆審時才加進去，判決書裡用
XXX代替，這是國民黨刻意安排的，他們不願意高玉樹的
名字曝光。如果是高玉樹自己洩密，別的案件不可能也牽扯
到他，而且許多人早就一網打盡了，不需等到三九事件過半
年後才抓人。

　　3月9日當天，陳庚辛和鄭金河是主角，尤其是軍中的部
份。當年大家有一個原則，訊息傳遞都是直線進行，絕沒有
橫向聯繫，縱然是好朋友，只要不是同一條訊息傳遞線，就
不會談事情。

　　張茂鐘原本答應會從虎尾糖廠那邊拿到子彈，3月9日當
天，軍營裡的人接獲通知晚上要行動，所以把衛哨兵安排成
自己人，睡覺時保持武裝，準備行動；據我所知，一旦接到
命令，他們會先把營長、連長、排長等幹部處理掉，才不會
阻礙行動，這些是陳庚辛和鄭金河安排的。換句話說，雖然
他們沒有受過革命訓練，也沒有人教，憑著服役期間的見
聞，就知道要做什麼動作。此外，由於參與者都是士兵，沒

有軍官，所以他們也安排好由外來者擔任領導人。

（二）有槍有炮　就是沒彈藥

3月9日主要是張茂鐘誤事，海陸仔都準備妥當，有槍有炮，就是沒彈藥。當晚時間一到，張茂鐘說外面不能配合，原因是人手不足，「拳頭師父」沒有來；其次，張茂鐘負責的彈藥也拿不出來。張茂鐘原本說要去拿虎尾糖廠保警隊的子彈，但是事後大家才知道，不只是沒有彈藥，就算是保警用的子彈，根本也無法用在軍用槍枝上。

陳庚辛很氣張茂鐘騙大家「彈藥沒問題」，如果彈藥有問題，他應該告訴大家，然後再想辦法。當時，班長以上幹部都是中國人，之所以要拿槍彈就是要解決掉這些幹部。陳庚辛對此非常生氣，這是一件生命攸關之事，可不是說著玩的，平常都說彈藥沒問題，現在才來出狀況。箭在弦上，如果不發，事情還是會曝光，同樣也是死路一條，陳庚辛當時曾堅持由海軍陸戰隊來發動，這時張茂鐘下跪請求陳庚辛不要這樣做，因為一旦發動，所有事情都會馬上曝光，在這種思考下只好取消。雖然取消，個性強硬的陳庚辛仍是非常不滿，他就把水倒進砲管裡，陳庚辛為此被送去關禁閉，當時部隊還不知道事情的真相。

起義不成後，蘇東啓派李慶斌和洪進發到林園營區門口租屋開冰果店，讓大家繼續保持聯絡。一直到9月前，都沒有從軍中曝光，可見大家都有保密，就算沒有參加的人，也不會去檢舉。海軍陸戰隊那群人平常也會吵架，但都是自己人打一打就算了，一些該遵守的原則還是會遵守。

當時，陳庚辛等人是坐計程車離開營區到集合地點的，

陳良和陳庚辛同一連,被陳庚辛吸收進來,後來初判五年。法官判決的標準是,當晚坐計程車到集合地點的以「二條一」[4]判刑,陳良不是,只判五年。到了第二審,陳良承認計程車是他叫的,因為第一審陳庚辛供稱車子是他叫的,因而被判死刑,用意是能不要牽連他人就不要牽連。陳良為了救陳庚辛,以為只要承認車子是自己叫的,陳庚辛就不會被判死刑,於是供稱車子是他叫的,結果改判十二年。最後陳良在泰源事件中犧牲了,如果他不要承認車子是他叫的,被關五年就可以出獄,也不會涉入泰源事件,從這一件令人感慨的事,可以看出一個台灣青年的純潔和同志愛,大家心裡想的是如何替同志承擔。而陳庚辛在覆審時改判無期徒刑也不是因為陳良,而是國民黨的政治考量才改判。

高玉樹的行事作風

蘇東啓出獄後住在北港,總覺得人生不太如意,沒有講話的對象,身體也不好,當時我人住高雄,常常南北奔波,不論去台中或台北,我常常會繞到蘇東啓家,和他聊聊天、

---

4 指《懲治叛亂條例》第二條第一項,屬於絕對死刑罪,是白色恐怖時期運用得最為惡名昭彰的條文。規定:「犯刑法第一百條第一項、第一百零一條第一項、第一百零三條第一項、第一百零四條第一項之罪者(內亂及外患罪),處死刑。」依照「戒嚴時期不當叛亂暨匪諜審判案件補償基金會」審查通過案件之統計數字,大致上可看出,死刑罪約佔所有遭執行者的十分之一,而《懲治叛亂條例》「二條一」的絕對死刑罪正是經由審判而奪去最多人命的白色恐怖條文。薛化元等著,《戰後台灣人權史》(台北市:國家人權博物館籌備處,2003),頁101。

討論時事，可以感覺到他很苦悶。我們一直搞不清楚高玉樹的態度，也不曉得他知不知道大家在庭上把他供出來了，有一次我和蘇東啓去見高玉樹，蘇東啓案和高玉樹如此密切，一般人見到蘇東啓應該會說：「你受苦了！委屈你了！」但是高玉樹絕口不提過去的事情，彷彿什麼事情都沒有發生過，連一句安慰的話都沒有，他只說了一句莫名其妙的話：「蔣介石眞厲害！」

高玉樹說，他被任命爲台北市直轄市長時，曾被蔣介石召見，他要求加入國民黨，蔣介石回答：「慢慢來！慢慢來！」不讓他入黨。整晚的談話裡，高玉樹高來高去，有關政治的部份只有這樣，他也不解釋爲什麼要加入國民黨，也不說蔣介石爲何不讓他入黨，只說了一句：「蔣介石眞厲害！」

高玉樹腦筋不清楚嗎？其實很清楚，只是他的用語比較隱諱、比較間接。例如：前台北市議員的林水泉，有一次去美國，講了一些話得罪了康寧祥，康寧祥回國後就向高玉樹抱怨，後來林水泉的父親過世，他回國處理事情，當我陪林水泉去見高玉樹時，高玉樹也不講康寧祥說了什麼，只問：「水泉，你有沒有去見老康啊？」林水泉反問：「爲什麼要見他？」高玉樹只說：「你有必要去見他一面。」一般人在此時都會直接把事情原委說出來，但是他沒有，只叫林水泉去見康寧祥。後來我就陪他去見康寧祥，那天康寧祥和張德銘喝酒，喝得醉醺醺地回來，看見林水泉就開罵，說他在美國如何如何。從這裡就可以看出來，康寧祥講話就比高玉樹直接。

所以，我很肯定高玉樹不會出賣同志，雖然有其他案子

的人會懷疑，為什麼高玉樹都沒事情？我都說因為身分不一
樣。例如台灣省工作委員會案[5]，領導人蕭道應、蔡孝乾、
陳福星等人，不但沒有死，後來還一一做官，[6]但是底下的

---

5 台灣省工作委員會是中共在台最高領導機構。1945年8月中共派蔡孝乾
　擔任台灣省工委會書記。蔡孝乾是中共資深台籍幹部，曾參與中共的
　長征。戰後，蔡孝乾由中共華東局協助，組織首批來台幹部。1946年
　4月首批幹部隨張志忠至台北展開活動。同年7月蔡孝乾始來台領導組
　織，正式成立「台灣省工作委員會」，擔任書記，並直接領導「台灣
　省學生工委會」、「基隆市工委會」、「台灣省山地工委會」、「台
　灣省郵電職工工委會」、「蘭陽地區工委會」、「台北市工委會」、
　「北峰地區工委會」等組織。省工委會以陳澤民任副書記兼組織部
　長，領導台南、高雄、屏東等地區工作；洪幼樵任委員兼宣傳部長，
　領導台中、南投等地區工作（後交由張伯哲領導）；張志忠任委員兼
　武裝部長，領導海山、桃園、新竹等地區工作（後交由陳福星）領
　導。1949年10月保密局查獲基隆市工委會後，在高雄市逮捕陳澤民，
　1950年1月底復在台北市逮捕蔡孝乾。由於蔡孝乾供出組織，保密局
　循供逮捕洪幼樵、張志忠等十三名領導人。1951年3月30日判決，張
　志忠及其妻季澐等人判處死刑；楊克村等四人判處十五年徒刑；林坤
　西判刑三年；蔡孝乾、陳澤民、洪幼樵、許敏蘭、蔡寄天、陳定中、
　陳克鳴、馬雯鵑等八人，因供出名單，以自新開釋。1952年洪幼樵等
　並召開記者會，宣布脫離組織。沈懷玉撰，〈台灣省工委會蔡孝乾等
　案〉，《台灣歷史辭典》，頁1107-1108。
6 蔡孝乾（1906-1982），彰化花壇人。被捕自新，後任中央情報機關
　少將銜研究室副主任。陳福星（1951-1985），台南市人，日本大學
　哲學系畢業。1946年由李媽兜之介紹，認識台共省委書記蔡孝乾。同
　年11月，與李媽兜等成立台南市工委會。嗣轉任台南新豐農業學校校
　長，蔡孝乾乃介紹林英傑等多人至該校任教。1948年11月林英傑身分
　暴露，陳福星先後潛逃至基隆中學鍾浩東處，及桃園中壢義民中學姚
　錦處。嗣後奉命至台北南崁林元枝處及北部鐵路沿線擔任教育工作。
　1948年冬奉命先後領導曾永賢、劉興炎、林希鵬、黎明華、蕭道應、
　黃奕培等。1950年1月蔡孝乾被捕後，同年5月陳福星重新整頓中共台

人卻都被槍殺，可見這是份量夠不夠的問題，政治本來就是講究實力的。

國民黨要封鎖台獨的聲音，所以蘇案的起訴書、判決書都被收回，不讓它流出去，怕人民會有所回應。

草地仔陳金全做完筆錄出來，還說開庭時大家都沒事，保安處在台北辦一桌招待大家吃飯，陳金全很單純，還流眼淚，說是我們不對，你們對我們這麼好，我們還做這些事情，所以有十多人來開庭。如果他用「二條一」判刑，其他人看到了還願意投案嗎？所以他判個十年，大家就會覺得沒什麼，關個幾年就出來了，這就是國民黨的兩面手法。

灣省工委會，化名「老洪」，採取「退守保幹」策略，加強理論與實踐教育，退入苗栗三義深山地區。1951年5月調查局逮捕新竹地委黃樹滋後，再派自首的范新戊進入山地滲透，接近「老洪」。1952年3月部署軍警由苗栗進入三義魚藤坪，4月間逮捕陳福星等419人。陳福星被捕後，同年率領工委主要領導幹部召開記者會，表示脫離組織，並呼籲仍在逃的同志自首。1953年12月28日，國防部核准陳福星、曾永賢、劉興炎、林希鵬、黎明華、蕭道應等六人自新。自新後，陳福星、蕭道應、曾永賢等人被安排進入調察局工作。陳福星最初被派到台北區，不久改調第三處從事政治偵防工作，後來調往基隆海員調查處擔任科長。蕭道應（1916-2002），屏東佳冬人，台北帝國大學醫學部畢業。被捕自新，後任調查局法醫。退休後，調查局仍聘請擔任第六處顧問。許雪姬撰，〈蔡孝乾〉，「台灣大百科全書」：http://nrch.culture.tw/twpedia.aspx?id=5883，點閱日期：2020年10月20日。沈懷玉撰，〈陳福星案〉，「台灣大百科全書」：http://nrch.culture.tw/twpedia.aspx?id=5691，點閱日期：2020年10月20日。姜新立，〈蕭道應：一生為台灣找出路〉，「《觀察》雜誌」：http://www.observer-taipei.com/article.php?id=2866，點閱日期：2020年10月20日。曾永賢口述，張炎憲、許瑞浩訪問，許瑞浩、王峙萍記錄整理，《從左到右六十年：曾永賢先生訪談錄》（台北縣新店市：國史館，2009），頁117-121。

第四章
我看泰源事件[*]

多年醞釀泰源事件

（一）台獨份子只是少數？

我曾對張炎憲教授說，希望他能幫我們做泰源事件的專題。因為常常聽到大家在講台灣獨立，我很不客氣地說，大家都只是在要求別人而已，獨立那麼簡單嗎？為了台灣獨立犧牲的人不到二十人，如果付出這麼少的代價就能獨立，那

---

[*] 本篇訪問紀錄原載於中央研究院近代史研究所出版之《口述歷史》第11期：泰源監獄事件專輯中的〈蔡寬裕先生訪問紀錄〉（陳儀深訪問，潘彥蓉記錄），及國家人權博物館「一九七〇年泰源事件研究－事件經過、文獻史料調查、與口述歷史補訪計畫」結案報告書中的〈蔡寬裕先生訪問紀錄〉（陳儀深訪問，彭孟濤記錄）、〈蔡寬裕先生關於「泰源事件研究案」期末報告審查會議的發言紀錄〉（彭孟濤整理），感謝該所及該館同意授權刊登。

台獨很簡單就可以達成。泰源事件是一件以台灣獨立為主題所發動的軍事革命，雖然環境很艱困，但是仍然有動手，泰源事件是一件轟轟烈烈的事情。

起事兩年前，蔣介石接見美聯社記者，他說，台獨運動是一小撮海外失意的政客，島內根本沒有台獨運動，台灣也沒有政治犯。我們看到報紙後就說，那我們是為了什麼被關？當時至少有兩百多人因為台獨被關，如果沒有台獨份子，那我們關在這裡做什麼？因此我們覺得應該讓我們的聲音傳播出去。

泰源事件當中，彭明敏不是主要因素，而是很久以前就已經在醞釀這件事了。1963年我們被關在軍人監獄，是由警備總部管理，叫做「警備總部看守所安坑分所」，一棟只有六、七十人，另外有一批人是在新店採砂場，擔任挖石頭、洗砂子的工作，這個工作比較辛苦，但是也比較自由，這批人每週都要回監獄拿藥。我們都覺得這裡的管理比較輕鬆，每天的工作就是養豬、種菜。當時蘇案已經判決確定，關在這裡的人以海軍陸戰隊的居多，大家長期和外界隔離，過了八個月，1964年3月被送去泰源。

當時泰源是一間新的監獄，所以需要人手到外面勞動，獄裡有一個菜園，都是無期徒刑的犯人。外面有一個農耕隊，每天早上出門，到山裡面勞動，一直到晚上才收風。出去的時候，也不用帶手鐐腳銬，可以滿山去跑，監獄也不擔心，因為有外役保證人。而且歷史上只發生過兩次逃亡事件，其中一件的主角是原住民，聽到自己的女友變心，就逃出去把情敵殺死，後來就被判死刑。事實上，整個台灣是一個大監獄，只是大監獄、小監獄而已。

（二）和各界建立感情

泰源政治犯先和當地原住民建立感情，甚至到可以讓原
住民少女不願意和監獄管理人員交往的程度。此外還有天主
教會的神父，他們對政治犯也很同情、照顧。另外還有台東
教會，是由獄方引進的，每週由一位牧師進來傳教。

以往警衛部隊都是老兵，到了台東的時候，警衛部隊由
台東野戰師派一連過來擔任，成員已不再是老兵，而是台灣
充員兵，連幹部包括連長都是台灣人。當時大家也沒什麼事
做，整天到山上打獵、到溪邊抓魚、打籃球、排球等等，和
警衛打成一片。

曾有一位警衛連連長是政工幹校出身，他的同學黃聰明
也因政治案件被補，當他擔任泰源監獄警衛連連長時，就到
處打聽他的同學是不是也在這裡。後來他為了保持聯絡，他
就組一個球隊，讓大家可以一起打球、交往。

不過警衛連的部隊常常輪調，政治犯都要重新開始培養
交情，事發當時的部隊是半年前才來的，可見那個年代台灣
青年都很好溝通，大家都有台灣意識。當時的輔導長也是台
灣人，鄭金河曾問他，如果發生某些情況，國民黨要他屠殺
政治犯時，他會怎麼做？他回答，大家都是台灣人。所以我
們都受到鼓勵，認為可以一搏。但是難免有一些顧慮，畢竟
輔導長是由政戰系統出身，不知道他的想法是不是會有所變
化。此外，我們跟一群台灣士兵都已經談好了。

當時由於我擔任醫務所的外役才能自由進出，可以去獄
外，也可以進入牢房聯絡事情。本來我是不能擔任外役的，
是其他人幫忙積極活動，加上我父親是中醫師，家裡開中西

藥房，並且由醫務所主任擔保，所以才有大約三個月的時間在泰源醫務所的藥局擔任外役，配藥兼注射。

醫務所有四個外役、三個醫官，醫官當中一位是中校主任，一位是上尉，另一位也是上尉；不過醫官都是掛名的，都不做醫療工作，而是由犯人醫生代替執行，一位是空軍總醫院中校，另一位是台灣人林金煌，是婦產科醫生。

成也民族情感敗也民族情感

美麗島事件後，黃天福曾經問我：「施明德說泰源事件是他領導的，真的嗎？」我認為，是真亦假，有些受難者對施明德很不滿，因為他們認為，施明德與泰源事件有很深的關係，他卻對受難者及其家屬都沒有什麼照顧；李昂在《施明德前傳》[1]中寫到，施明德在泰源事件中是「被告知者」，這也是事實。說起來很矛盾，何以施明德會是領導者也是被告知者？因為他知道事情的進行，也很積極地參與，只是，起事當天並未通知他。

泰源事件活的人當中，瞭解事情完整經過的人可能只剩我一人。包括參與者鄭正成，出獄後都還要問我才能得知事情的來龍去脈，鄭金河曾經交代他，出獄後一定要去找他的「好朋友」，這個好友會把事情告訴他，鄭正成於是就來找我。當年他們六個人被捕後，一人一間，但是可以看到彼此，也可以利用開庭結束時，偷偷講幾句話，鄭金河那時也

---

1 李昂，《施明德前傳》（台北市：前衛，1993）。

不敢對鄭正成明講要來找我。

鄭正成的精神狀態有受影響，疑心病很重，但是他並不是靠裝瘋賣傻就能躲避死刑，主要是他說：「我不知情，我是被逼的！」他不知情是真的，他說被逼是假的。他當然或多或少知道事情的經過，但是他不是策劃者，所以他連哪一天要動手都不知道，當時他和我同一房，動手的前一晚是農曆正月初二，他還對我說，隔天要帶我到山上，那時我就在想，明天就要動手了，你怎麼還會想到要去山上，可見鄭金河到那時候都還沒有告訴鄭正成。我揣測，鄭金河是想在動手的時候再通知鄭正成，什麼原因我不知道。

當時，我問詹天增事情他都說不知道，要和他討論他也拒絕，他說：「酒菜準備好，要開動了再叫我！」意思就是說，他是個老粗，不懂什麼規劃事宜，只是要行動的時候再通知他即可。他事先就有跟我講，他告訴鄭金河別把我拖下水，為的是留一個活口，為後人留下這段歷史，這件事沒有其他人知道，只有我和詹天增知道而已。

（一）事前規劃　幾大難題

其實我個人並不贊同，因為太困難了，可能成為無謂的犧牲。監獄裡設有電台，由一位上尉通信官駐守，而且所有單位都有外役人員，就只有這個電台沒有外役，也沒有士兵，據我們瞭解，通信官每隔三十分鐘就要跟台北對呼，保持通信暢通。這也是難以解決的問題之一，如果把他殺死，就沒有人跟台北對呼，若是威脅他和台北保持通信暢通，沒有人知道他用了什麼密語和台北對談。當時的構想是兵分兩路，直達台東，一支控制電台，另一支控制變電所，因為如

果只佔領電台，對方斷電，我們也沒輒。控制電台後就把我們的理念傳播出去，能撐多久就撐多久，最後大家一起在電台及變電所犧牲，這是原擬的計畫，沒有人還會想到要活著離開。

當時他們幾個策劃者有犧牲的準備，但是對我來講，我認為一旦事發，是所有人都要犧牲，而不是只有衝出去搶奪武器的人犧牲而已。但是，事發後他們六個人未能衝回牢房把押房的人放出去純粹是意外，這件事會失敗的關鍵點完全不在事先的預料之中。原本我們認為比較大的困難是路程問題，如果我們越獄成功，從泰源到台東市區還有一大段距離，根據我的經驗，軍用卡車以六十公里時速前往台東市區也要兩個小時，如中途被阻斷，我們屆時要如何前往台東市呢？這是第二個難題。

第三，在我們多年來的規劃裡，警衛連的官兵已經不是問題，獄中有位傘兵營營長因為緬甸煙毒案件被關，姓唐，而且被判死刑，所以他毫無顧忌地告訴我們台灣傘兵部隊的佈置和值勤狀況，他說，台北的傘兵來到台東只需要40分鐘，這是我們最難以克服的問題。

1969年10月江炳興來到這裡，我們也有秘密管道和謝聰敏[2]保持聯繫，江炳興和吳俊輝告訴我們彭教授已逃亡海

2　謝聰敏（1934-2019），1934年生於彰化二林。1958年台大法律學系畢業，考入政治大學政治研究所。1964年因參與起草〈台灣人民自救運動宣言〉，9月20日與彭明敏教授和魏廷朝同時被捕。1965年4月3日宣判，被判刑十年。1969年第一次出獄後，1971年又因台北美國花旗銀行爆炸案，與魏廷朝、李敖等遭牽連逮捕，判處十五年徒刑。1977年二度出獄。1979年以商業考察名義訪問日本、美國和西歐各國。1980

外，不過我們不知道他如何出國，這件事加強了我們的決心，我們要有所動作，發出聲音，才能讓外國知道台灣也有政治犯。1970年元月，我們接到訊息，彭教授已經在國外，我們要有所動作，讓彭教授在國外的談話能有具體的事例。彭教授的事情不是泰源事件的起因，因為我們的計畫已經籌畫了四、五年了，彭教授的訊息只是強化了我們行動的積極性，他事前也不知道我們的想法。

江炳興是被判十年，在台北已經關了六、七年，他是外役的，意識型態很堅定，當時獄中紅白對立的情形很嚴重，他常常跟別人起衝突，所以才在1969年10月被送來泰源，照規定，新來的受刑人需三個月才能調外役去，但是獄方的少校保防官是江炳興官校的同學，他就問江炳興需要什麼照顧？江炳興就要求調到外役工作，所以他來不到三個月就可以調外役。江炳興一方面有受過軍事訓練，一方面自己也很積極，所以就很積極參與泰源事件的策劃。

我們在獄中一直有一個矛盾，外界為何那麼安靜？因為沒發生政治事件，可見外界很平靜。另一方面，我們也擔心，如果外面有什麼政治事件，獄中的人比較危險，因為統治者可能會對政治犯進行屠殺的動作。因此，若要顧慮自己的安全，那台獨運動不會有前途，如果外界有動作，我們獄中的人就比較危險。

年在紐約與邱幸香女士結婚，婚後遷居洛杉磯。1988年返台。1993年當選立法委員。2000年擔任國策顧問。參見張炎憲、陳美蓉、尤美琪採訪記錄，《台灣自救宣言：謝聰敏先生訪談錄》（台北縣新店市：國史館，2008）。

（二）你不抓我　我不殺你

此案的靈魂人物是鄭金河。原計畫是正月初一就要行動，但是那天部隊放假，有一部份和我們配合的充員兵放假回家，初二才回來，所以改成正月初三行動。因為泰源有八個崗哨，其中大門兩個哨沒有子彈，另外六個哨有實彈，行動時必須先由六個人去拿下他們的槍彈。衛兵是在中午十一點換哨，由一個外省班長帶領，事前陳良已經在汽車修理場把鐵器磨成尖刀，一人一支，以此做為武器，當六個哨點都換上自己人後，班長行進至距離大門一百公尺處，鄭金河動手刺了班長一刀，詹天增再補一刀，以為兩刀足以致死，隨即把他踢下邊坡。

原計畫是要衝去彈藥庫拿子彈，因為下哨的槍沒有子彈，但是沒想到班長沒死，他還高喊：「殺人啦！救命啊！」此時一位行政官路過，他看到鄭金河等人有槍，趕緊逃跑，鄭金河馬上開一槍但沒打中，要再發第二槍時卡彈了，無法擊發，其他人則是有槍無彈。原本此時是要去彈藥庫拿子彈，然後衝回牢房，但是此刻全部的人都聽到槍聲，正在用餐的警衛連放下碗筷，一群人直奔上來，看到鄭金河等人，也都面面相覷，不知如何是好。

當天連長請假，由輔導長代理，十點半的時候，鄭金河等人有去找輔導長，告知他待會有所行動，事情都安排好了，但是那天是過年期間，輔導長沒待在辦公室，鄭金河找不到他，只好按照原計畫行動。那天東西都準備好了，誰負責開車，油也加滿了。原本鄭金河想早一點跟輔導長講，但是被其他人勸阻，怕萬一輔導長去檢舉，豈不是前功盡棄？

所以一直到確定要行動了才去找輔導長。

輔導長跑上來時也看到大家面面相覷,一般情況下不是我們殺你(阻礙革命者必須消除),就是你把我們抓起來,但是他也不下令抓人,反而還對那六人說:「快走!快走!」而鄭金河也不願意殺輔導長,因為輔導長雖不是支持者,但至少是同情者,大家平常都很聊得來,意識型態也相符合;如果他是外省人,當場把他殺掉就好了,偏偏他不是,大家就這樣僵持了十多分鐘。由於彼此有民族情感的存在,你不會抓我,我也不會殺你。

當時大家將此事當作是革命,原定計畫是控制官兵後,把官兵關到牢房裡。由於大門的警衛沒有槍,原定是拿到彈藥後,回到牢房打開受刑人的房門,紅帽子的如果願意參加就來,不願意的就關回去;至於白的,尤其是台獨份子,都要參加。當時絕大多數的人都是願意參加的,因為平常你是怎樣的人都看得一清二楚,對於那些不能信任的人也都事先封鎖消息,不讓他們知道。

(三)獄方竟與我們成了命運共同體

這是第一件也是最後一件台灣真正有武裝軍事行動的事件。出事第二天,泰源監獄由憲兵接手,包括警衛也是。據說,原警衛連被調去烏坵駐守。另外,有一個警衛連的阿兵哥原本也要參與,但是事發當天他輪休回家,並未實際參與,後來他聽到事情發生,就不回部隊,變成逃兵,後來就用平民的身分受審,警備總部判他無期徒刑,他沒有和我們關在一起,聽說也是關十五年之後出獄;其他警衛連的人都是由陸軍總部審判,我們比較欠缺這方面的訊息。

　　最令我們活著的人感念的是，這個案件中犧牲的人完全是自我犧牲，沒有牽連到其他涉案人，他們完全沒有供出其他參與者，出乎我們的意料之外。不過，這跟監獄的態度也有關，因為獄方和我們利害與共，形成命運共同體，出事後，獄方也有管理不善的缺失，況且獄方人員被我們滲透也是事實，有三件事可供佐證：

　　出事後，我們幾個人在一起，第二科科長就找了一個外役的去談話，問他：「你知不知道鄭金河跑去哪裡？」他回答不知道，科長就說，不知道就不要亂講話，如果有人問話的時候不要亂講話，回去同其他人講。

　　到了第三天，情報局的人來審問我們，獄方人員會在旁作陪，他還替我們講話，說這個人很老實、很守規矩等等，情報局的人就罵他：「閉嘴！沒有問你，你不要講話！」從這兩件事我們發現，獄方不曾對我們這麼好，可見獄方和我們利害與共。

　　此外，5月母親節的時候，獄方讓我們寫信回家，限兩百字以內，但是我寫了超過兩百字的信，當時我以為自己也過不了這關，大家都有隨時要「去了」的心理準備，保防官就把我叫去，責問我寫那麼多字幹嘛？我說，因為我思念母親，他就說：「你有想到你母親嗎？你如果有想到你母親和家人，就不會做這樣的事！」我反問：「我做了什麼事？」他接著說：「你心裡有數，大家心照不宣。我們也是考慮到利害關係，要不然你也跑不掉！將來他們幾個都要槍斃的！」這時我就明白獄方也不想擴大事端，因為他們自己也跑不掉，後來那五人就在5月30日犧牲了。

　　1971年國民黨要對政治犯減刑，先進行調查，一些抓耙

仔為求表現開始檢舉，都是那些外省紅帽子的在檢舉。當年紅白對立很嚴重，出事前有位調到泰源不久的左派青年，風聞白的要殺紅的，很害怕，就去向獄方要求安全保護。其實事前有一小部份紅帽子的已經知道我們在做什麼，他們的立場是：「樂觀其成。」即他們事先不參與，一旦事發，再見機行事。事件失敗後，一些比較有義氣的紅帽子的，也沒有把事情講出去，維持起碼的道義。而有去檢舉的都是外省紅帽子的。

政治犯1951年送去綠島新生訓導處，那不是監獄，而是兵營。後來為了開發綠島，引進職訓隊，1965年政治犯送泰源，刑期較短的人則送去台北。泰源事件後，國民黨覺得不放心，所以在綠島第三大隊蓋了一間感訓監獄。我在綠島監獄服刑期滿後，被送去綠島新生訓導處留訓，政治犯會被留訓的原因是，找不到保人，精神狀態不佳者，另一個原因則是延訓，俗稱留訓，這種都不會告訴我們實際原因，像柏楊也被留訓八個月。

獄中生活概況

泰源監獄位在台東縣東河鄉北源村，獄內的總務與管理事務由行政單位一、二科分別負責。醫務所和二科位於監獄的大門和中門間，而從大門出去，地形為一下降的斜坡，延伸至溪邊，政戰室、一科和警衛連等都位在大門外，養豬場也蓋在溪邊。監獄的外役分成農耕隊、樵木隊、養豬場等，例如鄭金河就是養豬場的外役，雖然養豬場每天有一個人留宿在那裡，但是鄭金河還是跟一般外役一樣，晚上要回到押

房裡睡。外役早上六點鐘起床，六點半就到工地工作，早餐也是在工地吃，白天的活動範圍包括了整個山區，要上山砍柴、挖野莱餵豬等等。整體而言，這些外役的行動十分自由，可以在四下無人的山腳下、山頂上和溪埔地談話，也因此我們才可以與山上各部落的原住民建立感情。

仁、義兩監的走廊兩側各有二十幾間押房，前面的三到五間是外役的房間，後面則是一般的押房，兩者的差別在於外役的房門沒有上鎖，可以自由出入，直到收封點名睡覺，他們就必須進來。一般的押房一天有兩次的放封，早上的放封時間是六點到六點半，可以洗臉、刷牙和散步，然後七點吃早餐；下午的三點開始，一次兩間押房的人輪流出來洗澡。另外，因為體育場只有一個，所以仁、義兩監每週隔天輪流使用體育場，運動時間較不一定，放封時間則是兩監一致，但中間是隔離開的。放封時，照規定兩監的人犯彼此不能講話。

泰源監獄內有一座仁愛堂，它是類似禮堂的一棟建築物，好比我們常說的中正堂、中山堂，仁愛堂內有小台子、座椅，這裡除了做為放電影之用外，也是我們上課的地方。犯人按程度分為高級班、中級班以及研究班，高、中級班才有上課，研究班則不上課，只是每三個月交一篇讀書報告。泰源監獄雖然名為感訓監獄，獄內也設有感訓組，但實際上泰源的感訓教育既無教官的編制也無教材，只是一種「應付」教育，而人犯之所以會去上課，主要是因為押房內很悶熱，大家可以利用上課的時間透透氣，況且課堂上也不嚴格，一直到我離開都是這種狀況。對此，監獄的態度也十分坦白，開宗明義就告訴我們，「我們無法改變你們的思想，

你們要想什麼是你們的自由，但是不要表達出來。」比方說我們每一個月就有一次的小組討論會，依照獄方所給的題目進行討論，每個人的發言條都是抄書抄來的，然後上台照念一遍，應付了事。

曾經發生過一件事，凸顯了當時的感訓教育並不確實。我記得那次是陳三興上台念完，接著輪到一位姓李的同學，他推拖說：「我是抄他（陳三興）的，他念完，我就不用再念了。」長官回說：「誰不知道你是用抄的，大家都是抄來的，你就念一念，應付一下就好，你連念都懶，還承認你是抄誰的，老油條也不要到這種程度！」所以換句話說，這些長官也知道他們沒有能力改變我們，但是大家約法三章，只要我們不鬧事，他們就不會找麻煩，我們刑期到了就出獄，而他們輪調時間到了就離開這裡。這是當時監獄管理的情形，所以才有機會讓我們進行這麼多的事情，如果管理很嚴格，內外的同志哪有辦法串連？計畫要如何推動？

事件發生的原因

泰源事件發生的原因可分為遠因和近因。當時牢裡的人雖然熱衷政治，但一般比較缺乏政治分析力，只是一心想反抗國民黨，所以我們經常與獄友們做政治分析，我們談到有關蔣介石曾對美聯社的記者說：「台灣沒有政治犯，只有一小撮的失意政客在海外搞台獨。」那我們這一、兩百個台獨的政治犯是關假的嗎？後來江炳興帶來彭明敏教授成功逃出去外國的消息，與江炳興同案的吳俊輝曾和彭教授關在一起，彭教授要逃亡前夕，就曾與他們保持聯絡。因此泰源事

件可以說是由島內發聲，要支持人在海外的彭教授，否則要如何說服國際相信台灣有獨立的聲音。與此同時，中華民國在聯合國的席次即將不保，我們判斷，如果國民政府退出聯合國，就意味著美國不支持台灣，這樣台灣會發生危險，基於此台灣必須要有獨立的行動，這是事件發生的近因。而從1960-1964年期間，島內還有台獨運動的發展，之後就不見任何的反對運動，也更不用說台獨運動了，加上廖文毅又「投降」回來台灣，士氣可以說陷入一片低潮。因此在這段時間內，如果沒有人來發動，台獨會變得沒有聲音，這是泰源事件發生的遠因。

　　泰源事件的計畫醞釀極早，從第一批調出去的外役開始，他們可以在山上自由行動，於是觀察四周地形，覺得可以做一些事情，不過都停留在想法階段，並不具體。之後隨著時間的累積，漸漸熟悉環境，與山地部落也建立不錯的交情。要到事發前的四、五個月，計畫才轉趨成熟和積極，而計畫之所以會轉為積極、變得具體，主要有兩個原因：第一，江炳興來到泰源監獄。江炳興屬於激進派，他來之前整個行動一直沒有領導中心，他來了之後才開始積極推動，這是屬於人的因素；第二，警衛部隊每幾個月就輪調一次，若不轉為積極，則好不容易建立關係的警衛連又被調走，我們是否還有發動的機會？這是內部因素。

行動目標

　　泰源事件行動構想的由來與「蘇東啟案」的模式一樣，蘇東啟案決定於（1961年）3月9日行動，3月8日晚蘇東啟與

林東鏗去請示高玉樹，高玉樹告訴他們，一旦發動後即刻切斷西螺大橋，不要讓大軍進來，利用電台廣播呼籲幾位當時黨外知名的異議人士，但不要指名他（高玉樹），他就知道事情要如何進行了。而泰源事件的計畫也是要攻佔電台，計畫進行的期間有各種的想法，但並不切實，整個行動醞釀了六、七年，大家一心只想再跟當局拚一次，但並沒有具體的步驟，在事發前的三個月，計畫才比較具體。

就我所知，泰源事件的主導者是鄭金河，是他強烈地主張要行動，但因為他本身的軍事常識不夠，不知要如何部署戰力，要到江炳興來了以後，才比較深入地討論行動的各種方案，其中最切實的方案就是攻佔台東的電台，目的是要發出台獨的聲音，這是我所參與的行動和規劃的真實狀況。我們的目標是「中廣台東台」，它位於台東到富岡之間，當時台東還有一個軍方的「復興電台」，但因為據我們初步的瞭解，該台發聲的範圍比較窄，所以考慮攻佔「中廣台東台」。屆時我們會分成兩路人馬，一路目標是控制電台，另一路則是要控制變電所，避免電台被斷電，導致無法發聲，抵達電台後如果被包圍再做抵抗，因為被抓到，投降也是死，不投降也是死。我敢很肯定地說，大家有就地成仁的決心。當初參與事件且目前仍在世的人，也是以攻佔電台作為目標在進行籌備。我們的目的很明顯就是台灣獨立，參與行動的人稱為「台灣獨立革命軍」，至於說以後要建立什麼國家，成立什麼組織，都是後話。

事件的核心人物

（一）江炳興

1969年10月，台北有一批人送來泰源，這其中包括了江炳興、吳俊輝和林金煌等人，其中的江炳興是泰源事件的核心人物。江炳興是軍校的學生，在台北已經服刑六、七年，照理說江炳興體格好又能工作，應該是會被留在台北的洗衣工廠才對，但是因為他的政治立場很明顯，經常和紅帽子起衝突，兩方鬥爭得很嚴重，所以才會被送來泰源。泰源監獄裡的一名少校保防官是江炳興軍校時期的同學，他在人犯的移送名冊中發現了江炳興的名字，於是立刻接見江炳興，問他需要什麼幫忙，江炳興於是要求將他調出去做外役。一般監獄的規定是，新來的人犯在三個月內不能調出去，但是因為保防官的權力很大，兩人又是老同學，所以江炳興很快地就被調出去做福利社洗衣部的外役，也因此加速了這件事情的進展。江炳興的軍事常識比其他幾名外役的水準高，自然就成為事件的核心人物，也因此我後來比較常和江炳興討論整個情勢的發展。而吳俊輝之所以會涉入比較深，是因為他和江炳興是中學同學而且又同案，晚上江炳興回押房睡覺時，和他會有一些討論，因此吳俊輝也參與其中。他們兩人參與的時間雖然很短，但卻都是在計畫後期最積極的階段。

（二）鄭金河

江炳興來了之後，我們的計畫才轉為積極，但因為我一直踩煞車，後來逼得鄭金河快要無主張，因為要做，沒有領

導人；不做，意志無法貫徹。鄭金河和我聯絡都是透過與我交情很好的陳良。我知道鄭金河的家庭環境不好，經濟壓力比較大，所以常想要幫他的忙，而且以鄭金河和我的交情他應該不會拒絕我的援助，再加上鄭金河是一個很豪爽、江湖氣很重的人，一向不會和人分彼此，但他卻拒絕接受我的幫助，這其中一定發生一些問題。我認為，阻止行動是一回事，但是私人的交情是另外一回事，我不希望他是因為我阻止行動，而拒絕我的援助。

後來陳良向我透露鄭金河曾經受到一個很大的刺激，因為行動需要經濟的支援，這部份也得到押房內同志的支持，例如要與當地的原住民打成一片，菸、酒是不可或缺的，這些都需要錢。鄭金河在養豬場時，一有閒暇，幾個外役聚在一起賭博，鄭金河可能因為技術比較好，每賭必贏，藉此賺一些費用。這件事傳到押房裡，有一次鄭金河透過中間人向同志拿三千元，原來表示經濟上要支持鄭金河的人，卻說錢不願意給流氓拿去賭博、喝酒，這句話給了鄭金河很大的刺激。其實喝酒、賭博是在那裡生活的方式之一，也有可能是鄭金河想藉此掩飾他的活動。因為這件事導致鄭金河不再接受任何人經濟上的接濟，不願人家說他是假借革命之名，拿別人的錢去賭博、喝酒，他要革命的心意更加堅定，要做給大家看。陳良將鄭金河內心的轉折告訴我之後，我都將錢交給陳良，由他來處理。

（三）施明德

我和高金郎先生曾經跟張炎憲教授見面，金郎說，Nori（即施明德，Nori為「德」字日語發音）是後來的三個月才

開始接觸這件事，這並不是事實。我一直希望Nori也能出來講，因爲實際上，他也是整個事件的要角之一。以我對Nori個性的瞭解，他一定有一套自己的想法，不過他不曾告訴我，也沒有機會告訴鄭金河等人，如果有也只是和江炳興以及吳俊輝等人說個一、兩句。Nori這個人的行事比較容易讓人產生質疑，因爲他如果要做這方面的事，其實有過多次機會，例如他去花蓮保外就醫，前前後後兩三次，時間加起來超過兩年以上，（陳）麗珠也跟他在外面一起租房子住，所以才又生了二女兒。在行動這麼方便的情況之下，如果他有意向，應該可以做一些事，甚至包括偷渡。結果因爲被人檢舉在外租房子、生孩子，醫院因而將他送回監獄，致使獄方嚴格禁止他外出就醫，要他有病在監獄裡醫就好。在這件事之後，Nori才積極策動泰源事件。在Nori積極參與之前，我們的計畫只是停留在初步的想法而已，無從下手。

　　義監內有和我討論的人是Nori，所以我才會說Nori涉入這件事很深，並且事情後來演變成Nori和押房內的人（不是和外役）在爭取領導權。說起來很可笑，所以我也不想說太多，總之這過程中，因爲Nori很急，所以他一直逼我，有一次他問我：「要做還是不做？有沒有這個勇氣？」我回答他說：「勇氣有兩種，一種是智勇，一種是愚勇。」

「就地成仁」的準備

　　要調查參與事件核心的有誰，其實很簡單，因爲在監獄裡我們每一個都有錢單，買東西就從錢單裡扣錢。到了舉事前夕，我們這幾個人的錢單裡都沒剩半毛錢，都花光了，甚

至我還向別人借錢。我記得當時外面出版了一套梁實秋翻譯的《莎士比亞全集》，大約要二、三千元，我就匯款給書局，買了一套送給當時就讀師範大學的外甥女。就當時我們在獄中的經濟能力而言，這已經是極限，那時我沒妻沒子，只有這個外甥女和我有通信，所以那時我才借錢買書給她，就是暗示永別的留念。另外，在過年前我們特別拜託福利社的外役多進幾箱「蔘茸五加皮酒」，過年時官兵都買不到酒，因為全部的酒都被我一箱一箱的送進押房裡。由於大家都將行動前夕的晚餐視為最後的晚餐，所以大家根本就是抱著悲壯的心情，絕對沒有存著僥倖的心理，認為事情會成功、會活著回來、要兵分幾路等等，因為那根本是天方夜譚！當時連能不能到台東都還沒有把握，就算不能到台東，大家也要儘量爭取時間，有犧牲的準備，我們這些外役都有同樣的覺悟。

距離舉事前一個月，陳良每天來醫務所找我拿鎮定劑，說是沒有吃安眠藥睡不著。因為這次的行動不是像之前的蘇東啟案，大家在部隊裡傻傻地就參加了。而是已經歷過警備總部死亡幽谷這一關，現在若要再舉事，即沒有第二條路好走了，抱著明知不可為而為，惟有就地成仁就義而已。我們行動當天所準備的刀子，都是陳良在汽車保養廠磨好的，他可能因此壓力過大。

另外還有一件事可以說明我們的決心，事前我和林振賢兩人特別定做褲子，褲子的一邊縫有錢和判決書，一邊縫有毒藥。打算如果尚未行動事情就曝光了，我們要自我了斷，因為一旦被抓，絕對會搜身、會被刑求。所以當時大家都是抱著沒有第二條路可走的決心，也並不是說大家有多麼地勇

敢，套一句陳三興的話：「人在江湖，身不由己。」意即
「同行不如同命」。

建立地區關係

（一）與山地青年建立感情

　　我們一開始並沒有考慮要說服警衛連部隊，因為警衛連
的流動性和敵對性，讓我們不敢接觸，但是當時已建立起初
步的地區關係。起先，柯旗化[3]先生就瞭解到政治犯必須與
山地青年建立互動關係，所以柯旗化先生可以說參與甚早，
但是後來整個規劃和行動他都沒有參與，我們只有向他表達
要行動的意向。我們和山地青年之間的互動，讓他們對政治
犯產生一種不同於一般同情的支持，甚至會「聽話」。我舉
一個例子說明，監獄的管理當局有一些官兵在追求山地少
女，但是當政治犯和這些山地同胞建立感情之後，這些少女
拒絕和監獄的官兵來往；產生這樣的影響力，證明政治犯和
山地青年已經打成一片。初期我們只灌輸山地同胞「我們是
台灣人，他們是中國人，我們是被統治者，他們是統治者」
的觀念，尋求他們的支持。但因為原住民比較單純，所以整
個計畫的內容、政治的意圖都沒有告訴他們。不過可以確定
的是，當地原住民與政治犯的關係，是很早就開始建立，並
且一直維持到事件發生。

3　柯旗化，1929年生於高雄左營，1951年被以思想左傾非法拘押，送綠
　　島新生訓導處感訓（1952年3月3日至1953年4月6日）。後又涉「方

（二）接觸警衛部隊

事發前的一、兩年，我們才有由警衛部隊來配合發動的想法。監獄的警衛部隊是來自台東富岡的陸軍野戰師部，每三、四個月輪派一連的官兵來監獄駐守，即警衛連。這與過去警總的系統不同，警總的警衛部隊是由警總的官兵固定、長久地駐守。就因為警衛連每三、四個月輪調一次，所以我們無法與其建立關係。這期間出現了一個契機，黃聰明和何昭南是政工幹校的學生，其中黃聰明的角色比較積極，他與黃紀男案有關連，兩人同為朴子人。大約在1967至1968年期間，派駐監獄的警衛連連長恰巧也是幹校出身，是黃聰明的同學，經這位連長向外役打聽之下，發現自己的同學原來被關在這裡，後來他透過關係和黃聰明聯繫，瞭解是否需要特別的照顧。由於警衛連並非監獄的管理單位，所以連長也不能接近監獄的守衛，再加上黃聰明在押房裡聯絡不易，所以黃聰明希望同學能夠設法讓兩人在比較自然的方式下見面。與此同時，因為每週三、六我們都有練排球的時間，於是就由警衛連組織排球隊與我們進行友誼賽，因此兩人自然有機

鳳揚等案」，1961年10月4日被捕，當時為第一出版社經理，1963年6月29日被以「預備以非法之方法顛覆政府」判刑十二年。柯旗化出獄後曾創辦《台灣文化》季刊，發行兩年即遭查禁停刊。1992年以日文寫完回憶錄《台灣監獄島》，2000年12月罹患阿爾茲海默及帕金森症，2002年1月16日病逝。他所編寫的《新英文法》在1960年問世，可稱為台灣最具影響力的英文教材，出版超過兩百萬本。蔡宏明，〈柯旗化〉，「遺忘錄:: 痞客邦::」：https://hmtieu.pixnet.net/blog/post/25002975，點閱日期：2020年7月21日。

會見面、談話。黃聰明向同學表示，希望他有機會能夠照顧這些外役。之後外役們就透過黃聰明的關係，開始和官兵接觸。

（三）試探警衛連

　　整個警衛連的聯繫工作，我沒有直接接觸，都由鄭金河和江炳興負責。接觸的過程中，外役與連長當然有一些談話，在談話的過程中，大家拉近距離，這中間也有試探性的談話，但沒有很露骨，畢竟對方是監獄的兵力，所以並沒有深談。過沒多久，這個連被調走，換了另一個連來，鄭金河開始有借警衛連之力來配合我們的構想，他之所以會產生這個構想，是因為他出身於海軍陸戰隊，服役時在雲林認識了張茂鐘等人，也就是蘇東啟案的啟發。因為鄭金河當兵時就有反抗的心態，所以他認為警衛連的一些台籍充員戰士應該也有才是，基於過去的經驗，他開始與警衛連接觸，每來新的一連，就與他們建立關係。

　　泰源事件發生幾個月前的那一連警衛連，我們可能也有和他們建立一些關係，但當有意思要進一步交談時就調走了。一旦我們開始與這一連混熟後，他們就調走，鄭金河瞭解到這個問題，發現如果這樣繼續下去，事情可能無法進行，行動必須要轉為積極。事件發生時，駐守的這一連的輔導長剛好是一位姓李的台灣人，我忘記他是南投人還是台南人，由於有多次的經驗，鄭金河決定試探他。鄭金河問輔導長，如果有一天國民黨要屠殺政治犯時，你們要怎麼辦？是否會服從部隊的命令？輔導長很明白地表示，「胳臂向內而不向外彎，哪有台灣人殺台灣人的道理？即使接到這樣的命

令，也不會服從。」他的回答，給了鄭金河他們鼓舞，於是進一步向他談到台灣的歷史、台灣人的政治地位以及台灣人在軍中所受到的壓制等比較接近主題的內容。

（四）「雞籠裡抓雞」？

接近舉事前，鄭金河告訴我他要吸收輔導長，要求配合行動，徵求我的意見，但是我擔心對方畢竟是政工人員，他現在或許同情你，但是一旦又受到其他方面的影響，說不定會跑去自首或告發，如此一來豈不成了「雞籠裡抓雞」。過去有一個案例：陳三旺吸收他高雄中學的同學，這個人的大哥是警察，後來他告訴他哥哥，結果他哥哥帶他去自首，案情因此曝光。因為有這種經驗，所以我不與政工人員接觸，我也曾勸告鄭金河不要太早表白，但要一直和輔導長保持很好的互動關係，這時事情已經很積極地在進行。

有一件事可以證明警衛連裡的確有我們的人，警衛連裡有一個台灣籍充員兵叫賴在，我們原來有和他接觸，他也答應協助，但是過年時他剛好休假回家，回部隊途中才知道發生事情了，就不敢回來於是只好逃亡。他這一逃，就引起軍方懷疑，以逃兵罪名逮捕，審問時發現他知情，被警總依「二條三」判刑十五年。現役軍人的案件是由陸軍總部審理，一般逃兵則是師部軍法處審理，但因為賴在在逃亡期間軍人身分消失，又因為涉及政治案件，不是單純的逃兵，所以最後是被警總判了十五年。

我的角色

（一）受到獄方注意

　　為了施明德，我惹了一個很大的麻煩，所以獄方一直對我十分注意。施明德從醫院送回監獄，說是得了胃癌，獄方不讓他保外就醫，我那時還沒有調去醫務所，加上我們兩人又不同監，當時談癌色變，得癌症的人怕活不久，於是我打了一份報告，正式申請要求接見施明德，政工官叫我去瞭解為什麼要見施明德？我回說，我們過去曾相處過，大家有交情，聽說他現在得了胃癌，希望獄方讓我們見面。政工官因而一直想知道我和施明德的關係，為什麼我會知道他得了胃癌？我雖然是正式、公開地提出申請，但最後還是不准我們見面。這件事就成了我意圖串連的紀錄。

　　除此之外，監獄裡紅白對立的情形由來已久，有一次同押房裡有人打架，一位我們台獨的同志被欺負，兩個人打一個。陳庚辛是海軍陸戰隊出身，體格好又曾做過鐵工，是個「打手」，他喊一聲，大家都不敢動，我告訴陳庚辛，洪天時被打，他於是出面警告那兩個人。結果這些「紅色的」去號召說紅白要公開打群架，然而「紅色的」雖然人數多，不過小圈圈一大堆，因此號召不起來，甚至有一些「紅色的」告訴我，儘管我們彼此的路線不同，但是身分一樣，國民黨巴不得我們「紅白」對立，他們反而比較好管理，所以我們應各自保持自己的政治立場互相尊重，因而避免了原本可能會發生的衝突。結果不知如何，這件事情傳到監獄管理者耳裡，叫了幾個人去問話，問我們對監獄管理有什麼意見？大

家都想明哲保身，沒有多說。我因爲沒有顧慮，所以直接指正監獄官，「姑且不論打架是對是錯，監獄要如何處罰我們也無權過問，但是人被打到臉部流血應該先送醫院再做處分，而不是放著不管，這是監獄的失職。」監獄官因此對我不爽快。

因爲政治立場的對立，雖然沒有人敢公開對付我，但會有人不斷地暗中整我。例如柯旗化在書中寫到，有神經病拿筷子要刺他的眼睛，我也曾經遇過這種事。有人煽動精神些微異常的人，將筷子磨尖，公開恐嚇要挖我的眼睛。一間押房裡關了二十幾個人，只有我一個是台獨，有人就是要欺負你，於是我就一個人和這些人對抗。不過押房裡的老政治犯對我還算不錯，在那段期間，每當睡覺時，就會一人輪流兩小時看顧那名精神異常的人，擔心這個人會眞的來刺我的眼睛。所以雖然政治立場不同，但是在監獄裡還是有這種互相照顧的情形。

（二）調去醫務所

醫務所的編制是一名中校主任、一名少校醫官、一名上尉牙醫以及兩名士官。這名上尉牙醫人稱蒙古大夫，有人牙痛給他看，但他卻拔錯牙，又不注重衛生，拔牙的鑷子帶在身上，看診時只有隨便在身上擦一擦就要往病人的嘴裡放，所以幾乎沒人敢給他看牙。一般說來，醫務所裡的主任和兩名醫官都沒在幫人看病，看診的是張紹楨，他是醫科出身，四川華西壩醫科大學畢業，曾擔任空軍總醫院病理科主任，因爲涉入政治案件，被判刑十五年。張紹楨一直都是醫務所的主角，包括看一般民眾的門診，監獄

內外都是他在看診。

　　在我們這群人裡，李志元最早在醫務所擔任外役，後來他將林振賢也調來醫務所當外役。距離事發大約四個月前，我被調去醫務所。我原來是押房裡的黑名單，不能擔任外役，事發前，我的刑期只剩下一年多，但一直不能出來做外役。當時外面有狀況，外面的同志一直要想辦法將我弄出去，因爲在這群人當中，我的年紀算是比較大，與他們也比較有接觸，所以同志們希望我能出去外面瞭解狀況。後來醫務所的藥局有一個外役缺，負責配藥、調劑與注射的工作，因爲這個工作需要一些專業，所以他們幾個外役積極運作將我調出去。不過政戰室和二科對我有意見、不放人，於是透過醫務所的主任幫我作保，我才得以調出去。主任後來還特地交代我：「好好做，不要給我出紕漏，他們對你都有意見，是我幫你作保。」以前擔任外役，從來不需要主管作保，我算是特例。

（三）判斷行動不可行

　　事實上，我顧慮的問題比較多方面，才會想阻止這項行動的發生，我調去醫務所後，監獄內外的同志完全寄望於我，由我判斷能做？還是不能做？所以在去醫務所前，我就去了台東好幾次，調到醫務所後，爲了估算車程，我又去了三趟，雖然很多人對泰源監獄的環境很熟悉，但是真正去過台東的人並不多，因爲就算是外役也不能去台東。我們這些人活動的範圍總是不出這個山區，外面的情形無法瞭解，當目標是台東，對外面的情形又不瞭解，要怎麼行動？我透過醫病的關係，搭軍車到台東，除了估算車程外，同時也瞭解

路程中經過哪些地方,這方面的資訊必須有機會出去的人才能瞭解。

我認為最大的困難就是抵達電台的時間,如果沒有克服這個問題,人還沒有到電台,就被包圍了。我之所以知道可能會被包圍,是因為在警總和泰源時曾遇到兩位空降部隊的營長,一個姓黨另一個姓唐,他們在執行空投緬甸任務時挾帶鴉片進來,被以煙毒案判刑入獄,其中一個被判死刑。他們曾經向我們透露空降部隊的部署與機動性,台灣任何地區發生狀況,四十分鐘內空降部隊就會到位,他們所受的訓練就是要執行鎮暴任務。另外,根據我們打聽,監獄內設有無線電台,駐守一位通信官,這名通信官在電台很久了,自有泰源監獄以來,就有這名通信官。泰源監獄裡每一個單位都有外役,唯獨通信室沒有,連士官都沒有。據瞭解,通信官每一小時向台北「叫號」一次,由於我們不知道密碼,所以無法克服如何維持正常通訊的困難,因為一旦我們劫持電台後,即便命令通信官保持正常聯絡,但若他發出緊急的訊號你也不知道。我之所以會擔心而且阻止,就是因為這些問題無法處理。

這個問題我曾經和江炳興等外役充分討論過,至於押房裡的同志我只曾和Nori討論過。當時Nori說要炸掉電台,我則認為炸掉電台跟把人殺了沒什麼兩樣,電台一樣無法與台北維持正常的通訊,台北方面就一定知道出狀況了。

(四)無力阻止

我曾經告訴鄭金河,不是我不敢做,而是情況不允許,並且我另有計畫。因為大家的刑期都只剩兩、三年,出獄後,

大家集聚在政治中心，二、三十個人也可以做成事情，甚至計畫如何突擊總統府，只要我們有決心。我對鄭金河說，「要死不怕沒有鬼可以做，如果到時我莊（蔡）某人膽怯了，請你頭一個對我開槍。」其實當我們在軍人監獄時就已經有這個想法，軍人監獄有一砂石場，砂石場的工作雖然辛苦但是比較自由，因此我們那時認爲可以計畫突擊總統府，所以我一直積極「活動」要調去砂石場做外役。像我這麼「軟淡（體弱）」的人，冬天都可以浸在水裡挖砂石，目標不是只爲了求個人的自由，而是爲了可以轟轟烈烈地做一件事。所以在泰源時，我一直希望大家出獄後，要做再來做。

行動初期同志們試圖說服我，他們認爲有機會行動，但我認爲，泰源的地理環境實在太偏僻，我們的行動一旦被當局消滅了，整個消息被封鎖起來，無聲無息，無法達成我們犧牲的目的。不過最後計畫變成我們只要到得了電台，能控制電台多久算多久，能夠把台獨的聲音發出去就好了，所以當時大家可說是抱著「就地成仁」的心理準備。

鄭金河認爲事情非做不可，但內部又有爭領導權的問題，外役也沒有領導人，他是一個老粗，又有我在阻止整個計畫的推動，心裡很著急。實際上，林振賢一再告訴我，阻擋歸阻擋，你要有腹案，但這個腹案，除非必要不可以讓鄭金河知道，因爲一旦讓他知道有計畫，他一定會更積極、鼓舞大家參與。所以整個計畫是到最後的二十天江炳興告訴我事情曝光了，已經沒有第二條路可走。陳三興與鄭清田也叫我不要再阻止了，陳三興說：「人在江湖身不由己，同行不如同命。」既然是走這一條路，已經沒有選擇的餘地，最後的十天就是這樣的情形。

舉事一週前，鄭金河找我談話，跪著對我說，「不要再阻止我，只要不阻止我，其他的一切我都聽你的。」我當時已有心理準備，因為已經沒有第二條路可走。

其他一些人的角色

（一）林金煌

林金煌之前在台北時是醫務所的外役，刑期也快滿了，不知道什麼緣故又被送來泰源。我知道林金煌的專長是婦產科，他來不久後，我忘記是監獄附近的百姓還是獄方的眷屬，有一名產婦難產，情況相當危急，無法送去台東醫治，而醫務所張紹楨的專長也不是婦產科，所以我特別推薦林金煌幫這名產婦開刀，結果非常順利。林金煌因為救了人，所以當地的官兵就對他特別禮遇。林金煌在義監，無法來醫務所擔任外役，只有在每週的單雙日輪流由醫官進去仁、義兩監看病時，林金煌在圍牆內的涼亭看診。林金煌並不太清楚泰源事件的詳細情形，一來因為來泰源的時間很短，他來三個多月就出事了；二來他是老實人，加上又有心臟病，所以只有讓他知道有這回事而已，整個行動的計畫並未讓他瞭解。

（二）張茂鐘、黃金島、謝東榮

其實張茂鐘始終都不知道泰源事件，因為我們一直將他隔離在外。林金煌來泰源的時間雖然很短，但起碼告訴他有人在計畫，張茂鐘則是從頭到尾都不知道，但是出獄後，他還是胡亂說，說泰源事件是紅白在鬥爭。至於黃金島，他有

答應參與，所以他是知情的，但細節部份沒有參與。實際上，在押房裡的人，除非私底下他們有討論一些事情，否則要說參與得多深入，可能也沒有機會，外役也不可能充分與押房內的人討論，整個計畫都是外役在主導，所以Nori才會一直逼外役要行動。計畫的後期，因為領導權的問題，Nori被封鎖起來，所以當天要行動的消息，可能是謝東榮通知他的，因為謝東榮與Nori有一些私交，加上謝東榮又負責內部的聯繫工作。謝東榮是一個很「感心」（窩心）、積極的年輕人，但因為年紀輕、沒經驗，所以不是計畫的核心人物，只是擔任傳達訊息的角色。

（三）劉漢卿

至於劉漢卿的部份，因為之前Nori告訴我茱園的外役要「衝」，所以我透過他去瞭解茱園外役的情形。劉漢卿負責管理存放鐮刀、鋤頭等工具的庫房，庫房平日必須上鎖，我要他行動當天庫房的門不要上鎖。事後遭人檢舉，事發當天庫房沒有鎖，他差點因此脫不了身，所以我對他很過意不去。劉漢卿是菲律賓的華僑，從菲律賓被抓回來，被判死刑，他父親在外面一直奔波，聽說蔣經國承諾有機會要釋放他，結果卻又差一點牽連到泰源事件。事實上，劉漢卿並沒有參與行動，只是消極地配合而已。如果要瞭解當時一些「紅色的」老政治犯對這個事情的態度，可能問劉漢卿會比較瞭解，因為他們之間比較有一些溝通。

其實在進行期間，由於受行動的限制，內部的同志並不能像外部的同志那麼積極地行動，有一些事情只有外役能夠去進行，內部的人只能配合外部的行動。

內外的聯繫方式

（一）直線式聯繫

當時為求安全，大家都是保持直線式的聯繫，即一對一，避免三個人同時交談。例如有一次Nori要跟我談話，他透過外役高鈺鐺和我聯繫，高鈺鐺告訴我Nori下午要去醫務所看牙齒。醫務所有前、後棟建築，齒科在後棟，Nori來了之後，我就特意不進去後棟。Nori事後問我，為何他約我我卻沒來？我回答他，因為你不是直接和我接觸，而是透過第三者來約，基於安全顧慮，我不會配合。並不是我對高鈺鐺不信任，換成是自己人也一樣，絕對不能有「三角關係」。當時如果要和我聯絡，因為我在醫務所工作，只要押房裡的人寫報告說要到醫務所看病，可以藉著打針的機會，大家短暫地單獨交談。此外，藉著送藥時，箱子裡裝著一包包的藥，可以藉此夾帶一些東西進出押房，這是我的聯絡方式。

我們每一個人都只限於單線式的接觸。例如義監的同志如果要比較瞭解情形，可能就要等到每天晚上江炳興回來睡覺時告訴某一個人，然後透過某一個人傳達，大概是如此。謝東榮就是擔任類似的角色，但是因為他的年紀比較輕，所以就我瞭解，謝東榮只是幫Nori傳達消息，施明德有東西要給我，都是透過謝東榮來傳送。至於有一種說法是謝東榮藉著幫Nori按摩來傳遞消息，我想在謝東榮還未出來做外役（即與Nori同房時）才有這種可能，但謝東榮調出來做外役後，就不能再與押房內的人有所接觸。

(二)傳遞字條

另外還有一種聯絡方式,早期陳良和鄭清田是福利社的外役,那時福利社每天下午都有賣點心,例如排骨湯、雞湯等等,用白鐵製的餐盒盛好端進押房裡。我們將紙條以塑膠袋密封好放進湯裡,一般端進來時也不會檢查,除非有人檢舉,否則也無從檢查起。為了讓內部的同志知道外面的情形,就透過這種方式傳遞消息。吃完點心,餐盒會再被收回福利社,所以同樣地內部的同志為了聯繫外面的同志,就將字條放在盒中,與吃剩的骨頭混在一起,待盒子收回。因為收的人知道這是誰的餐盒,回到福利社後會特別處理,我們就以這種方式聯絡,所以說只有外役才有辦法擔任這種內外聯繫的角色。

而在仁愛堂還沒蓋好前,我們兩監一起看露天電影時,也可以利用光線變暗後,偷偷跑到旁邊講話。等到仁愛堂蓋好後,就沒有這種機會了,因為禮堂容納的人數有限,所以電影分成兩場播映,兩批人就沒有辦法接觸。仁愛堂在事發的兩、三年前就已經蓋好了,所以利用看戶外電影的機會聯絡,是很早期的事情了。

除了行動別無選擇

我明明知道不能做,為什麼事件最後還是發生了?因為一開始陳三興、鄭清田、劉梅璿等人都要我阻止行動,其中又以劉梅璿最積極。我們當中就屬劉梅璿所接受的軍事訓練最為完整,因為他是軍校改制後的正期畢業生,之後被送去

美國訓練，而我們其他人頂多都只是軍校的在學生。劉梅璿與我相差兩歲，彼此可以溝通，他告訴我一定要阻止。結果事件發生前的最後一個禮拜，陳三興和鄭清田都要我不要再阻止了，其實在他們還沒有告訴我之前，我也已經放棄了，因為情況緊迫，已無第二條路可走了。之前還有「要做」或「不做」兩條路可選，但是到了事發前十天，已經沒有第二條可選擇了。第一，因為Nori告訴我：「你們外面的人不發動，裡面的『菜園仔』過年要衝！」我心想如果有這種情形要如何配合？因此我必須去瞭解是否確有其事。

和「菜園仔」的這些人我們都認識，但是要談這麼深入的問題，若沒有相當的瞭解，我也不敢接觸。於是我間接透過與他們有接觸的人去瞭解這件事，得到的回報是這些人已經「暮氣沉沉」，被關得有些麻痺了，因為刑期遙遙無期，所以沒有什麼衝勁，因此他們只傳達了「樂觀其成」這一句話，也證明了「『菜園仔』要衝」的消息並不正確。

第二個原因則是，因為1969年10月來的一批人當中，有一個叫林華洲的年輕人，他是政工專修班出身，與陳永善（映真）同案，屬於左派青年。他來泰源之後與監獄裡的左派份子關係密切，但是因為林華洲初來對整個狀況不甚瞭解，對於當時誤傳「白的」要殺「紅的」，林華洲因而被嚇到，要求安全保護。所以基於安全考量，押房內有人在保護林華洲，保護的目的並不是怕「白的」殺了他，而是怕林華洲跑去要求獄方提供安全保護，暴露了計畫，因此有人在「盯著」林華洲，盯他的不是我們的人，是「紅的」。因此這件事可以證明，當時有人計畫行動，在義監已經是半公開的事情，既然事情已經公開化，我們也沒有選擇的餘地了。

我也不指出是誰將事情曝光，但依我的瞭解，有人打算如果外面的人不採取行動，就將事情曝光逼大家做，事實上當時的確產生了這種狀況。換句話說，事發前十天，整個行動才轉趨積極，整個計畫才具體化，否則之前都只是各自的構想。事實上，如果沒有發動，事情也會爆發，一旦爆發，大家也都是死路一條，因為我們的組織如果被發現，一定會被判死刑的，所以沒有第二條路了。

事發經過

（一）臨時改期

原定是正月初一要行動，因為考慮到安全因素，而臨時改變發動時間。泰源監獄有六個碉堡，各有一名衛兵駐守，再加上大門兩名衛兵，所以一個班有八名衛兵。我們透過衛兵知道交接的時間、程序，大門衛兵因為怕被劫持，槍並沒有子彈，只有碉堡上的衛兵才有實彈，換班時子彈也必須交接，所以如果碉堡上的衛兵沒有「安排」好，監獄內一有騷動，他們會立即開槍，會產生傷亡。過年時，野戰部隊施行輪休，警衛連內與我們配合的人因放年假返家而無法一起行動，所以原定正月初一發動的計畫才會延期。

我們並沒有事先告知警衛連行動的時間，因為我主張要做再說，事先說很危險，所以才臨時通知改期，延至初三行動。因為過年時外役不用外出工作，所以大年初二中午，我們大家在仁愛堂聚會、喝酒，為什麼敢這麼大方地聚在一起？因為大家可以說是已經「豁出去」了。

（二）內外的準備工作

當天我們幾個外役都穿草綠色軍服，十一點開飯，我們是在十一點到十一點半中間動手，到我們被關進押房時已經十二點半了。人犯和警衛連都是十一點開飯，吃飽飯就洗碗筷、擦地板，之後有十五分鐘的散步時間，大家就在押房內繞圈，之後鋪床午睡。那天中午我們吃炒米粉，押房內的人則佯稱要做水餃（開小灶），拿了一塊肉進來，說要剁肉，所以拿了好幾支刀進來，李萬章甚至還把刀拿進押房，後來押房整個封鎖起來，刀子沒地方藏還插在牆上。我是事後才知道李萬章拿菜刀進去，證明事發當時李萬章人在押房外，他雖然不是外役，但以做水餃為藉口，到押房外以便接應。除了這幾支刀以外，押房內的同志還有剛剛提到庫房裡的鐮刀可用。

從事情發生到我進入押房，已經一個多小時，這段時間裡我一直在觀察，林振賢和我負責大門的接應，我們兩人從醫務所提了一個桶子，裡面放了兩件軍服藏了刀子，將刀帶進押房裡。從大門到事發地點大約距離五十公尺，因為我當時正在大門口附近，所以整個過程我都有看到。

（三）失手未果

聽說警衛連連長初一、初二沒有放假，初三連長輪休由輔導長代理，所以事發當天，是由輔導長代理連長職務，而輔導長是我們的人。有關於和輔導長的接觸，鄭金河很早就說要去跟他談，打算吸收輔導長，因為基於安全顧慮，我告訴鄭金河，到最後一刻再把我們的計畫告訴輔導長，並由輔

導長來帶領警衛連配合我們的行動，將槍交給我們，我們再去火藥庫取子彈。

　　當天交接的衛兵已經都換成我們的人，在衛兵換班之前，鄭金河去找輔導長，不料輔導長不在，但事情已經無法再猶疑了。於是在衛兵換班後，鄭金河就動手準備奪槍，鄭金河所拿的刀子是事前陳良在汽車修護廠以鋼板磨製而成，很銳利，刀柄以布包著。鄭金河是養豬場的外役，專門負責殺豬，以前大家常說，鄭金河殺豬時，豬連叫都不會叫一聲。但是當天鄭金河從背後挾持住班長，然後往班長胸前刺進一刀，心想應該刺進心臟了，接著旁邊的詹天增又補上一刀，以為已經將人殺死了，把他踢到邊坡下，沒想到人竟然沒死，還大喊：「殺人了！救命！」義監內有人聽到這句求救聲及槍聲，知情的人知道外面發生什麼事，不知道的還以為是有人在吵架。剛好這個時候，陳少校（綽號「躼跤仔（身材高）」）路過，回頭看發生了什麼事，鄭金河急了，忙著要向陳少校開槍，找到了兩顆子彈，將槍上膛、擊發，卻沒打中，當時裡面的人包括Nori也都聽到槍聲。接著第二發子彈卻卡住，打不出去。

（四）事情發展與原計畫有出入

　　事發當時警衛連正在吃午飯，一聽到槍聲，大家都連忙衝到現場，代理連長職務的輔導長也來了，於是鄭金河向輔導長攤牌，表明要舉事，希望由輔導長帶隊，輔導長當然心裡沒有準備，於是要鄭金河快撤走。依照鄭金河的個性，如果當時在現場的是連長而不是輔導長，事情又會有不一樣的發展，他絕對會當場動手解決那名連長，但偏偏輔導長也是

台灣囝仔，所以他們幾個人才不得不撤入山區。事情發生後，我一直在想怎麼會變化這麼大，因為照鄭金河的個性絕不可能退縮的，大家都認為只有死路一條，哪有撤離的道理？事後我聽當時唯一在場的鄭正成提起，才瞭解原來有這個問題，所以鄭金河才下不了手。

我們原本計畫由外面的人衝進押房，釋放裡面的同志，不過以當時的防守狀況，就算外面的人沒有衝進來，裡面的人要衝出去也很簡單，因為過年時仁、義兩監一起放封，門口的衛兵只有空槍而已，只要幾十個人帶頭衝，衝一下就出去了。但因為擔心押房內意見不一產生內鬨，所以才決定由外面的人進來押房內。按計畫是先制服押房的幾名看守，怕押房內有人會反抗、抵制，所以準備一間一間地開押門，願意加入的人才放出來，不願意的繼續關著。但事情的演變卻與計畫出入很大。

風聲鶴唳

（一）憲兵接管、隔離偵訊

事情發生後約一小時，外面所有的外役都被關進押房，全被關起來，當天晚上的氣氛非常緊張。大約是晚上十二點，就有特定的幾名人犯被叫出去，我記得仁監被叫出去的有謝發忠、張啓堂、林振賢、劉漢卿，以及我等五個人，全是外役，我們被集中在一個房間隔離拘禁三個月，這期間都沒有放封。第二天或是第三天的半夜，我們一個一個被叫出去隔離偵訊，我在醫務所接受訊問，有的人則是在二科。我

被叫出去後才知道憲兵部隊已經接管監獄，從押房外到中門，每十公尺就有一名荷槍實彈的憲兵站哨。憲兵帶我們出去，來到大門口只見燈火通明，那種蕭殺的氣氛，讓人以為自己大概就會這樣被「解決」了。

整個審問是由國防部情報局負責，我首先被問到：「他們幾個人越獄、殺人逃亡？」因為我已經算是老鳥了，對於這種問答早就有心理準備，所以我反問他：「哪些人啊？」他接著問：「你們不是在一起嗎？」另一方面，我也想從他們的問話中，知道他們瞭解的程度，因為那時我連鄭金河等人有沒有被抓到都不知道，我只能依他們所知的程度來回答問題。

在問話的過程中，有一位獄方的長官坐在一旁，他說了一句：「這個莊（蔡）寬裕很老實喔！」其實這名長官和我並不熟，我不明白他為什麼會突然說出這一句話來。他脫口說了這句話後，情報局的人員馬上發脾氣，將他趕出去，「沒你的事，給我閉嘴，你給我出去。」情報局的這些人都是年輕人，又都穿便服，所以我也不知道他們的階級，但可以確定的是，替我說話的那位長官是中校。我被問了幾個小時，都是在一些問題上反覆打轉，由此得知鄭金河他們還沒有被抓到，軍方想瞭解我們知不知道還有誰參與其中？他們做了什麼事情？我當然是裝迷糊，一律回答不知道。三個月的隔離偵訊之後，我們五個人就回到原來的押房。

（二）獄方的暗示

至於義監的部份，我知道施明德和柯旗化被隔離關在獨居房，不過他們並沒有被叫出去訊問，只有我們這五個因為

外役的關係有被偵訊。大概又過了兩天，我們裡面有一個人叫謝發忠，他與高金郎同案，雖然沒有什麼政治意識，但為人很「古意」（老實），他因為負責放映電影，所以行動比較自由，經常和大家在一起，因此被認為和這些外役的關係很密切。實際上，謝發忠的確知道，但也僅限於知道而已，因為一開始找他時，他便拒絕參加。我一直很擔心，一旦謝發忠被叫出去他要怎麼回答？結果二科科長訊問謝發忠時說：「謝發忠，鄭金河他們跑去哪裡你知道嗎？他們的事情你知道嗎？你知道要講啊！」謝發忠都回答：「不知道。」科長接著又說：「如果不知道，就不要亂講話。」並交代謝發忠回去後告訴大家「不要亂講話」。謝發忠沒有政治警覺性，所以他也不知道這是暗示性的話。他回來後，我問他有沒有人跟他說什麼？他說，丁泉告訴他不知道就不要亂說話，並且轉告大家。這是丁泉透過謝發忠要暗示大家的話，我聽了之後就心裡有數了。

（三）留訓綠島

1966年，泰源監獄的仁、義兩監共關了六、七百人，那時因為政府要結束綠島監獄，人犯都送來泰源，一部份刑期較短的送到台北，所以泰源監獄的人犯才會這麼多，泰源事件之後，政治犯又被移回綠島。我在綠島感訓監獄的時間很短，因為我的刑期期滿不釋放，被移送綠島新生訓導處，所以在新生訓導處的時間算是被留訓。後來申請冤獄賠償時，我才知道依據「匪諜處理辦法」（警備總部的行政命令），感訓教育結束後，有再犯之虞者，得以交付教育場所繼續感、管訓。我們以前也不知道有這樣一條規定，只知道早期

凡是在綠島服刑期滿被留訓者，會被送去小琉球，後來因為小琉球發生暴動才改移送綠島新生訓導處。在泰源監獄服刑的政治犯，這期間服刑期滿者即可出獄，直到泰源事件發生後，又開始恢復留訓的情形，在泰源監獄刑期屆滿被留訓者，一律移送綠島的新生訓導處。

綠島的新生訓導處後來改名為「綠島指揮部」，但警總仍保有新生訓導處這個單位，處長改為指揮官，改關受感訓、矯正處分或保安處分者，編制為職訓第三總隊代訓機構，將人犯分編成兩大隊，讓他們做些鋪馬路以及開闢機場的工作。以前在綠島的政治犯分成三大隊，每個大隊又分成四個中隊，所以一共有十二個中隊。新生訓導處結束監禁政治犯之後，新生訓導處只剩下兩個大隊，而每個大隊只有三個中隊。第二大隊底下的第六中隊，即是關一些老政治犯，這些老政治犯可分為兩種，一種是刑期期滿沒人作保；一種則是基於政治性考量被留訓者。我在綠島三年的期間，第六中隊關了約二、三十個人，其中一半的人是因為沒人作保、精神失常，這些人被監禁的時間都很長，處境堪憐。

我到綠島時，這些人在綠島已經十多年了，有些是因為聯絡不到親人的緣故，後來我聯絡到其中一個人的親人，也到綠島來看他，但是不願意接他回家，怕成為家中的負擔，於是把他「丟」在那裡。另外一半則是我們泰源監獄留訓的人犯，其中有七、八個人是涉及泰源事件，包括鄭清田、柯旗化、李萬章、張啓堂、林金煌及我等人。

（四）個人檔案「厚厚一疊」

打從我坐牢開始，連出公差的機會都沒有。綠島新生訓

導處出獄前夕，我的個人資料有厚厚的一疊，輔導長和隊長告訴我，如果在我們手裡沒有將你弄出去，你要出去恐怕很困難，因爲大部份官兵在那裡的時間很短，一有機會就要調回來台灣，沒有人要留在綠島。如果看見你的資料厚厚一疊，誰敢幫你呈報結訓？這兩位輔導長和隊長因爲在綠島的時間比較長，每天大家一起吃飯、談話，所以對我也比較瞭解。他們曾問我：「你這個人看起來滿老實的，應該不會惹什麼麻煩，爲什麼你的資料有厚厚的一疊？」我告訴他們：「監獄裡『紅白』對立很嚴重，不斷地有人打小報告，資料自然就一大疊。」

錄音帶的下落？

　　現在有很多人質疑在當時那種極端的環境下，說我們準備有錄音帶，錄音機從何而來？當時的錄音機很大一台，要從哪裡找來這種東西？而說有油印的文告，油印機又從哪裡來？實際上，這些東西是天主教堂（位在東河鄉北源村）神父的支援，由外面連絡站的外國神父幫忙錄音、印文告，成品再偷偷地送進監獄外的養豬場。我們很早就與外籍神父建立關係。教堂距離泰源監獄有一段距離，走路需要半小時以上。錄音帶的準備工作是由鄭金河負責接洽，我未經手，不過錄音帶錄好後，鄭金河曾邀我去聽聽看，但我認爲自己一旦外出，一定會被獄方發現並關進押房，所以沒有去。錄音帶一共有四捲，分別爲北京語、河洛話、英語及日語四種版本，其中英語和日語的版本比較簡短，北京語和河洛話的版本比較長、內容比較多。事發二、三個月前，這些東西陸陸

續續地就準備好了，鄭金河將錄音帶、傳單等東西用塑膠袋包起來，埋在養豬場。

　　之所以會將東西埋在養豬場，是依照我們原訂的計畫，行動當天有一部份人將押房裡的人放出來；另一部份人則配合警衛連打開彈藥庫，並將東西挖出來。監獄有三輛卡車、兩輛中型吉普車，車庫以及警衛連的彈藥庫都在距離養豬場不遠的地方，彈藥庫距離養豬場大約一、兩百公尺，所以東西才埋在養豬場，打算取彈藥時一併將東西拿出來。不過東西埋在養豬場的這件事，我認為應該沒有幾個人知道，而我是由鄭金河告知的。距離事發前二、三個月，我們就已經將東西藏好，不是臨時才藏的。

為何事件沒有擴大？

　　我一直在想既然有這些東西，為什麼事件沒有擴大？第一，錄音帶裡的聲音不是這六個人的聲音；第二，這幾個人的文筆也沒有能力寫文告，加上筆跡也不符合。這些疑點在調查過程中一定無法交代，國民黨的特務不可能讓你馬馬虎虎地混過去，沒有交代清楚絕對不可能就把人槍決了。因為依我們的經驗，當局不擔心已經曝光的部份，真正擔心的是還沒有曝光的事情，當時有特務曾經告訴我們：「你們這些人就像是突出板面的鐵釘，刺到我，我把你們搥下去就好了，我怕的是踩到那些暗藏在裡面沒有突起的釘子。」因此在證據確實的情況下，這六個人要如何挑起所有的責任？治安單位絕對不可能在交代不清的狀況之下，就立刻將人槍斃了，如此一來就斷了線索，依據以往的經驗，就算是被判了

死刑，也是拘禁個三、五年，直到調查清楚，整個斬草除根，才有執刑。

這麼多年來我一直在想，這件事就算監獄要掩護，但是證據確鑿，為什麼事態沒有擴大？我問鄭正成，他也說不知道。我推測，這些東西應該是被監獄的管理當局銷毀了，沒有送到情治單位，因為如果送到情治單位，獄方要怎麼粉飾也粉飾不了，絕對會徹查到底。另一種可能是，錄音帶等證據沒有被發現，但是我認為沒被發現的機會很小，這些東西我們用塑膠袋裝著，埋在養豬場旁。當時獄方在搜索時，連陳三興的草綠色軍服都被搜走，為什麼這包東西沒有被發現？如果說挖不出來，我認為不可能，因為並沒有埋得很深。所以我推測，整個事件沒有曝光，是因為獄方認為事態嚴重，所以在情治單位接管之前，這些證據已經事先被毀滅。這六個人以二條一「叛亂罪」起訴，如果有搜到這些證據，一定會牽連到更多人，甚至天主堂的神父可能都會被拖下水。

對於《泰源風雲》的一些回應

目前坊間有關泰源事件出版的書有高金郎先生的《泰源風雲》[4]，另外，過世的柯旗化先生，他的《台灣監獄島：柯旗化先生回憶錄》[5]一書中也有提到一些。關於高金郎的

4　高金郎，《泰源風雲：政治犯監獄革命事件》（台北市：前衛出版社，1991）。

5　柯旗化，《台灣監獄島：柯旗化回憶錄》（高雄市：第一出版社，2002）。

部份，他與誰一同計畫？事件如何進行？我並不清楚，而且
事後的討論，可能每一個人有自己的想法，可是我要強調的
是，高金郎書中所寫的是他個人的想法，與我們實際所做的
完全不一樣，整個焦點被模糊掉。

（一）三點說明

《泰源風雲》一書中，高金郎說在接近事發前，我們兩
人曾經有過討論，而我對於發動革命是抱持反對的態度，是
因為我在計畫後期才知道事情的經過，也才進入情況，所以
我才會和他發生爭辯。關於這部份，我想提出一些說明：

第一，他說我曾經和他討論電台的事情，但我根本沒有
和高金郎討論過這件事，我是和Nori討論電台的事情，而我
事後和高金郎提起這件事，所以他書中所寫的是我和Nori討
論的內容，這部份，依我的推測，可能是出獄後高金郎聽我
提起。當時除了Nori以外，我根本沒有和義監押房內的人討
論過事情，也沒有機會討論，只有事發前幾天，我有個別問
每一個人「要做？還是不做？」很簡單地問一個人兩句話而
已。我和高金郎唯一談過一次話，時間很短，他問：「外面
準備的情形如何？」我說：「不能做。」他則說：「如果不
能做就不要做。」因為整個內部的人，尤其是義監的部份，
據我所知，都是他們內部的人在說而已，他們所接觸到外面
的人只有江炳興，而且每一次都只有兩、三句話而已，所以
高金郎等人根本與外面的同志有相當的隔離。高金郎不曾擔
任過外役，高金郎告訴張炎憲教授說他曾經和鄭金河有過討
論，但是鄭金河是外役，他們要如何討論？我也不便評論。

第二，他寫到行動要兵分幾路進行，說不定這是他們義

監幾個押房內的人曾經有過討論,這我不敢說,因為他們內部幾個人的討論,與我們外役所計畫的方向是不一樣的,我們也沒有「行動準則」,所謂的「行動準則」是高金郎的書出來之後才有的。

第三,《泰源風雲》書中所寫的宣言很長,李萬章讀了之後說了一句:「好像主角是他。」我認為,哪有可能在事件過了這麼久之後,你還能記得這麼完整?說實在的,我的記憶力算不錯,但是現在要我說出完整的宣言,坦白說,我講不出來。我知道有幾個人曾經準備了幾份很長的文件,不管是直接拿給我或間接透過江炳興轉給我,這些東西都曾經我之手。我看過之後,覺得這些東西有點不切實際,因為宣言並不是在談歷史,也不是在講故事,宣言不能超過五、六百字,必須簡短。坦白說,關於文告的事情,我們之前並沒有和內部的人討論過,只有中門的幾個外役談到說要有文告。我們準備的文告只有五百至七百字的中文版一種,並沒有所謂的英文和日文版。但是考慮到佔領電台後,菲律賓和琉球可能收聽得到,可以將信息傳送到美國和日本,所以只有很簡短,大約三分鐘的英語和日語發音的聲明錄音帶。為了安全起見,這些文告和錄音帶,都不是押房內的人負責。

(二)我參與的時間極早

高金郎說我是最後才知道有計畫這件事,我舉一個例子補充說明。有一個人叫陳東川,他跟和我同案的張啟堂有私交,與我的交情原本也不錯,他後來沒有參與,事發前一、兩年,他與鄭金河一同策劃。擔任外役一旦有吵架的情形發生就會被調回押房,隔了一段時間,因為人手不夠才又會被

調去做外役，陳東川就曾經被調回押房。陳東川的個性很倔強，政治意識不是很清楚，他與鄭金河兩人經常發生衝突，他們兩個同是養豬場的外役，每次發生衝突，陳東川就說要去「自首」、要「同歸於盡」，我就會去找人在二科的張啓堂一起去半路攔阻，要他公私分明，不要將他和鄭金河私人間的事情，和大家的安全問題混在一起。在我一直阻擋計畫時，陳東川曾對我說，就算只剩下他一個人，他也要拚。

陳東川這個人很衝動，也就因為這樣，後來陳東川雖然也是外役卻沒有參與。鄭金河原本也是一介武夫，但是他知道如果兩個人發生衝突，他會被關起來，如此一來事情就不能進行了，所以有好幾次，我聽說在溪埔地，陳東川公開挑戰鄭金河，試圖激怒鄭金河，但是鄭金河都以「我怕你啦！」來避免兩人的衝突。不知內情的人，認為鄭金河這麼強壯，為什麼要這麼讓步？事實上是鄭金河心中另有目標，不管受到什麼刺激他都願意吞忍，而不與陳東川起衝突。

留下歷史見證

事件發生五年後我才出獄，我到詹天增家探視他的母親，他家中只剩老母親一個人，他母親告訴我，直到上個月他們家還有人在站崗，而這種情形已經持續了好多年。這五個被槍斃的人當中，我聽見鄭金河交代鄭清田幫他照顧建國（鄭金河之子），詹天增則拜託我照顧他的母親，所以我一出獄就去看詹天增的母親。詹天增交代我，不能死，要留下歷史的見證。今天有陳教授的支援，我才能對這五位犧牲的烈士有一個交代。我一再強調事情的重點並不是在留名，而

是台灣整個獨立革命運動中，真真正正用生命去拚的，只有這幾個人而已。他們這六個人很明白地知道，如果沒有人打頭陣，就是他們幾個人要打頭陣，他們也知道以自己的學經歷根本也不能做什麼大事情，但又一心想在獨立建國的運動中有所奉獻，因此他們要打頭陣做火種，這是他們的信念。早期或許還有這種台灣人，但現在我看是沒有了。重要的是這種精神，說得難聽一點，一旦事成了，官是你們在做，為什麼我們要扛起所有的責任？就是因為有這種信念：他們認為，減少一分的犧牲就是保存一分實力。雖受盡嚴刑酷打，但從未洩露任何一個不在現場的同志，把所有的責任一肩扛，保護身分未曝光的同志。我相信這些沒死的同志，一定不會違背這些壯士的遺志，一定會追隨烈士們的腳步繼續努力。

　　我必須強調，在我的口述中所提及的參與者，是我所接觸以及我知道的部份，可能還有一些參與者是我所不知道的。另一方面，由於顧慮到安全問題，在計畫籌備期間，與自己沒有關係的部份，我們都不會去問還有誰參與在內。例如和外役的接觸，鄭金河比較清楚；另外押房內的一些人，例如Nori、徐春泰等也有一些聯繫。徐春泰後來和我一起被留訓綠島，他一直想找我談泰源事件，但我不肯。徐春泰告訴我，他也有參與其中，Nori有派工作給他。我起先對於他這個人存疑，不敢深談，但聽他所描述包括車輛的安排、他負責駕駛等事情，與我們的計畫相差不遠。我推測這應該是Nori事前告訴徐春泰的，而究竟Nori還曾經將計畫告訴誰，我們就不得而知了，所以我才一直希望Nori也能接受訪問，說說他的部份。

　　除了上述我所提到的一些同志，另外我還要舉出幾名參與者，其中的陳光雲和林達三兩個人在獄中過世。在事發前一個多月，陳光雲因心臟病過世。陳光雲與黃金島同案，在泰源時兩人曾在修車廠修理汽車，之後陳光雲被調去做理髮工作，因此與我們有一些接觸。而林達三則是在事件後移監綠島，因颱風來襲被圍牆壓死。林達三是台中人，被判無期徒刑，泰源事件發生時他已經關了二十多年。林達三是泰源監獄的伙委，事發當天，李萬章從廚房拿來的一把菜刀，就是林達三交給他的。

　　很遺憾的是，有一些曾參與泰源事件的人已經過世，包括黃聰明、林振賢、劉梅璿、柯旗化、張啓堂等人在出獄後相繼過世，如果他們這些人還健在，對於事件的回溯應該會更完整。

「非政治犯」的大暴動？

　　在《中國時報》的言論版，有一篇胡子丹先生的讀者投書，[6]他文中寫到「1972年泰源監獄曾發生非政治犯的大暴動」。除了時間的誤差（應係1970年），我瞭解他的意思，因爲他不滿規畫綠島人權紀念園區的人，未將他之前被關的新生訓導處畫入紀念園區，只有以綠洲山莊作爲重點，覺得不滿。胡子丹是很早期的「紅色」政治犯，我們到綠島後，就已經沒有這個人了。據我所知，他也是聽別人說，才知道

6　胡子丹，〈紀念綠島　別遺漏「新生訓導處」〉，《中國時報》，2002年4月22日，版十五。

有泰源事件。他之以會稱泰源事件是「非政治犯」的大暴動，是因為他認定只有他們「紅色的」才是政治犯，現在「白色的」已在「出頭」，他認為因台獨案入獄者，根本不是政治犯。他在文末寫道，「這是來自廟堂人物的指示，抑或主其事者之揣摩上意而刻意為之」，意思就已經很明顯。我看到這篇文章之後，原本想寫一篇回應他的文章，後來是吳鍾靈老師勸我不要理會，才作罷。

籌設紀念碑

　　2002年的5月30日，照往例我們也將為這五位烈士舉行追思會，不過那年比較特別的是，我們還在世的人能夠為這五位烈士留下歷史的紀錄，即陳教授所幫忙做的口述歷史訪問，對他們總算有一交代。另外，我們還計畫為他們設立一紀念碑。一直以來我們就想設立一座紀念碑，但設置地點一直是個問題，過去也有人說要捐地，但因為捐的都是墓地，不很合適。我認為最好的地點就是新店軍人監獄刑場的那塊地，但有困難。而陳教授建議將紀念碑設在泰源的構想，我將再和吳鍾靈老師研究，看在泰源設立紀念碑的構想是否可行，如果要設在泰源，土地的取得應該比較容易。我上次到金山安樂園公墓（金寶山），發現那裡整理得不錯，鄭南榕的紀念墓園也在那裡，我原本打算去找金山安樂園公墓的董事長曹日章先生，他是我的老朋友，二十年前他曾經答應要捐一塊地。當時的金寶山雖然不像今日規畫得這麼好，但既有的構想已經成形。墓園規畫有立法委員區、國大代表區、監察委員區等，各區又依黨籍細分，的確吸引很多政治人物

預購。他要捐給我們的那塊地，是位在山坡地的下方，我只需負擔公共設施的部份。我們當時看了之後，心裡不太爽快，因為這五位烈士是追求台灣獨立的烈士，卻被放置在山下，而那些「老賊」卻被放在上面，心裡不太舒服，所以沒有接受他的好意。

從泰源到綠島留訓

　　公開的官方調查報告和判決書裡有一個矛盾的地方，就是說李加生知情不報，但另一方面又說鄭金河搶奪他的步槍時，他有抵抗，沒有把槍交出來，手還因此受傷。如果以案情來推論，鄭金河可能有去吸收他，但後來他沒有配合。那三個警衛連的士兵，除了賴在被判無期徒刑以外，其他兩個怎麼處置我不知道。因為後來有減刑，賴在只被關了十五年，出獄後我們還有見面。以前開生日會，他有出席參加，當時我有抄電話，但後來就聯絡不上了，現在也不知道他的下落。我是知道他有被判刑，但不知道他是以什麼罪名被判刑的。

　　泰源在深山裡面，那裡沒有市場，所以採買車大概兩三天就要去台東一趟，但伙委不會跟去。以前我在青島東路和安坑時，伙委都會跟班長去採買，但買什麼由伙委決定，班長只是幫忙付錢。泰源那邊沒有市場可以採買，一定得去台東，而且是由伙務班長負責採買。如果我們要去自費就醫，都會跟採買車一起出去，我前後一共出去四次。就醫原則上是去公立醫院，但自費的話，就可以自己選擇醫生，像我是去看眼科，我就選私人的。上車前會銬手銬，但在車上就被

解開了。出去都穿便服，因爲那裡不像綠島一樣有制服，他們只有發草綠色的軍便服，那是軍中淘汰下來再去染黑的，一人發一套，但沒有規定一定要穿。我只記得蔣介石生日那天，因爲要去拜壽，可能要照相，我們才有穿，其他日子沒有規定要穿，所以我們平常都是穿自己的衣服。當然，要去綠島時，大家穿得有比較整齊。

本來我們都沒有剃光頭，但出事後，有一天東防部司令陳守山來，剛好高雄的巫義德快到期了，頭髮留得比較長，當時他被調出來辦手續，正好被陳守山遇到，陳守山就說：「犯人怎麼可以頭髮留得那麼長！」他這麼一說，我們就得剃光頭了，但說是光頭，其實是五分頭。在那之前我沒有剃光頭，當然，在綠島一律剃光頭，唯一沒剃的是林斌。林斌比我早期，我去的時候，他已經在顧福利社了。他不但沒剃光頭，也沒穿新生制服。他穿便服，留頭髮，但原則上他也必須回來睡。他在泰源就刑期期滿了，期滿後再被送到綠島留訓，因爲泰源事件後就有留訓制度，1971年我也被送去綠島留訓。林斌是廣東人，台南市長葉廷珪的主任秘書，國學相當有根底，也是一位很有名的書法家。我做壁報時，都請他寫，我說：「國寶級的書法家幫我們做壁報！」我去一年，他才離開，他比我早期，可能在綠島超過兩年才回去。他後來就沒有回隊裡睡了。那時剛好換指揮官，我才知道原來他是軍人出身，不然我一直以爲他是文人。

過去綠島的指揮官都是警總系統的，包括處長等等都是，但我去的隔年，換了一個姓史的指揮官，他是野戰部隊師長調來的。他來的期間我遇到兩個人。一個是張國維，以前是陸軍指揮參謀學校的總教官。他的身分很特別，在新生

訓導處的年代就在那裡了，他不是留訓，而是被判無期徒刑，就在那裡執行。在那個年代，他就沒有和新生住在一起，而是單獨住在一間客房。他在那裡擔任教官，除了幫軍士官上課以外，也幫政治犯上課，而且在新生訓導處的年代，他就擔任教官。他雖然是軍人出身，但修養非常好，官兵遇到他都敬禮叫「長官」，照理說林斌穿便服，他也可以穿，但他一定穿新生制服，絕對不穿便服。伙食方面，他都拿自己的容器去大廚房打菜，然後帶回自己的房間去吃，絕對不會耍特權。他被判無期，聽說法律更審六次，因為判他死刑，呈上去給蔣介石，都被批一個「重審」，就這樣重審再重審，後來就改成無期徒刑。

姓史的指揮官來，才發現張國維關在那裡。為什麼他會認識張國維？因為他擔任將官，一定得經過指揮參謀學校，他在那裡深造時有讀過張國維的《三角戰術》。後來我去貴陽街的國軍歷史文物館，有看到他的那本《三角戰術》在那邊展覽，上面還有蔣介石的朱批。聽說金門就是使用三角戰術，而他的《三角戰術》因為在指揮參謀學校被當成教材，姓史的在那裡受訓，所以知道作者是總教官張國維，而且來了以後，才發現張國維原來在綠島。

張國維是叛亂案進來的，那個案子槍殺了好幾個人。聽說他在大陸待的那個部隊謀議投共，結果投共不成，整個部隊就來到台灣，這中間他在軍裡擔任參謀長，後來軍長等人都被判死刑，只有他改判無期。姓史的對他很尊重，我也是因為他才能回來。因為姓史的對張國維很禮遇，很多事都會聽從他的建議。副指揮官姓蔡，是政戰部主任升上去的，我們的考核審查，指揮官沒在管，都是副指揮官在主持。我報

了兩次,都沒有通過。在軍中,指揮系統跟政工系統一定不和,我想指揮官心中可能對政戰員也不滿,因為姓蔡的是政戰系統的,所以張國維跟他講了很多姓蔡的濫權的事,他就把姓蔡的冷凍起來。此外,我在那裡才知道林斌是軍校出身的,我和他在泰源相處多年都不知道,因為指揮官都叫他「學長」,我就問他:「林老,指揮官怎麼會叫你學長?」他說:「我軍校的啊!」因為林斌的書法相當有造詣,指揮官來到綠島要應酬,都會請他寫毛筆字拿去送人。這兩個人都跟指揮官講副指揮官的壞話,所以副指揮官就被冷凍起來,也因為冷凍的關係,我才能回來。

當時我經過隊長和輔導長兩個人的核准後,他們就調來台灣,但警總的回覆只有兩個字,「重核」。我們大隊的代理輔導長是桃園人,研究所畢業,年紀比較大,一般軍官約二十歲,他二十七、八歲。大隊輔導長的階級是少校,中隊是上尉,結果我在那裡看到階級混亂的情形,就是大隊輔導長調走,大隊的幹事代理輔導長,他只是少尉,卻代理少校的缺。我們中隊也有這種情形。我們的輔導長是上尉,調來台灣,由幹事代理輔導長。按照編制,中隊長是少校,副中隊長是上尉,還有三個分隊長,職階是中尉或上尉,我們中隊的編制,也有副中隊長,但我沒有看過,因為他被調去指揮部當福利社的經理,但他只是掛名,福利社的經理其實是犯人在做的。因為他掛名經理在指揮部上班,所以我在那裡三年,副中隊長是誰我不認識。我在綠指部三年,在綠洲山莊兩個月。我們的中隊,三個分隊長輪值星,一個禮拜做一次值星官,隊長在的時候,早晚點名值星官要報告,隊長不在的時候,由輔導長代理。因為輔導長調來台灣,由幹事代

理，所以每個禮拜早晚點名，上尉分隊長要向少尉報告。大隊有這個情形，我們中隊也一樣。

　　大隊代理輔導長經驗老到，他跟我說：「莊寬裕，你不要著急，重核的理由是過去在監獄十年成績很差，爲什麼這三年分數這麼高？我現在不能馬上重核，你再等三個月，我現在先幫你整理資料。」因爲裡面有規定，如果做壁報得獎，隊長和輔導長的考績加分，負責做的人考核成績也加分。我一年做七、八次壁報，甚至代表東防部去警備總部比賽，還拿到冠軍，後來警備總部要去國防部比賽，就指定我們綠島做，所以我一年到頭差不多都在做壁報。他跟我解釋說，成績是根據表現，我的表現是做壁報，所以他會用這個做分數報上去，但現在不能報，因爲直接報上去，上面會不高興，所以他要拖一下，三個月後再幫我報。

　　綠指部六、七百人都是管訓隊的隊員，當時他們來做機場和公路，叫做「代管」，不是政治犯，我們留訓的是另外一個中隊，就是第六中隊。我去之前，是和隊員在一起，但規定不能來往。本來一個大隊有三個中隊，一個中隊一棟，連在一起，但我去一年以後，可能留訓的人有問題，所以上面就另外撥一筆錢，在醫務所舊址再蓋一棟營舍，把我們和隊員完全隔離。有一張在台北和綠島都有展覽的相片，我覺得很眼熟，那是在過年時，春聯還是我貼的，仔細一看，我也在裡面，但我沒有這張相片，後來我問相片的來源，說是柯旗化的太太提供的，後來萬章看到，說這張是他回來拿給柯太太的。這張現在在台北和綠島都有展出，代表當時有留訓的中隊，但留訓的人沒有通通在裡面，因爲有的外調了。當時各單位需要人手，隊員不能外調，所以一定要用新生調

到各單位，比如醫務所、圖書室、福利社等等，像福利社就
要四五個人，柯旗化後來就是在福利社賣水果。

綠島總共有三個階段，第一階段是新生訓導處的年代，
從1951年到1965年。到1972年我從綠洲山莊到新生訓導處時
就完全改觀了，當時有兩個大隊，第一大隊和第二大隊。我
離開以後，什麼時候再改變的我不知道，但2002年我去的時
候，一大隊和二大隊的營舍都不在了。現在在那裡做了一個
重建的第三大隊。我說時期不同，認知也不同。2016年他們
邀請一個保防官，以前是我們中隊的輔導長，娶綠島太太，
我要結訓的前一年，調回來台灣，我要結訓時，他又調去指
揮部當保防官。因為娶綠島太太，他的家族都還在綠島，之
前謝英從去那裡吃早餐，就跟他們牽關係，後來謝英從找我
一起去看那個輔導長，說住在松山，我也去了。2016年他們
邀他回綠島參觀，他看到那裡有一個牌子寫「第三大隊」，
就說：「不對啊！這是第二大隊，為什麼是第三大隊？」我
才跟他解釋說，年代不一樣，第三大隊是新生訓導處的年
代，我們那個年代，是隊員的時代，這個地方確實是第二大
隊。所以我說，政治犯也好，官兵也好，如果沒有統合起來
去整理資料，大家的說法都不一樣，因為有變遷。

泰源事件缺乏實際外援

現在泰源技訓所外面的房舍和以前的不同，距離六、
七百公尺有一間矮房子，現在還在，但已經沒有人住了，那
一戶是客家人，大部份是從雲林和彰化過去的。在旁邊有一
個橘子園，一位姓李的被判無期徒刑，他的弟弟就在裡面種

橘子，所以會送橘子進來，他也是後來才移民的。本來橘子
園都是原住民開墾的，但後來這些新移民跟他們買，因為沒
有所有權狀，都是公家的，所以就有經營權。我去的八年中
間，除了東河的街上有幾十戶做生意的，是我們河洛人和客
家人以外，另一邊的北源村都是原住民。所以外役不會直接
去街上，都是到對面山上那些原住民住的地方去作業，那邊
大概有十幾戶人家。當時有樵木隊，都要到山上砍柴，早上
上山晚上回來，所以可以和他們接觸。高金郎說，陳良因為
去找女朋友，被反鎖起來，所以不能出來參加活動。[7]這根
本不是事實，但他說的女朋友是真有其人，因為她的姊妹就
嫁給裡面的中校監察官。

　　高金郎說有發展山地青年組織，這也不是事實。[8]主要
不是無心去發展，而是根本沒有這些青年。在當地，除了耕
作以外，沒有其他工作機會，所以山地青年當兵的當兵，沒
當兵的都去跑船，山上只剩下女孩子和老人，所以你說要吸
收山地青年，根本是不可能的事情，因為沒有對象。如果
有，都是老先生，而且他們只會講日語和原住民話。黃錫琅
小我一歲，台大法律系畢業，日語有一定程度。我聽他說，
他有跟那些老人對談，但其他人都不會日語，所以也沒辦法
跟他們有非常密切的溝通。高金郎說有請山地青年設監視

7　陳儀深訪問，潘彥蓉記錄，〈高金郎先生訪問紀錄〉，中央研究院近
　　代史研究所《口述歷史》編輯委員會編輯，《口述歷史》第11期：泰
　　源監獄事件專輯（2002年），頁135。
8　陳儀深訪問，潘彥蓉記錄，〈高金郎先生訪問紀錄〉，《口述歷史》
　　第11期：泰源監獄事件專輯，頁128-129。

站，但到底要監視什麼人？那裡再下去就沒有路了，而且除了官兵和犯人以外，才幾戶人家而已，根本沒有什麼人出入，何況哪有什麼山地青年？因為我在醫務所，有出去瞭解，高金郎都在裡面，沒有出過大門，怎麼可能知道實際的情況？

至於說有沒有外援，可以說有，但是沒有實際對象，不過有一些工具，需要從外面買進來。比如當時要錄音，就在接見家人時騙說：「我們因為要學英文，收聽廣播要錄音，你幫我買。」又比如當時要刻鋼板，是跟天主教堂借的，但教堂沒有這個東西，所以也是叫人從外面買進來的，然後從山上下來的人，就跟教堂借地方休息。因為神父是外國人，從西方的角度來看，對政治犯比較同情，所以多少給他們方便，他們就透過這樣去刻鋼板。偵訊筆錄說，他們是要等到佔領台東才去印，這跟事實有落差。去到台東，哪有時間和地方去印宣言和文告？時間緊迫，根本不可能，所以這也許只是他們的說詞，但實際上，他們早就有用鋼板刻好了。

宣言和文告可能是從鄭金河身上拿到的，但是有一個問題，到現在我還是不太清楚。現在出現的這些東西，我有看過，那是炳興寫的，因為炳興叫我寫，我說你來寫。因為金河沒辦法處理這件事，我就跟炳興說：「你們當時在台北，有跟魏廷朝在一起，甚至透過外役去找彭明敏，所以你們應該有看過自救宣言。」他說有看過。自救宣言出事時，[9]我

---

9 1964年彭明敏師生因預備發表〈台灣人民自救運動宣言〉而遭逮捕判刑的政治事件。彭明敏，1923年出生於台中大甲，1945年就讀日本東京帝國大學時，在長崎遭空襲致左臂「從肩膀炸斷」，遂肄業返台，1948年

畢業於台灣大學政治系，赴加拿大麥基爾大學（McGill University）及法國巴黎大學，分別取得碩士、博士學位，1961年8月被任命為台大政治系主任，隨即被派為聯合國大會中國代表團顧問，是代表團中唯一的台灣人。但是愈受到政府的重用，他「心裡對於整個政局的疑慮愈加深」。彭明敏出身基督長老教會家庭，經歷二二八事件的「恐怖和憤怒」，1963年獲選為第一屆「十大傑出青年」時，自認是超然、非政治性的純學者。在擔任聯合國顧問返台後，聲譽日隆，許多台大學生、市議員、地方政治人物前來拜訪、談論政治。1960年代初期，台灣國際地位日趨孤立、國內政治情勢日趨嚴峻，彭明敏與兩位台大法學院畢業的學生──謝聰敏和魏廷朝，決定整理國是主張，1964年9月完成〈台灣人民自救運動宣言〉（簡稱自救宣言，又稱台灣自救宣言，台灣警備總司令部判決書稱台灣自救運動宣言），揭櫫三大目標：（一）推翻蔣政權，不分省籍竭誠合作建設新國家、成立新政府；（二）重新制定新憲法，實行真正的民主政治；（三）重新加入聯合國，共同為世界和平而努力。幾經波折，終於印好一萬份宣言傳單，但彭明敏等三人來不及散發就被逮捕、傳單被查扣，依《懲治叛亂條例》及《刑法》相關條文的「預備以非法之方法變更國憲、顛覆政府」罪起訴，彭明敏、魏廷朝各處有期徒刑八年，各褫奪公權四年；謝聰敏處有期徒刑十年，褫奪公權六年。政府當局為降低此一政治事件的衝擊，除了要求中外文媒體淡化處理，而且在判決書中幾無討論〈自救宣言〉的具體內容，以免造成二次傳播。日本《台灣青年》雜誌不久就刊出自救宣言，美國《時代》（Time）雜誌等報刊亦加以轉載；海外也展開救援行動，麥基爾大學校長科恩（Dean Cohen）首先奔走告知紅十字會及國際特赦組織，加拿大台灣同鄉會並特別發起成立「台灣人權委員會」。1965年11月彭明敏被特赦出獄，當局派遣情治人員日夜跟蹤監視，且不予恢復台大教職。在日本「台灣青年獨立聯盟」盟員宗像隆幸（中文名宋重陽）以及美國傳教士等秘密策畫下，於1970年1月逃離台灣抵達瑞典，不久轉往美國。美國政府為了應付來自國民黨政府的抗議，曾要求彭明敏不得從事政治活動，但彭明敏仍在美國先後擔任「台獨聯盟」總本部主席、台灣人公共事務協會（FAPA）會長、亞太民主協理事長，1992年11月1日返回台灣。陳儀深撰，〈彭明敏事件〉，「台灣大百科全書」：http://nrch.culture.tw/twpedia.aspx?id=3876，點閱日期：2020年6月24日。

在泰源，所以沒有看過。我跟他說：「你們可以參考自救宣言，因為這個有符合我們目前的需要。」炳興也說他有整理自救宣言裡面的主張，結果這次出現的卻是他最先給我看的東西。據我所知，他寫的應該是整理過的，可是為什麼從金河身上拿到的卻是原始的版本？我到現在還是不太清楚。當時我跟他們建議說，鋼板字叫阿良寫，因為阿良的字比較清秀，本來寫字最漂亮的是鄭清田，但清田因為在福利社跟洪木川起衝突，在1月就被關進來，所以我說叫阿良寫。阿良沒有刻過鋼板，我跟他說：「你要出力，像刻印章一樣一字一字寫。」他們寫完以後我沒有看過，因為金河跟我說印好了，說要拿來給我看，我說：「不要，這個要趕快藏起來。」所以我沒有看過。這次出現的，和我認知的好像不太一樣，因為沒有引用自救宣言。當時我跟炳興說，自救宣言是根據國內外情勢整理出來的，不是在裡面的我們能夠想得出來的，所以應該加以節錄，而且不要超過六百字。結果這次出現的，卻是我還沒跟炳興建議之前他拿來給我看的好幾份中的其中一份。我不會否定這次出現的東西，因為它是還沒定案之前好幾份中的其中之一，真實存在，我也有看過。至於高金郎講的那些，我一看就知道是他自己亂編的，我說只要經過歷史考證，一定會被抓包。

　　如果要訪問當時住在泰源附近的居民，我覺得意義不大，因為他們唯一的印象，就是出事以後戒嚴，出入要檢查而已。前幾年綠島人權園區曾經出缺一個組長，公開招募以後有八個人來報名，三個女的我先剔除掉（因為偏遠地區安全考量），剩下五個我選三個來面試，其中一個剛好住在泰源，所以我就問他說：「泰源事件發生時你知道嗎？」他說

當時他還小，有聽人家講過，但不太清楚。那個人現在也五十幾歲了，但四十幾年前，他只是小孩，怎麼可能知道？而且當時在山上，幾乎沒有二、三十歲的人，因為他們都出外賺錢了，現在也都八、九十歲了，不一定還在，何況事不關己，大概只有模糊的印象，而且實際上，他們也跟監獄方面的人沒有直接的接觸。

所謂「白的」要殺「紅的」是捏造出來的說法

這件事後來我很認真地想，發現這中間有一些矛盾的地方。第一，我記得1969年12月，施明德跟我說：「你們到底要不要發動？如果不，『菜園仔』過年要衝！」這個問題我想了兩天，不知道是真是假，「菜園仔」我也認識，但沒有互動。他們叫做生產班，和農耕隊不同，農耕隊是在圍牆外面，圍牆裡面空地很大，所以有圍一塊地種菜，種菜的大概有一、二十人，叫做「菜園仔」。他們都是無期的，在綠島有種菜經驗，包括林達三、蔡榮守、陳水泉等等。因為我在醫務所，所以都認識，但沒有交情。他們都是左派，而且大部份是李媽兜[10]案的。

---

10 李媽兜（1900-1953.7.18），台南大內鄉人。公學校畢業，曾任善化公學校教員、新化糖廠試驗員，1928年赴廈門開西藥店。1946年返台，經由崔志信介紹，認識張志忠後加入中國共產黨。同年11月成立台南市工委會，並任書記，受省委書記蔡孝乾領導。1948年5月赴香港參加「台省工作研究會」，返台後，先後成立26個支部，直屬3個小組。1950年5月和蔡孝乾關係中斷後，與陳淑端展開逃亡。1952年2月16日在台南安平港擬偷渡赴香港被捕，1953年7月18日被槍決。沈懷玉撰，

　　劉漢卿和我同房好幾年，同房期間我們常常交換意見，比較熟識，當時我做外役，漢卿是無期的，照理說不能在外面做外役，只能在裡面服務押房的人，但他的字比較清秀，所以被調出來做雜差，其實是在監獄官室處理一些文書。漢卿和我相處比較久，我有跟他講這件事，因為他有管道去聯絡，我就要他替我去探聽。「菜園仔」在義監和仁監中間，照理說義監和仁監不能往來，但有一個串連的地方是廚房，除了伙委兩監都有以外，比如加菜的時候，伙委還可以指定公差到廚房做一整天的雜事，這時兩監的人就有充分的時間可以講話，等於那個地方變成一個交誼中心。漢卿是不是透過廚房去到菜園，我不知道，反正有跟他們接觸，然後得到的答案是八個字。前面四個字是漢卿形容這些人被關得有些麻痺了，已經「暮氣沉沉」，沒有什麼衝勁。後面四個字則是他們的答覆，就是「樂觀其成」。既然說樂觀其成，表示他們一定知道，才會說樂觀其成，如果說是要殺他們，怎麼會說樂觀其成？這是第一個矛盾的地方。

　　第二個是，1969年10月來的一批人當中，有一個叫做林華洲，他是政工幹校專修班出身的，比較年輕，和陳永善同案，也是左派的。他來了以後，那些老的左派都對他特別照顧。當時就有傳出「白的」要殺「紅的」，林華洲因此被嚇到，要求安全保護，結果就被包圍起來。所謂的包圍，就是不讓他單獨行動，不讓他有機會去報告。但包圍他的不是我們這些「白的」，反而是「紅的」，尤其後來我才知道是以

〈李媽兜〉，《台灣歷史辭典》，頁390。

林書揚為主。如果說「白的」要殺「紅的」，他們為什麼要把林華洲包圍起來？這個也很矛盾。

前幾年我看到徐文贊的口述歷史，他的說法比較具體，他說有一個叫做姜元的人，有當面問過施明德：「聽說你們要殺紅帽子，有沒有這回事？」施明德承認了。這是徐文贊講的。我看完以後，就請蔡金鏗帶話給施明德，我說人家已經指名道姓了，你要出來講話。你現在到處宣揚說泰源事件是你策劃領導的，既然是你策劃領導的，（如今有人說目的是）要殺「紅的」，你還證實，這不是很矛盾嗎？既然人家這樣講，你應該出來澄清。結果施明德不理我，我請蔡金鏗去跟他講，他沒有回應。

後來我一直思考，這個傳說可能是徐春泰製造出來的，他要兩邊挑撥。因為正月初一，我去通知今天行動中止時，柯旗化把我叫到旁邊說：「你跟Nori講，如果他再跟徐春泰往來，我就跟他絕交。」當天我把這句話告訴施明德，施明德解釋了一大堆，我說徐春泰是問題人物。因為我們在台北時，徐春泰就公開說：「我沒有政治思想，我也沒有政治立場，我是殺手，誰出錢請我，我就替誰做事。」我說這個人你要注意。後來我才知道，施明德有把泰源事件的計畫告訴徐春泰，這是在綠島時徐春泰跟我說的，但他不是說「白的」要殺「紅的」，而是說施明德有指派工作給他，可見施明德有跟他講過。施明德出來以後，跟所有政治犯都斷絕往來，唯一叫去身邊的只有徐春泰，可見在裡面他就用徐春泰當他的左右手。

柯旗化很氣徐春泰，因為徐春泰這個人沒有立場，「紅的」就收買他去對付柯旗化，等於是「紅的」打手，但因為

萬章在旁邊，他就不敢動手。萬章在裡面，大家都怕他，當然徐春泰也不敢對付萬章。萬章年輕時很勇，張茂鐘被他打一拳，斷了四根牙齒。所以我說可能是徐春泰製造的，他要兩邊挑撥。這個傳說本來是從林華洲這邊來的，但這次徐文贊說得很清楚，就是姜元。姜元這個人和施明德互動很深，施明德也很信任他，所以他才敢直接去問施明德。當然，姜元已經不在了，沒辦法問他，但這是徐文贊講的，但我一直沒有機會去問徐文贊，不然我很想當面問他：「這句話到底是姜元直接跟你講的，還是你聽別人說的？」

「白的」要殺「紅的」這一套理論，應是後來「紅的」那邊編出來的，目的是要美化他們自己。當時林華洲被包圍起來，不是要保護他，而是怕他出去報告。我知道有這件事，但誰主導的我不知道。但十幾年前，有一天盧兆麟跟我說：「當時華洲被監視，主導人是誰你知道嗎？」我說我知道有這件事，但我不知道是誰，他說是林書揚。他這麼一說，我就相信了，因為林書揚在裡面就是左派的頭頭。

漢卿跟「茶園仔」接觸，他們說「樂觀其成」，我就知道曝光了，不然他們怎麼會說「樂觀其成」？而且當時炳興也說：「無路可走了，做也死，不做也死，已經曝光了。」但我早就心裡有數。一開始鄭清田、陳三興、劉梅璿都要我阻止行動。其中劉梅璿最有資格。我心中一直認為，如果真的要衝，我要讓劉梅璿當指揮官，因為我們當中唯一有受過完整軍事訓練的就是劉梅璿。他是陸軍官校27期的，也是改制後第一期的畢業生。他是炳興的學長，也是留美的軍官，但他極力反對。當時三興也一直要我阻止，但後來他要我不要再阻止了，他說：「人在江湖，身不由己，同行不如同

命，就撩落去！」而實際上，他知道曝光了。

　　但在他還沒跟我講之前，我就心裡有數。有一次在醫務所，林振賢跟我說：「莊桑，阻止歸阻止，你要有一個腹案。」所謂的腹案，就是另外要有一個計畫，萬一沒辦法，我們還是可以進行。但我跟劉梅璿講，他說不可以。劉梅璿有軍事常識，所以我會跟他討論一些問題，但他極力反對。這中間，我一再跟他們講，這件事不能讓金河知道，因為他反而會更加積極。後來鄭金河跟我說：「莊桑，不要再阻止我了，只要不要阻止我，其他的一切我都聽你的。」我當時已經心裡有數，但金河不敢跟我說已經曝光了。因為我每天吃完飯，一定會跟炳興討論，但在炳興跟我說的一個月前，我從林華洲和「茶園仔」的事就知道已經曝光了。

施明德的角色

　　有人一直很排斥施明德，說他是後來才參與的等等，但這些都不符合事實，所以我很希望施明德自己出來講。但我也瞭解，他其實不大好講。因為美麗島事件發生之後，他在被通緝的期間，有兩個人曾經問過我，一個是黃天福。黃天福他說，美麗島事件還沒發生之前，施明德一直在說泰源事件是他策畫、領導的，他問我是不是真的？這是第一個。第二個是事情發生後，施明德在逃亡後已經被拘捕了，有一天田朝明醫師又來問我：「有人說泰源事件是施明德出賣的，是不是真的？」我當時就說，泰源事件沒有任何一個人出賣。我舉一個很簡單的道理，如果有人出賣的話，不可能發生。就是因為沒有人出賣，才能夠發動起來。當中有人把這

件事情曝光，但曝光並不是說他要害什麼人或破壞這個事，我個人的觀察是，他主要的目的是希望你不得不做。我當時是這樣答覆他們的。

但我說現在施明德也有他不大好講的地方，就是為什麼當中有一段他中斷？這一段他其實很不好解釋，就是他為什麼會被同志封鎖消息。高金郎、吳俊輝和郭振純[11]他們都說，施明德要爭取領導權、當台灣獨立革命軍總司令等等，這些事當時他們也有轉告給我，但我說無聊，當時我不重視這些東西。後來他們就把消息封鎖了，所以施明德就很著急，一直找我，那時候他不同其他人聯繫，他就一直同我聯繫，看外面怎麼樣了。其實外面已經不得不做了，因為知道曝光了。這一段大家已經講了很多了，但他可能不大好講。他對外一直說泰源事件是他策畫、領導的，但有一些人否認他，說他不是啦，他以後才知道啦等等，但其實不是這樣的。這件事情已經醞釀五、六年了，在五、六年前，他就知道有這麼一回事了。所以蔡財源當時沒有在泰源，但回來之後蔡財源有一次指責他說：「你不是沒有機會，你在花蓮兩

---

11 郭振純（1925-2018），1925年8月7日出生，台南市人。第二次世界大戰末期，徵調成日本陸兵，戰後返台。1951年，台灣舉辦第一屆縣市長選舉，郭振純在台南市為市長候選人葉廷珪助選，1954年被捕，依「連續參加叛亂之集會」，判處無期徒刑。郭振純關押在軍法處時曾以羅馬拼音編了一冊用台語發音來搜尋漢字的字彙，也曾翻譯英文小說及西班牙文的《莎樂美》，坐牢22年又2個月。2008年出版自傳體的小說《耕甘薯園的人》。〈郭振純〉，「國家人權博物館」：https://www.nhrm.gov.tw/information_195_80259.html，點閱日期：2020年11月16日。

年，等於是半自由之身，活動很自由，那時候你應該跟外面有所接觸，你就應該積極地行動，但你沒有啊！等到你被關進來以後，你才那麼積極地逼人家這麼做！」因為他們兩個人是從小一塊長大的，而且是同案，所以針對泰源事件，蔡財源曾經這樣指責過他。所以我希望陳儀深老師盡可能透過第三者去找施明德，看他對泰源事件的說法是什麼，不然總是缺一角。因為現在很多人否認他，說他參與不深，說他以後才知道，但據我瞭解，並不是這樣的。

鄭金河的態度是「強迫性的」

鄭金河的態度本來是有強迫性的，而且他的強迫性是有原則的，也就是說，他們海軍陸戰隊的這些人一個都跑不掉，都要來參加。因為當時他們這批人在蘇東啟案起義不成，後來被抓來判刑，就有一點不甘心，所以鄭金河一直想說，過去沒有完成的現在要來完成，可以說他的意志很強，有機會的話，他一定要去做。但為什麼說海軍陸戰隊的這些人一個都跑不掉？這個從鄭正成的例子可以看得出來。因為阿良（陳良）曾經跟我說過，金河說，成仔（鄭正成）這個「泥鰍仔」，到時不要讓他溜走了。他的意思就是說，海軍陸戰隊的一定要參與。當時在那裡有六個海軍陸戰隊，當中鄭清田在外面一直有參與，但他原則上是反對的，但他12月底因為和別人衝突，被關進押房裡，所以就沒辦法參與。另一個是陳庚辛，但因為他被判無期，不能當外役，所以就沒有參與。

我再舉一個例子，有一個人叫做陳東川，很早就積極參

加，後來跟鄭金河起衝突，但鄭金河不會強迫他參加。雖然陳東川涉入很深，但既然意見不和，以後就不會再找他了。2月7日我們在教誨堂樓上集會，陳東川也在樓下，他也知道我們在講什麼，但他不會去告密。還有一個是謝發忠，他和他們這些人也都非常要好，但約他參加，他說：「我不敢。」他們就說：「不敢，你安靜不要再講了。」以後就不會再找他了。換句話說，這些一樣有台獨意識的人，也是讓他們自願參加，而不是強迫性的。所以林明永的口述歷史才會說，他們負責開門，要參加的出來，不要參加的就關進去。並沒有說強迫性的。

現在變成說要逼「紅的」他們做，不做就要把他們殺掉。這句話我現在想，我不能說是他們捏造出來的，這很有可能是徐春泰對他們不實的轉達，因為他要製造矛盾，所以我不敢說這完全是他們捏造出來的。但當時確實有這種情形，這在裡面已經半公開了，他們也知道我們是要武力革命，所以才會說不參與、不檢舉、團結自保。徐春泰也不知道是怎麼跟他們講的，製造他們一個恐懼，讓他們以為，萬一不參加，會被殺掉。此外，裡面還製造一個說法，就是處理善後的是一個最反共的人。但根本沒有這一回事。到底要留什麼人？我們裡面也沒有這一個人。因為裡面最反共的打手是李萬章，但他是衝前線的，所以他們說要留一個最反共的人來善後，但我們的人手就不夠了，怎麼可能會留一個人在處理這些問題。這個部份很重要，我覺得需要做一個澄清。

澄清事發經過的相關問題

在計畫方面，高金郎說原訂大年初一發動，因故改在初三（2月8日），除了鄭金河等外役先行動，還有蔡寬裕、林振賢、鄭清田等人負責中門接應。[12]因為蔡寬裕跟林振賢是在醫務所，所以負責中門的接應，但鄭清田是在押房。他本來在福利社當外役，也參與這個策畫，但元月份他因為跟裡面的人有一些爭執，被關到押房去了，所以那時候他是在押房，不能跟我們在一起負責中門的接應。高金郎還說：「內部則由施明德佯稱當天是他的生日，一大早叫蔡寬裕拿豬肉回來，要林明永和李萬章去菜圃旁做水餃，利用做水餃可以拿刀，等大門的任務完成，中門接管後，他們兩人進來開門，隨後大家就可以整隊出發。」[13]但是，既然已經跟施明德中斷聯繫，怎麼會說是他的生日？那天其實是藉口施明德老婆陳麗珠的生日，豬肉是我去拿的，一把菜刀也是我去拿的。是誰給我的？林達三給我的。如果說刀是林達三給我的，他們後來又說要殺林達三，這樣不是很矛盾？

事實上，有一點到現在都沒有人提到，就是2月8日那天我們要動手的時候，所有人，包括鄭正成，都已經換上草綠色的軍便服。那時候我們先用菸酒去跟原住民交換狗，回來再同阿兵哥交換他們舊的軍便服。為什麼我們要交換？因為

---

12 陳儀深訪問，潘彥蓉記錄，〈高金郎先生訪問紀錄〉，《口述歷史》
　　第11期：泰源監獄事件專輯，頁135。

13 陳儀深訪問，潘彥蓉記錄，〈高金郎先生訪問紀錄〉，《口述歷史》
　　第11期：泰源監獄事件專輯，頁135。

我們要跟這些衛兵穿同樣的制服。以後這一點官方也有追究，但他們被逮捕的時候，已經沒有這些衣服了，所以這一點我也搞不清楚，因為後來也沒有跟他們聯繫了。但他們被逮捕的時候，已經不是每一個人都穿當時行動時的那種草綠色的軍便服了。總之，他們從草綠色的軍服換到一般民間的便服，這個問題值得我們思考。

我看過鄭金河等人的筆錄，都口徑一致地說第一次行動是2月1日。但其實是2月6日，也就是初一。因為裡外都要配合，所以是初一沒有錯。但為什麼他們幾個人都講2月1日？這我不太瞭解，但以我個人的經驗來說，通常都會將錯就錯，就是你講什麼，我就講什麼，所以本來是正月初一，變成2月1日，這一點跟我們的認知有一些出入。

為什麼第一次行動取消？其實是因為初一找不到那幾個配合的充員兵，因為他們放假回去了，沒有辦法配合，所以臨時取消，但那天他們五個人也有集合，然後由鄭金河和鄭正成兩個人帶刀一起去警衛連。鄭金河要鄭正成去刺殺連長，但因為看到有很多人，就不敢動作。當時行動已經取消，陳良是負責聯繫的，他就進來告訴我。因為那天是初一，兩監押房都放封，大家都在大操場，所以我回來就一一跟我所知道有參與的人說，今天行動取消。當時進來告訴我的就是陳良。也因為陳良來醫務所找我，所以他沒有在現場。

雲林的「鄭金河故居」不了了之

金河的兒子叫做建國，父親被槍殺時，他已經十幾歲

了。三歲時，父親就不在家，母親也沒有了，所以他說三歲就無父無母。金河當兵兩年多，坐牢八年，建國的母親不知道是在他去當兵還是坐牢時離家出走，後來金河在泰源時就說要跟他離婚。金河這個人很有江湖氣魄，太太來跟他離婚，他只有一個條件：「可以啊！妳把那個男的帶來給我看！」後來真的帶來了，他說：「你真的喜歡她的話，我跟你講，你要負責哦！要是你以後敢欺負她、拋棄她，我會去找你哦！我把她交給你，你要給我好好照顧！」當時大家在福利社都有看到。

建國對母親沒有什麼印象，因為三歲時她就離開了。聽說長大後有去找她，但也沒有講什麼話，因為人家也有家庭了，所以到現在他跟母親也沒有什麼來往，他說現在把家庭顧好就好了。他對父親其實也一無所知，因為當時也沒有人帶他去接見，等到父親被槍殺時，他已經十幾歲了，所以有一些印象。金河的骨灰現在放在北港一個公墓旁邊的靈骨塔裡。如果要訪問建國，他可能不會接受，因為我們的一些活動，他現在也很少參加，而且三年前有一件事，讓他不太舒服，我對他也很難交代。

當時阿No（蘇治芬）當縣長，我好幾次跟她建議說，要建一座蘇案的紀念碑。本來我們想建在饒平國小，也去看過好幾次，但那裡沒有空間，我就跟治芬建議說，在旁邊的三角公園建，但她一直猶豫，她說她當縣長，不方便，我說：「妳把妳的樁腳找來，由他們來發動支持，然後用會的名義來建。」但她還是不敢。後來她跟我說，她想仿照柯旗化的模式，在劉厝的鄭金河故居做一個紀念館，我說很好，金河的兒子也同意了。這間房子只有一層樓，建國說一樓他

在住，他回來都會住在那裡，所以他說：「樓上你幫我搭起來，我可以搬到樓上住，樓下就給你們做紀念館。」當時我們跟設計師講好，文化局也來開了幾次會，也畫圖設計好了，結果紀念館沒有下文，只做了兩塊大概四尺高、台灣形狀、上面寫「鄭金河故居」的鐵牌，說要掛在故居對面的圍牆上，但圍牆裡面其實是鄰居的廁所，建國就說不要貼，然後打電話跟我說：「阿伯，你趕快來。」我說什麼事，他說：「他們要釘那個牌子，我不要。」我就馬上趕過去。

事實上，要做以前，我有先去拜訪社區發展委員會，因為這個經費是來自雲林縣文化基金。台塑當時有補助十億給縣政府，治芬就把當中的兩千萬撥給劉厝做社區營造。包括一個賣麻油的阿婆，她的老房子做成紀念館，一個賣烏魚子的也是，他們都花了幾百萬，但村子裡的人跟建國說：「縣長是你們的人，結果你父親一條命，換兩塊鐵板。」建國說：「全村都在笑我，我的面子要往哪裡擺？」所以我就趕過去。文化局的人也在那裡。當時里長也有意見，所以說要叫里長來拆，但他們說：「先讓我們釘，要拆你們再拆。」意思是說，釘了他們就完成了，你們要拆是你們的事。我說：「你不要來這一套！釘我都不要給你釘！」文化局長來，我跟他翻臉，我說：「你現在敢給我亂動，去叫縣長過來！」他們只好把牌子帶走。後來建國就對這件事耿耿於懷。

蘇治芬撥兩千萬下來，是以社區營造為藉口，實際上是要做「鄭金河故居」。設計師說，把二樓搭起來不用一百萬，一樓打通做成紀念館，展示遺書、判決書和照片等等，然後再設計兩塊解說牌，結果這些都沒做，只做了兩塊牌

子，說要掛在人家廁所外面的牆壁上，實在非常離譜！過沒多久，治芬就下台了，我也沒有再提起這件事。這兩、三年建國也不太出席我們的一些活動，因爲對他不好交代，我也不敢勉強他，所以如果說要訪問他，他可能不會接受。

鄭正成片段回憶泰源事件[*]

訪問：陳儀深
記錄：彭孟濤
時間：2017年11月1日
地點：桃園榮總
陪訪：蔡寬裕

　　蔡寬裕：炳興寫的獨立宣言已經公布出來了。劉重義的「台灣民族同盟」都用泰源作他們的招牌，2016年他請人做了一齣有關泰源的話劇，但裡面都扭曲事實，其中一段說，本來我們是2月6日（初一）要發動的，但因為陳良去找女朋友，所以才取消，改成2月8日（初三），我說根本不是這

---

* 本篇訪問紀錄原載於國家人權博物館「一九七〇年泰源事件研究－事件經過、文獻史料調查、與口述歷史補訪計畫」結案報告書中的〈鄭正成片段回憶泰源事件〉（陳儀深訪問，彭孟濤記錄），感謝該館同意授權刊登。

樣。我在《口述歷史》裡面說得很清楚，是因為當時警衛連
的衛兵沒有配合好，才臨時改期的。2月6日當天，鄭金河也
有給鄭正成一把刀，要他去殺連長。話劇要演出之前，在電
視上一直廣告，天增的姪女有看到，因為當時我人在日本，
所以不知道這件事。等到回來以後，天增的姪女跟我說：
「你怎麼沒有出聲？」我說：「我人在日本，不知道這件
事。」後來我去找劉重義，我說：「天增的姪女有去求證成
仔（鄭正成），成仔說不是這麼一回事。」結果劉重義竟然
說：「我有打電話問成仔，成仔說那是瘋子，不要理她。」
我說：「天增跟成仔是兄弟，成仔怎麼可能會說人家的姪女
是瘋子！」

　　鄭正成：我完全不知道！

　　陳儀深：在你的印象中，陳良有女朋友嗎？

　　鄭正成：沒有女朋友，哪有這回事！

　　蔡寬裕：在對面山上，在地的，兩人有認識，但不是什
麼女朋友。初一那天我人在外面，不是關在押房，所以來龍
去脈我很清楚。

　　鄭正成：初三那天，中午我匆忙把米粉扒完，到福利社
一看，發現人都不見了，心想慘了，行動已經開始了，我只
有一個人而已，於是帶著字典，一個人跑到對面山上，來到
途中，聽到一聲槍響，就知道完了，只有流眼淚的份了。

　　蔡寬裕：不要說他了，連我現在講到也會想哭。這些年
來我們可以說每天都在一起，我常說就算夫妻、兄弟大概也
不會二十四小時都在一起。民國51年到59年這段期間，我們
這群人，從警總開始就在一起，判決以後到安坑四個月，接
著又回到青島東路，然後再調去泰源。在泰源分成兩監，仁

監和義監，「海陸仔」都在仁監，義監沒有「海陸仔」，也就是說，我們蘇案的這群人，沒有一個調去義監。而且，來到這裡差不多四個月，他們這些「海陸仔」都調去做外役，像是農耕隊、樵木隊等等，成仔就是樵木隊的。

鄭正成：我是樵木隊的。回過來說，我一聽到槍聲，就知道已經失敗了。當時我自己一個人跑到對面山上，觀察他們行動的狀況，但後來發覺大勢已去，就一個人繼續往山頂上逃跑。山裡都沒有什麼人煙，到了那裡，已經是黃昏了，因為發現有山豬跟果子狸，只好爬到樹上睡覺，不敢下來，第二天再換到別的地方。我是自己一個人逃跑的，他們四五個人一開始有一起跑，但後來都衝散了。

陳儀深：判決書說你中途脫逃，所以跟他們的刑都不一樣，他們是判死刑。

鄭正成：後來大家都走散了，沒有在一起。

陳儀深：搶衛兵的槍以及用刀刺班長的時候，你有在現場嗎？

鄭正成：沒有在現場，但情況我都知道。當時鄭金河從背後往班長的胸前刺進一刀，然後詹天增又補刺一刀。

蔡寬裕：鄭金河不只在外面殺豬，在泰源也殺豬。他一刀下去，豬連叫都不會叫一聲，但我現在一直想不通，那天他從胸前刺進去，為什麼沒有刺中心臟？

陳儀深：人家說殺豬跟殺人不一樣。

鄭正成：沒刺中。

蔡寬裕：從過去的經驗來看，他的刀路很準，但為什麼沒有一刀刺中班長的心臟？當時他就是心想應該刺進心臟了，認定人已經死了，所以才會把他踢到邊坡下，沒想到人

竟然沒死，還大喊「救命」，他的那聲「救命」，連押房的都聽得到。因爲是在義監旁邊，所以義監的人有聽到。當時我雖然在大門口，沒有聽到，但是有看到他們的動作。

陳儀深：從山上被逮捕以後，成仔是被帶到警察局嗎？

鄭正成：先在泰源，然後再送去台東的警察局。

蔡寬裕：我很好奇，在山上十天，你們要怎麼生活？比如吃的問題。山上又寒又凍，十天沒吃的話，怎麼可能受得了？

鄭正成：我有跟山上的平地人要東西吃。

陳儀深：聽說當時來抓的除了警察以外，也有原住民？

鄭正成：都有。

蔡寬裕：當時有發動山地青年去圍山。你中間有遇過幾次來抓你的阿兵哥？

鄭正成：有遇過幾次，那些兵傻傻的，他們不知道我是誰，讓我從旁溜走。有一次我遇到一個兵仔，在那裡上大號，所以就沒有抓到我。

陳儀深：成仔在警察局待了大約三天，之後被送到台北新店的軍人監獄。

蔡寬裕：軍人監獄裡面，有一棟叫做「信監」，那是撥給警備總部用的，跟別監用鐵絲網隔開。

陳儀深：成仔之前說是關在「智監」。[1]

蔡寬裕：不是，是關在「信監」。

陳儀深：所以在台北時六個人都關在一起嗎？

---

1 陳儀深訪問，潘彥蓉記錄，〈鄭正成先生訪問紀錄〉，《口述歷史》第11期：泰源監獄事件專輯，頁24。

蔡寬裕：一人一間房間。現在我跟文化部建議說，要和法務部交涉，把「信監」跟「智監」撥出來做紀念館。之前我去，聽到說軍方要把那兩監拆掉，所以我就一直跟部長說要趕快，不要讓他們拆掉。因為《促進轉型正義條例》有說，要保存不義遺址，也就是說，過去抓人關人的地方，都要保存起來。

陳儀深：以前你說得很詳細，你說第三天，你跑去老百姓家求助，那一戶是雲林人，有兄弟二人，你在那裡吃稀飯，但隔天弟弟要你快走，快點換地方，因為他哥哥打算去密告。[2]這個你還記得嗎？

鄭正成：記得。

陳儀深：判決書把你跟其他五個人做分別，我們這邊是說要留一個活口，但官方的理由都說你是中途脫逃，沒有參加行動，所以和他們不一樣。

鄭正成：實際上我都跟他們在一起。

陳儀深：所以本來初一時就要行動，你當時就有參加？

鄭正成：沒錯。

陳儀深：但初三時你沒有跟他們去衛兵那裡？

鄭正成：沒有。等我發現時大家已經衝散了。

陳儀深：但聽到槍聲時，你人在哪裡？

鄭正成：已經在半山上了。

陳儀深：後來在台北，他們在等待判決和槍決之前，你們是關在一起，還是分開？

---

2 陳儀深訪問，潘彥蓉記錄，〈鄭正成先生訪問紀錄〉，《口述歷史》第11期：泰源監獄事件專輯，頁22。

鄭正成：分開，一人一間。

蔡寬裕：但都看得到，因為是鐵欄杆，所以大家出出入入都看得到，而且也講得到話，但當然沒辦法小聲講，而是要大聲喊。

陳儀深：上次你也說，在行刑前幾天，你請家人寄錢買滷鴨吃，一隻四十元，你訂了六隻請大家吃。[3]所以你是分別給他們，而不是關在一起、大家一起吃？

鄭正成：分別給他們吃的。

陳儀深：你也說對金河比較有印象，因為主要都是他在跟你接觸的。

鄭正成：是的。

陳儀深：但宣言是炳興寫的。

鄭正成：炳興寫的。炳興寫完，鄭金河再抄出去。

蔡寬裕：現在公布的宣言，看起來是炳興的筆跡，但我一直存疑。事實上，現在公布的這些，我在裡面就看過了，是炳興拿給我看的，但當時我覺得不能用，我就要他去參考彭明敏的自救宣言。為什麼我會跟炳興這樣說？因為他們有跟彭明敏接觸過，所以有拿到自救宣言，而且他也有看過。在我看來，人家是教授級的人物，發表這種宣言，一定有相當歷史、法律和國際情勢的資料，所以我要炳興去參考這個，而且我也跟他說，不要超過八百字。

在裡面經過我的手的就有三份。其中一份是Nori寫的，透過東榮拿來給我看，但我拿給鄭金河，鄭金河再給炳興，

---

3 陳儀深訪問，潘彥蓉記錄，〈鄭正成先生訪問紀錄〉，《口述歷史》第11期：泰源監獄事件專輯，頁26。

然後再拿來給我。炳興來的時候問我說：「Nori寫的這個可以用嗎？」我說：「寫了三千多字，不能用啦！」於是炳興就擬了一份，也就是現在公布的這個，我說：「你去參考自救宣言。」沒想到現在公布的還是原始的版本。判決書說那個東西是從鄭金河身上搜出來的，但我不知道他們的用意是什麼？真正的宣言，炳興跟我說印好了，叫我去看，但那時候我不敢離開大門口，因為怕被調回押房。

在做外役之前，我有差不多六七年都在押房，因為我是押房的黑名單，所以一直不能出來做外役。當時外面有狀況，同志們就一直想辦法要把我弄出去，讓我可以去外面瞭解狀況。當時林振賢在醫務所做外役，於是我們就去「賄賂」一位醫官。那位醫官不是軍人，一樣是政治犯，我們都叫他「張醫師」，因為醫務所主任都不管事，可以說全權交給他處理，所以他在裡面有絕對的權力。林振賢不時送東西給他，並且跟他說：「藥局有缺一個人。」本來林振賢就在藥局，但他還是用這個理由要把我弄進去。不過二科不同意，於是又透過醫務所主任幫我作保，我才得以調出去。所以主任後來還特地交代我：「莊寬裕，你在這邊要守規矩，好好幹，不要給我出紕漏，你是我保出來的啊！」

順帶一提，我現在在拍紀錄片，想說等成仔身體好一點，再幫他拍。我的後代常問我為什麼不寫回憶錄？我說這個影像紀錄片大概就夠了，等到紀錄片拍完，我會給孩子一個人一片：「你們想知道爸爸的事，都在裡面了，這就是爸爸的傳記，不用再寫什麼回憶錄了。」我常說，我們走了以後，要留一些東西給我們的子孫，讓他們知道我們過去做了

什麼事。雖然我們也有做口述歷史，但看的人比較少，但紀錄片不一樣，有影像，也有聲音，像這次炎憲逝世三週年，也有放紀錄片，我說彷彿這個人還在世一樣，有影像的話，比較有親切感。

初二那天，鄭金河、良仔（陳良）、增仔（詹天增）、我、振賢、謝發忠、啓堂、漢卿等八人，在仁愛堂樓上討論，當天就決定隔天十一點半發動，然後要我聯絡。但是當天晚上，外役的回來，大家睡在同一間，成仔在我對面，我記得點名完，我問成仔：「你去哪裡？」成仔說：「我就去對面山上抓果子狸，明天我帶你去。」我心想，明天就要行動了，他怎麼會說要帶我去？後來我想，同房的這麼多人，可能要掩人耳目吧！他還沒坐牢以前，就很會打獵，常到山上抓一些有的沒的，後來在樵木隊三四年。

陳儀深：成仔有幾個小孩？

蔡寬裕：他只有兩個兒子，沒有女兒。

鄭正成：大兒子在泰山高中教體育。

陳儀深：上次去你那裡訪問，有看到很多鐵皮屋，好像是工廠的樣子。

蔡寬裕：他之前蓋好幾個倉儲，租給人家當工廠，但後來被隔壁的放火燒了，損失慘重，當時跟他一起打官司，打了好幾年，對方很惡質，好像有領保險金，所以才會放火燒。

陳儀深：你上次說得不少，你說在他們五個人執行死刑之前，你們都沒有放封，直到你被移到蘇東啓隔壁押房時，才能在走廊走一走。他也說，當時蘇東啓被整得很慘，不知道是不是因為高血壓還是其他疾病，也不知獄方給他吃了什

麼藥，常常聽見他半夜在哀號。[4]為什麼蘇東啓一直關在那裡？

蔡寬裕：蘇東啓在台北跟我們關在一起，判決以後，我們先去泰源，經過差不多半年，蘇東啓也來了，但來沒多久，又被調回去台北。記得他來泰源三、四個月以後，有一天下午，我和吳鍾靈兩個人在打羽毛球，當時有七、八個人走過來，其中一個問吳鍾靈：「你有沒有好好反省？」他們走了以後，我低聲罵：「幹你娘！講三小！」吳鍾靈跟我說，那個人是警總的組長，對他不錯，他們的案子當時是調查局辦的，那個人送他去調查局時，在車上還特別叮嚀：「你應該知道，能說的才說，不能說的你死都不能說。」順興（黃順興）是台東縣長，阿嬌（蘇洪月嬌）每次來接見，都去找順興，順興都會派縣長的車載阿嬌過來，所以阿嬌每次來看啓仔（蘇東啓），都坐縣長的車，而且泰源村有一位議員，跟順興一樣是從彰化來的，也是青年黨的，所以可能有報告上去。我和吳鍾靈遇到的那群人走了以後，啓仔就被調走了，所以那群人可能有接到報告，要來看蘇東啓留在泰源安不安全，結果他們看了以後，可能認定需要調走。

鄭正成到現在還有戒心，他剛才說他跑到對面山上，一直在觀望，後來就單獨一個人逃跑，這個說法完全是他那時候跟調查機關一再強調的，跟以前的說法就不一樣。初二晚上要睡覺之前，他跟我說：「我明天帶你去對面山上。」我

---

4 陳儀深訪問，潘彥蓉記錄，〈鄭正成先生訪問紀錄〉，《口述歷史》第11期：泰源監獄事件專輯，頁28。

心裡一直想，明天就要行動了，怎麼會跟我講這種話？一開始我想，他大概是要掩人耳目，但後來我覺得，他可能真的不知道。因為陳良曾經跟我說過，金河說成仔這個「泥鰍仔」，滑溜得很，到時不要讓他溜走了。也就是說，成仔一開始也有參與討論，但金河怕他行動時溜走，所以才會說動手時再跟他說，要把他當作外人一樣。

有一次我跟天增討論，天增說：「你不要跟我說，因為我都不懂，動手時再通知。」因為那時候我還在阻止他們，他就跟我說：「都聽鄭金河的，要做不做，鄭金河決定，這個我不懂，你們去討論，到時再通知我。」所以整個計畫的籌備，他沒有參與，但沒有參與的原因，不是因為把他排除在外，而是因為他說：「我是老粗，怎麼計畫，你們去決定就好。」但說他老粗，他也有細心的地方。他曾經跟我說，他有跟鄭金河說，要留一個活口，以後把這段歷史寫出來，不然到時大家死得不明不白，沒有人知道。你說他是老粗，但只有他想到這一點，其他人都沒有想到。但當時我心裡想，怎麼可能留下活口？

陳儀深：照鄭正成的說法，他真的沒有參與刺殺的行動。

蔡寬裕：他是沒有參與，但據我所知，當天也有通知他。因為吃午飯時他們都在一起吃米粉，然後十一點集合，十一點半動手。集合時，也有把成仔叫過去，但後來成仔先離開，所以動手時，成仔不在現場。但他今天的說法是，他已經跑到對面山上去了，但其實他當時人在那裡，因為他也有聽到槍聲。我感覺到他還有戒心，所以今天的說法跟上回的說法沒有完全一致。包括逃跑時他也有跟其他人會合，但

他卻說從頭到尾都是他自己一個人逃跑。這就是當時他在調查機關裡一再強調的說法，也因此最後他沒有跟其他人一樣被判死刑。整個動手的過程，主要有三個人，就是天增、金河和炳興，他們有去搶槍，阿良雖然也有一起去，但沒有動手。

陳儀深：成仔當初有講，第一個被抓到的是詹天增，最後被抓到的是鄭金河和謝東榮。[5]

蔡寬裕：誰先被抓，誰後被抓，我們其實都不知道。我所知道的是東榮和金河一起逃跑，所以一起被抓到。他們是被原住民打到頭，然後再被捆綁起來，所以東榮的爸爸在嘉義開柑仔店，只要原住民來，都會把他們趕走，也就是說，對原住民還沒有辦法諒解。

陳儀深：他一口否認陳良有女朋友。

蔡寬裕：其實是有認識，但談不上什麼女朋友啦！為什麼會選初一和初三行動？因為過年時都休息，不用工作，而且押房都放出來，等於大家一整天都在外面，行動時比較好配合。此外，過年時官兵也要放假，但部隊的主管不能離開，初三時換連長休假回去，所以那天連長不在，是由輔導長代理。那時候的目標是要輔導長配合。因為在此之前，鄭金河就有先去試探輔導長，他問輔導長：「如果有一天發生緊急狀況，國民黨下令屠殺政治犯，你們要怎麼辦？」輔導長說：「怎麼可能？」他就舉例說，中國大陸就是這樣，過去要撤退時，有一些政治犯就被屠殺。輔導長說：「哪有台

5　陳儀深訪問，潘彥蓉記錄，〈鄭正成先生訪問紀錄〉，《口述歷史》第11期：泰源監獄事件專輯，頁21。

灣人殺台灣人的道理？胳臂向內不向外彎，即使這樣下令，我也不會服從。」

金河聽完，覺得這個人可以吸收，就來跟我說，我說不可以，因為對方是政工人員出身，說不定會跑去告發，這樣一來豈不成了「雞籠裡抓雞」？於是就決定到時再跟他攤牌。所以那天他們也有去找輔導長，他們十點就去了，只是沒有找到人，因為十一點一定要開飯，所以他們就提早去廚房拿米粉吃，吃完了十一點集合，十一點半動手。

十一點半是為了配合衛兵換崗哨。因為換衛兵不是換槍，而是換子彈，也就是子彈要交接，所以碉堡上面都有實彈，衛兵平常槍裡沒有子彈。現在看起來只有賴在、李加生等人，但實際上碉堡上面絕對有我們的人。因為判決書說，碉堡上面有子彈掉下來，你如果去現場看，碉堡一進去，裡面有一個崗哨，上面站了一個衛兵，等於是有人丟子彈下來，那一定就是配合的人，才會丟子彈給他們，不然衛兵交接完，拿的槍都是沒有子彈的空槍。

他們搶到衛兵的槍，也拿到子彈以後，就已經動手了。那天陳少校剛好值班，因為他住在附近，中午要回去吃飯，就從那邊經過，那時候他聽到班長在喊「救命」，回頭看發生了什麼事，鄭金河急了，所以就對他開槍，但沒打中，所以那個槍聲就是要打陳少校的。陳少校的職務是行政官，因為他高高瘦瘦的，所以表面上我們叫他「陳少校」，但私底下都叫他「躼跤仔」。

到底陳良有沒有女朋友？鄭正成現在說沒有，但其實有，只是稱不上男女朋友的程度。因為良仔行動比較自由，他在福利社做外役，對方都會來買東西。因為福利社不在圍

牆裡面，在大路邊，所以附近的人都可以進來買。但還談不
上男女朋友的關係。所謂的男女朋友，應該是兩個人在一
起，而且已經論及婚嫁，但他們還沒有達到那個程度。

出獄後的事業經營

吳俊輝找我接手輝興

　　陳彥斌在做台中地區政治受難者的口述歷史時，有跟我提過，宋澤萊曾經告訴他關於我的工廠的情形，宋澤萊也在我的工廠做過工作。但，彥斌在跟我說的時候，我完全沒有印象。因為一般在辦公室，幹部、組長級以上的才會經過我，剩下的廠務人員和作業人員，都是廠長和經理在做決定，所以我始終對宋澤萊沒有印象。我說：「會不會搞錯對象了？」因為台中有兩間受難者開的工廠，一間是五〇年代在成功嶺附近開的化學工廠，規模雖然比較小，但總是有一些受難者在那裡。但，彥斌給我看宋澤萊的談話，裡面的幹部他都認識，所以我說：「這樣就沒錯了。」後來，彥斌就請我講辦工廠這段，並且找又熙幫忙整理。[1]

　　我會在台中辦工廠是吳俊輝找我做的，但後來工廠失敗了，這裡面有很多原因，我本來不太想講，因為這涉及到一

些難友兄弟。但是看到吳俊輝說我當時管理工廠「是用特務的方式」，我覺得有必要澄清。其實，除了開會之外，我很少跟他們在一起，因為我一天到晚都在忙外面的事。

當初，我接「輝興」這間公司之後，有另外去辦新公司登記叫「協立工業」。公司要變更名稱時，財產也要過戶給新公司。因為舊公司的風評不好，有一些債務不清楚的地方，所以我們會想要成立新公司，比如買賣合約裡提到，舊公司從1975年1月1日起由新公司承接，所有對外的支付由新公司支付；舊公司開出去的支票，新公司要替它清償。結果，發生了兩件重大的事。一件是支票到期了，明明銀行有存款，錢也都有匯進去，但廠商卻退票。後來才知道，舊公司跟一個股東借了五十萬，結果那個股東把銀行裡的錢都領出來，所以才會沒錢付票款。還有一件事是移交財產時，才發覺廠房已經被舊公司拿去彰化四信抵押了，但這些都沒有在之前的協議裡。因為發生了這兩件事，所以才去成立新公司，登記新股東名冊。

但是後來財產沒過戶，始終都用舊公司的名字，因為光是財產過戶，就要繳四十幾萬的土地增值稅，如果按照一般的買賣，應該是舊公司要去承擔，但舊公司都沒有處理，這筆錢大家也不想交，所以就沒有做財產過戶，一直用「輝興」這個名字。

董自得曾說，輝興全頭家，大家都是頭家，但，真正說

1　施又熙採訪、撰稿，〈黑牢，辦學，設廠，轉型正義——蔡寬裕〉，林瓊華等採訪、撰稿，陳彥斌主編，《透光的暗暝：台中政治受難者暨相關人士口訪紀錄》（台中市：中市文化局，2017），頁174-193。

起來是沒有頭家，意思是說大家都替我出主意、做決定，但出了事，沒人要承擔。而且中間最大的問題是外行領導內行。雖然工廠裡頭都是這些兄弟，但大家都是外行，畢竟，我們工廠做的是化學製品，EVA發泡，需要一定的技術。一般的運動鞋，最底層是橡膠，中間比較軟的那層就是EVA發泡，包括海灘鞋也會用到。每一片做出來，一定不能有色差，如果技術不好，就會因為色差，被廠商退回來。

從一開始，我的公司就遇到很多問題，第一個是資金的問題。當初吳俊輝來找我做的時候，我沒有把握，因為大家都在問我技術的問題。過去吳俊輝在大洋塑膠工作，而大洋是很有規模的EVA發泡廠，品質相當高。後來他跳槽，輾轉來到輝興，最後輝興出事的時候，他就請我接手。

這期間，我曾去彰化找了一位中商的同學，他也開鞋廠，但是EVA發泡對他來說也是外行，所以他介紹了東吳同學、也經營鞋廠的張董事長給我認識。與其說是同學，其實是校友，張董事長慢我一屆，而且不同系，我是經濟系，他是法律系。在拜會張董事長的鞋廠時，他們問我技術相關問題，我說大洋的廠長會過來工廠幫忙，因為他們都跟大洋進貨，所以知道大洋的東西沒有問題。當時剛好一個貿易商也在場，就問我如何招股？我說，預定十股，一股五十萬，總共五百萬。後來，在場的四個人談一談，就一人認一股，這樣就有六百萬了。

等我接手後，他們問我什麼時候要繳股金？我告訴他們現在還要訂一些新機器和增建廠房，到時候要付款再跟他們收。結果兩個多月後，我請經理去收股金，他們卻支支吾吾的。經理說他們好像有意見的樣子，不如請我自己去收。等

　　我去的時候，我告訴他們機器要入廠了，所以現在要收股金，想不到張董事長竟說他們要重新評估。

　　重新評估的理由是，之前在股東會的餐會上，我安排吳俊輝跟一部份的股東坐在一起，但吳俊輝一直在批判大洋的老闆。張董事長他們覺得奇怪，大洋的廠長怎麼會這樣？所以就去問大洋：「你們以前的廠長現在去了哪裡？」大洋說：「沒有啊，我們這裡沒有廠長。」他又問：「吳俊輝不是以前在你們這裡做廠長？」大洋說：「不是啦！他是生產課長，是個書呆子，坐辦公桌，做這個很外行！」

　　這中間，張董事長的太太很精明，負責採購業務，是鞋廠裡相當重要的角色。她曾經問我：「吳俊輝是不是股東？」我說：「不是，他是我們請的，我投資這個是他引薦的。」她還問我跟俊輝的關係。我告訴她我們都是綠島回來的。但當時我不曉得她的用意。後來，他們為了試探生產技術的品質，特地發了兩張訂單過來，結果東西送過去，都有色差的問題，因為這種情形發生了兩次，他們就認定輝興的品質很有問題，而且吳俊輝是外行的。

　　從我接手以來，公司在1975年1月1日開始運作，但3月要去收股金時，他們才有意見。後來，他們跟我說了整個過程，還說：「明知道輝興的技術不夠，還把錢投下去，包破產的！」張董事長講話比較保留，但他太太很直接，跟我說了這段過程跟觀察結果，這才使我驚覺到，我們的技術始終沒辦法改良。就連吳俊輝帶來的女工，晚上都來跟我說：「吳廠長的技術還不夠，聽說大洋的林經理要離開了，是不是可以請他過來幫忙？」

　　後來，我請俊輝去請林經理來幫忙。俊輝說他有去找，

但林經理說要自己創業。所以就不勉強了。但，拖了半年之後，這期間林經理換到日本人的公司上班。有一次他們下訂單到我們工廠，但林經理知道俊輝的情形，所以每天都來監督，親自在現場指導。有一天大家在聊天時，我跟林經理說：「之前聽黃小姐介紹，你要離開大洋，所以有請俊輝去找你來幫忙。」林經理說：「沒有啊，我不知道這件事。」

他還說俊輝是他提拔的，剛開始俊輝是顧一台廢料機，雖然夜班的師傅晚上都會偷懶、賭博，但俊輝不會跟這些工人打成一片。如果有空，他都在看書。有一次林經理發現，俊輝看的是化學的原文書，因為他是台北工專出身，跟俊輝一樣都念化學，剛好事務所有一個生產課長的缺，所以他就讓俊輝掛名，而且一些外電和契約的原文，也都請俊輝幫忙翻譯。換句話說，俊輝除了起初幾個月在工廠之外，都坐辦公桌，而且前後才一年多就跳槽了。

聽林經理說完，我嚇了一跳。所以等到這批貨做完，我就跟林經理說：「你可不可以過來我這裡幫忙？」林經理說：「好啊，雖然在你們這邊花了不少冤枉錢，但你們其實是可以做的，因為你們的機器都還很新。」後來林經理就來我的工廠做事。但林經理來了，俊輝要怎麼做廠長？所以我就把他調職為副理，但俊輝這時卻提出辭呈，離開了公司。

請警總出面解決問題

我跟警總發生關係，是因為公司在營運上出了問題。我有一位經理，專門負責業務，是裡面唯一不是政治犯的幹部。這位經理跟俊輝都是最早來投資輝興的。照理說，業務

是經理去跑的，但俊輝自己做廠長，也要跟高金郎去接業務。有一天回來，他們說去看了一間工廠，一天生產八千至一萬雙鞋底。我說要去看過才知道。我去看了之後，發現這間工廠規模很小，根本沒能力生產八千至一萬雙，所以我說這張訂單不能接。

當天晚上，我去高雄，麗珠騎摩托車來車站接我，但我的腳不小心被車子弄傷，所以馬上送高雄海軍醫院治療、住院。大概經過一、兩個禮拜，有一天，經理忽然寄來三、四張支票，要麗珠去銀行處理。我一看，對方明明是鞋廠，怎麼開的支票有鐵工廠，也有砂石廠？很奇怪！所以麗珠就去銀行問這個戶頭。銀行說，目前這個戶頭正常，還沒有退票，但這是新的戶頭。我就發覺大有問題，於是勉強拄著拐杖趕回台中，想不到，居然有將近兩百萬的呆帳收不回來！原來，對方是惡質的詐騙集團！但碰到了能怎麼辦？告他詐欺的話，頂多被抓去關，我們的損失誰來負責？聽說不少工廠也遇到類似的情況，但有的去收錢，反而被打，因為對方是黑道。

李慶斌過去是換帖的政治犯，因為亂開支票，被依《票據法》抓去關。他一直寫信出來，請外頭的兄弟幫忙想辦法，因為在牢裡很辛苦。後來，大家湊了幾十萬，幫他付罰金，這才把他放出來。出獄之後，一個人又出了三萬塊，幫他安頓生活。他在高雄七賢路租了一間店面開小吃部，結果沒有生意。剛好他的前妻在做「茶店仔」（兼營色情的茶室），生意很好，所以他就把小吃部轉型為「茶店仔」，想不到管區就來找麻煩了。

但，在此之前，這些政治犯已經和警總產生聯繫了。所

以他們如果有事，都會去請這位警總的人出面。他是便衣，但每次出面，都有辦法替他們解決問題。所以李慶斌當時就請這位特務出面去打招呼，結果管區就再也沒有來找麻煩。

這中間，江炳興的同學黃先生跟他太太在高雄開了一間冰果室，這間冰果室本來很單純，沒有色情的東西，但看到阿斌（李慶斌）的餐廳轉型成功，所以也跟著轉型，而且很賺錢，規模越做越大。後來，阿斌的餐廳收起來，也開了一間冰果室。因為背後有警總的人在保護著，所以他們的兩間冰果室在高雄生意都很好。

因為他們有這樣的經歷，所以當我的工廠被黑道設局詐騙時，阿斌就說可以請警總的人出面。事實上，出獄之後，每個地區警總都會派一個參謀，一方面監視我們，另一方面，如果我們有什麼事，他也可以幫忙處理。所以我就去台中找這個人。這個人姓邱，廣東人，娶台灣老婆。他在中警部，也就是警總在中區的司令部。因為我的工廠用了很多政治犯，所以警總一直都有在注意我們。他跟我說：「不是我出面就行，要有一個根據。」所以要我寫一個報告。我就照著他的交代，寫了一個報告說，廠內有多少新生份子在工作、生活，但現在遇到了惡性詐騙，以致公司無法繼續經營，請你協助。

後來，這個報告送到警備總部的輔導室，化名「傅道石」。他們也正式回我公文，同時副本給中警部，說「應予協助」。黑道的詐欺集團，不怕警察，也不怕坐牢，但警總有個法寶，就是把人抓去綠島管訓，這是大家最怕的。中警部當時也用這個方式，替我去抓人。在中警部審問時，對方說：「你要把我送法院？」警總的人說：「沒有，我要把你

放回去，但你要是不配合，你知道我這裡是警總哦！」大家都知道，送法院頂多判個詐欺罪，坐牢對他們來說，就像「走廚房」一樣簡單，但警總有權力把人送去外島管訓，那不是開玩笑的！

　　雖然對方說，錢都沒了，分贓掉了，但警總暗示說：「你會騙這間，不會去騙別間嗎？」意思是，要他把騙別間的錢拿來還我。但不知道為什麼，他要去騙別間時，就被刑事逮到，關了起來，這樣警總也使不上力，所以這筆錢沒有討回來。當時我才經營四、五個月而已，就遇到這樣的事，所以我才說「沒有頭家」。明明已經跟俊輝說不能接這張訂單了，但他還是擅作主張，等到被人倒了帳，像沒他的事，反而我們得傷腦筋，還去請警總幫忙！

　　但，有時候想起來，政治犯也會吃警總。好比跟柯旗化案相關的林金煌，出獄後，在台中開了一間婦產科診所，但不知道為什麼，也跟別人開了一間酒家。一些地方的惡霸去抽稅，他就來跟我說：「是不是可以請萬章來幫忙。」萬章是粗人，又黑又壯，去了之後，拿一把武士刀坐在店門口，這樣連客人也不敢來了。後來，他又聽到我被倒債、警總有出面的事，就來找我幫忙，我介紹邱參謀給他認識，我想，後來邱參謀可能也是用李慶斌的模式在幫他。

　　但，大概在美麗島事件一年後，林金煌卻帶著新娶的太太南下高雄，跟高鈺鐺一起開診所。當時我也在高雄，有一天，邱參謀突然打電話給我，問我住在哪裡，我就把地址給他。他來找我時，我請他吃飯。他問我：「聽說林金煌來高雄，有跟你來往嗎？」我說有，他說：「你可不可以找他出來？」我就打電話給林金煌。後來，林金煌來了，我才知

道，警總中警部，包括軍法處長和一些官員，竟然被他倒了會。

所謂以特務方式管理工廠

　　吳俊輝說我用特務的方式在管理工廠，我覺得有必要說明。我當時很嚴格地要求這些政治犯注意一件事，我提到泰源事件還有未爆彈，絕對不能講出去。因為我知道，警總一定有派人在裡面。例如我們一廠有三個警衛，其中兩個是退伍軍人，但後來進一步瞭解，才知道他們都是警總的人。

　　有一次，施明德來我的工廠舉大字報，但我人不在，所以工廠就打電話到我家，剛好麗珠和大女兒施雪蕙都在，兩個人就趕去工廠。到了之後，施明德早就走了。隨後我也趕到，沒想到這時警總的電話就來了，是保安處情報組打來的。我問他在哪裡？他說在台中工業對面。到了之後，他問我：「施明德去你那裡說了什麼？大字報寫了什麼？」我說：「我不在，所以沒見到面，也不知道內容。」他說：「我不是找你，我要找陳麗珠。」回去之後，我說：「如果裡面沒有警總的人，消息怎麼可能這麼快就傳出去？」何況施明德在當時也不是什麼大人物。事實上，在這之前，劉漢卿就一再提醒我，他在做柏油工廠時，他的司機就是警總的人，所以後來我才注意到，三個警衛裡，原來有兩個是警總的人。

　　除了一廠那兩個警衛是外省人之外，一廠都沒有其他的外省人。至於二廠，只有一個政治犯是外省人。他的名字

叫軋文清[2]，裝甲兵，判刑十年，出獄後鄭清田把他引進公司，但跟我的相處不是很密切。

話說回來，施明德舉的大字報寫了什麼內容？我真的不知道，只記得當時他跟鄭清田、吳俊輝有發生衝突的樣子。後來，江炳興的爸爸過世時，我在式場，施明德來的時候，在入口遇到了鄭清田，鄭清田質疑他說：「江炳興是怎麼死的？」意思是，後來不得不下手的消息之所以曝光，是你施明德曝光的。所以兩個人就發生衝突，雙方還有一些拉扯。後來，施明德生氣地離開了式場，沒有參加告別式。當時我不在現場，是看到大家都圍了過去，才知道這件事，時間大概是施明德在擔任民進黨主席跟立委的時候。

被工廠拖累

有兩件事對我的後半生影響很大，一件是泰源事件，另一件就是被鞋廠拖累的事。鞋廠結束時，我還背了一千五百萬的債務。也因為受了這個教訓，後來就不敢再經營公司了。其實，經營失敗，當然有很多原因。特別是打從一開始，就已經有人事包袱了。我有兩個廠，幹部、組長級以上的，大概二十位左右，幾乎都是聘用政治犯。現在黨外的人

2 軋文清，1923年生，河北天津市人。陸軍戰車基地勤務廠陸軍兵工上尉補給官。案情略述：民國四十年初經樊建南介紹參加林基玉為首之匪黨組織學習共匪歌詞並接受護廠任務願通力合作服從領導。1964年判有期徒刑十年。1974年判無期徒刑。參見〈軋文清〉，「台灣轉型正義資料庫」：https://twtjcdb.tjc.gov.tw/Search/Detail/13737，點閱日期：2020年4月6日。

在爭權力，其實很正常，因為這些政治犯也一樣。在獄中大家平起平坐，但到了工廠，因為有制度跟階層關係，難免會心裡不平，所以晚上回到家裡，常常有人會來抱怨一些職位上的問題。比如我們沒有副廠長的制度，萬章就來跟我說：「大家有的當組長，有的當副理，有的當經理，但我都沒有一個名目，不然你給我掛一個副廠長，好不好？」

當時兩個廠加起來差不多有兩百多人。做EVA發泡的一廠，大部份都是三班制的師傅，大概五、六十人，但二廠因為做鞋子，需要很多步驟，所以除了十幾位幹部之外，在現場作業的有一百多位女工。起初，一廠的廠長是吳俊輝，二廠的經理是林振賢，跟我同案的張啓堂則是副理。高金郎、鄭清田沒有這類的安排，所以就安排「管理員」給他們做。其實，一般的工廠哪有什麼管理員的制度，但大家都要有一個名分，所以至少得安排一個管理員的職位。結果，人事包袱就影響了公司的經營。中間還發生許多外行領導內行的情形，由於人事調整也調整不過來，因為這些都是兄弟，所以就變成了人事包袱。

張董事長雖然後來抽腿，打了退堂鼓，但我沒有再招新股東，畢竟，一間虧損的公司，很難去招到新股東，所以只好自己承擔，靠著不斷調度來維持。但一直到工廠結束為止，公司的支票都沒有跳票，這是因為當時有三個人幫我的忙。一位是麗珠的媽媽，票期到了，她會替我調度。第二位是吳鍾靈老師的太太，她替我調度差不多七、八百萬。第三位則是我的前女朋友，在外商公司上班，替我調度一千多萬。

因為女朋友的妹妹在當教員，學校每個教員都有一百多

萬在放利息，但教員不知道錢要放在哪裡才安全，所以過去我的女朋友都把錢收來借貸給她的舅舅。有一次我帶了幾張客票，託她帶給吳鍾靈，她才知道我在調錢。後來她跟我說，以後如果要調錢，她舅舅那邊不需借的話，就轉借到我這邊來，所以學校的教員就替我調度，但她的媽媽比較保守，後來就阻止她這樣做。

但，我的女朋友因為在外商公司的財務部門工作，這間外商公司生意做得很大，所以她就替我運作。可是後來工廠出了事，不但拖累到我的女朋友，還連累到外商公司的一位部門經理，被判定是侵占公款。我的女朋友當時幫我運作了大概九百多萬，後來我分作兩年還給公司，才跟他們和解。但，和解過程中，那位部門經理為了這件事被開除，他跟我的女朋友說：「妳跟莊仔說，不要和解！和解是這麼大的數字，妳有辦法付清嗎？如果沒辦法，妳付一半，官司還是繼續，乾脆去坐牢算了。」因為聽了他的建議，我的女朋友就來跟我說不要和解，她乾脆去坐牢。我說：「不可以，這樣對妳家人沒辦法交代。我一定要和解，把錢還掉！」

於是，當時我先處理二廠。二廠的機器不值錢，值錢的是一廠，所以我把二廠的廠房處分掉，再來處理一廠。但，一廠我不想放手，因為那塊是住宅區，土地很值錢，所以就保留一廠。想不到1986年左右，一廠卻失火燒掉了。

工廠關閉的原因

回顧工廠會倒閉主要有兩個原因，第一個是經營不善跟負債的問題。一開始我是硬拖，但後來卻發生稅務案件。因

為我的工廠是百分之百外銷，原料進口，產品輸出後退稅。如果是大廠叫保稅，但我的規模沒有大到當保稅工廠，所以原料都含關稅在裡面，出口後就要退稅。外銷退稅，在報稅時，要註明為其他收入。那年2月過年時，公司會計辭職，雖然她辭職，但是到了5月報稅的時候，有來關心報稅的情形，但是去蓋章的是經理。當時稽徵處抽查，發現我們退稅是用台灣銀行退稅專戶，但申報營利事業所得時，這條卻沒報到。其實，那是退稅，不是營業收入，叫其他項目。但，為了這件事，稅務員竟然來向我揩油二十萬。

於是，我去找中商的學弟，他當時在稽徵處當股長。我說：「我現在遇到這樣的情形，你去跟他說一下，我現在經營不善，不要要這麼多錢！他開口就要二十萬，我給他十萬，好不好？」他說：「為什麼要付他錢？你又不是像大同這樣有名的招牌，你這間小公司，下面兩個廠有兩個名字，現在出事的是一廠，你把廠房、土地過戶給二廠不就好了。」我說，這樣要繳四十幾萬的增值稅。他說：「他要二十萬，你這個四十幾萬，才多他二十幾萬！增值稅早晚要繳，你以後要處分這塊土地，到時候會扣除。」想想也有道理，所以我就去辦一廠廠房和土地過戶給二廠的事。

這中間，地政科一直去問稽徵處，增值稅繳了沒，繳了才能辦過戶。結果就被這位稅務員知道了，聽說警總的特務也知道了這件事，結果過戶的程序就被凍結起來，一直到現在，那張稅單我還留著，罰金加上本稅，總共四、五百萬。過去繳的營利事業所得都是二、三十萬，就算業務翻兩倍，也不會超過一百萬，但竟然給我開了三百多萬，說是比照同業的利潤標準，加上罰金，湊起來一共四、五百萬。依照當

時的行情，廠房的土地，一坪差不多一萬多塊，五百多坪還不到六百萬。雖然稽徵處有來查封，但我比他們早一步設定抵押給麗珠的媽媽。也因為有抵押權，所以我的廠房後來是到法院買回來的。但因為中間又遇到一些波折，所以整件事折騰了五、六年。

　　當時，為了這件事，我有去找黨外的省議員林義雄幫忙，林義雄再把這件事告訴張俊宏。我去找林義雄時，剛好是省議會總質詢期間，所以他找了財政廳稅務處長來說這件事。後來稅務處長就交代一位科長，隔天陪我去台中稽徵處瞭解。這中間，蘇洪月嬌也很熱心，說要陪我一起去。去了之後，她說要幫我把案子搓掉，但需要找一個理由。因為工廠已經停工了，現在是請人在顧，所以就用我沒有收到稽徵處最後的裁決書作為理由。但承辦人說這樣會有疑義，這個案子沒辦法處理。後來他看了看資料，就建議說：「你已經抵押六百萬了，乾脆請債權人去拍賣就好。」

　　但，後來幾次申請要拍賣，都遇到黃牛，所以一再撤銷，重新再來。經過一段時間，因為房地產不景氣，黃牛比較少了，我就趁機把它拍賣。我用債權承受，增值稅要繳一百多萬，所以就去銀行借錢，然後再過戶。我借了三百五十萬，除了一百多萬拿來繳增值稅，剩下的兩百多萬麗珠就拿去用。利息是7%，但我當時把廠房跟設備租給別人，廠房的租金一個月五萬，機械設備四萬，加起來九萬，拿來付利息綽綽有餘，所以就這樣維持下去。

　　一廠位在台中市南屯黎明路，二廠則在台中縣大里鄉十甲路。那是我去小型工業區找的連棟小廠房。一棟五百坪，切成兩單位，我買了兩單位，把它打通。廠房建坪五百坪，

土地大概是七百坪，但比較沒有價值，所以我跟女朋友的外商公司和解後，就把二廠的廠房賣掉，拿來解決債務的問題。女朋友出事，大概是在1980年，但直到大約1982年左右才處理完外商公司的債務和處分二廠。

1986年工廠失火燒掉之後，雖然沒了租金收入，但銀行每個月的利息還是要繳。在此之前，很多人說要合建，我其實也主張合建，包括大洋來的林經理也說要介紹別人來合建。我本來想說去銀行融資，自己來蓋，但麗珠一直說要賣掉，後來我生氣了，說：「要賣不用跟我說，我又不用蓋章！」因為抵押是她媽媽的名字，去法院買回來也是用她媽媽的名字，所以她媽媽蓋章就好。但她媽媽站在我這邊。因為麗珠要賣的時候，她媽媽說：「要寬裕同意，我才敢蓋章。」所以一直到1987年，這塊台中的土地才賣掉。

民國75年（1986年），我和劉漢卿在台北做砂石廠，有一天，他們打電話來說：「你的廠房起火燒掉了！」我當時只問：「機器呢？」他們說也有被燒到。過去這些廠房的保險，我都請難友廖天欣幫忙辦。出事後，廖天欣跟我說，租廠房的那個人，保了兩百萬的原料險，問我要不要給他領。我說，給他領，他才能賠償我的機器損失。因為我只有廠房有保險，機器設備沒有。而且當初機器設備買了四百多萬，都還很新。

後來，查出來說是因為電線走火，但，電線其實都已經換新了，所以後來有風聲傳出來說有可能是那個租客蓄意放火的，因為他有投保兩百萬的原料險，但後來他也沒有賠償我機器的損失。其實，也是我太大意，廖天欣一直問我要不要給他領，我說給他領，他才有辦法賠償我的損失，但我應

該要求把保險金凍結才對。因爲那個人把錢領走之後，不但沒有賠我，反而跑掉了！

經營砂石工廠和貿易公司

1983年我來到台北和劉漢卿經營砂石資源開發公司，工廠在河床旁邊，因爲其他人都盜採砂石，只要開卡車到河床挖一車上來，要賺多少就有多少，而且經營工廠常要官商勾結、偷工減料，這和我們的理念不合，我常說，其他做砂石場的人都賺錢，只有我們慘澹經營。伍澤元也是股東之一，當時他還在省政府上班，因爲他伯父也是政治犯，後來我們退股讓給他們做。

記得解嚴那年，姪子世雄（顏世雄）和我弟弟一起經營貿易公司，而且弟弟另外有開一家電子公司賺了不少錢。所以當時我們有兩家貿易公司，一家資本額登記五百萬，兩家一千萬。

問題是我們瑞芳風氣很壞，賭博盛行，大家知道弟弟有錢，世雄也很好拐，所以就把他拉去基隆賭博，結果輸了一千多萬。公司一千萬現金也就這樣沒有了，還開了幾百萬的支票，當時世雄還沒有從政。劉一德曾經寫過一本《民進黨第三代》，世雄也有被列進去。

我們其中一家貿易公司叫「三棉」，是當時弟弟跟人家合開的，主要是出口台灣紡織品到美國。但因爲世雄出了這件事，弟弟就請我幫忙還清賭債。當時弟弟拿了一千萬出來補足，至於賭場那邊開的八、九百萬支票，則由我出面解決，後來公司也交給我負責。

　　說起來，世雄做的貿易很特殊。當時美國哈雷機車在正廠的零件很貴，但哈雷在歐美很風行，所以台灣也有做它的零件，算是副牌，利潤很高，將近五、六成，美國那些經銷商都會來下訂單。世雄就是做這條路線。另一方面，當時「三棉」的紡織品算是有配額，所以弟弟把公司交給我之後，我就轉型，開拓日本路線。所以後來我就代理日本兩家公司，但不是做總代理，而是直接當這兩家公司駐台灣事務所的所長，換句話說，公司當時等於是做雙線。

　　後來公司會收起來，是因為世雄開始參與政治而無心經營公司，加上我英文也不行，所以業務就漸漸萎縮。至於日本公司這邊，雖然由我代理，但台灣的廠商西進，所以日本公司一直要求我到深圳設事務所，但我當時因為政治因素，一直拒絕，因為沒有去深圳，公司最後也就收起來了。

這輩子做過三個事業

　　我這輩子做過三個事業：第一個是接手新生補校；第二個事業是出獄之後經營鞋廠；第三個則是2001年到2006年這五年中間，我在大陸當人家的顧問，名義上沒有拿錢投資，但實際上是靠人脈關係在進行投資，那時候運作的土地相當大，一共三百畝，用台灣坪來算是二十萬坪。換句話說，在那裡這麼多年，就是透過關係，引資進去來取得這塊土地，但土地不完全都是我的，我和姪女佔了百分之三十，但後來都失敗收場，所以2006、2007年我就回來台灣了。那是開發區的土地，要取得就要先投資，所以我引進了台商去投資，然而這塊土地到目前為止都還沒有完全處理完畢。

　　這三個事業最後都不了了之。第一個事業，是因為被抓去坐牢，後來沒有辦法繼續，但泰源事件對我的影響，其實也跟這件事相關，我雖然被抓去，學校還是繼續在運作，之前我以校地為擔保，跟銀行貸款一百五十萬，在我出事之後，因為當時利息很高，李樹遠校長為了保住他的財產，就趕快把錢還掉。換句話說，我給他的錢，他又吐了出來，而那些錢正是銀行的貸款。

　　也因為泰源事件，我被延訓三年，就在這三年的延訓期間，法律有了變化，《私立學校法》在民國60年（1971年）修訂。過去學校要辦理財團法人，這是應該的，但所有的校產不一定都登記法人，以我們學校為例，土地是私人名義，但地上物是學校的，當時就有這個矛盾存在。民國60年我還在坐牢時，公布了《私立學校法》修正案，規定所有學校的校產一律要登記財團法人，限三年，要是沒登記，學校停止招生。從民國60年開始，我們學校就沒招生，連續三年到民國63年期滿，已經長年沒有新生，所以到我回來，學校等於是半解散狀態。

　　但站在李樹遠的立場來說，這倒是替他解決了一個問題。因為他如果要賣這塊土地，一定要有人來承接這些學生。既然中止招生，就沒有這個問題了。現在是地目要如何處理的問題。因為土地是文教用地，除了學校之外，不能作其他的用途，所以比較不好處理，但畢竟是屬於私產，始終沒有過戶。

　　所以，泰源事件的影響是讓我慢了三年回來，那時候學校已經停止招生，而且雜草叢生。李樹遠也已經來到台北，他的家族都移民美國，我回來時還在台北跟李樹遠見面，討

論後續的事情。

當初，新生補校創校時，借了青果合作社的拍賣場作爲教室，隔年才去跟林階堂買了這塊校地。原本在都市計畫裡，這塊土地是公園預定地，不能作其他用途。所以買這塊土地時，台灣人都說：「你們校長是不是頭殼壞去了？買一塊公園預定地，是要做公園哦？」但中國人的腦筋比我們清楚，他說：「這塊地比較便宜，什麼人會買一塊地來做公園？」後來他就去運作變更地目。這塊地目是綠地，如果說變更爲住宅區或商業區，是圖利他人，變更就會相當困難，但在當時台灣的學校還很少的狀態之下，用獎勵私人興學，將這塊公園預定地改爲文教用地就比較容易，去跟都市計畫委員會溝通一下，送個禮就好了。換句話說，李樹遠買這塊地，是用私人名義買的，但是用學校用途去做地目變更。

出獄之後，有人鼓勵我繼續跟李樹遠協調，因爲這一百五十萬是他還的，我也去找李樹遠討論這個問題，問他如果現在要進行完整的買賣，還要給他多少錢。後來我做了一個錯誤的決定，因爲我原本顧慮如果把這筆錢給了他，變成我還要去借一筆錢來經營，不像過去我可以先把土地拿去擔保貸款給他錢，現在變成是要先把錢給他，他過戶給我之後，我再去貸款。所以我想應該先投資事業，有了事業，就有資金運作，之後再來處理土地的問題。因爲當時我相信這塊土地，除了我，沒人有辦法處理，所以我也不怕他去賣給別人，因爲任何人要買都一定要跟我協調。剛開始做生意的時候，的確覺得周轉比較靈活，但沒想到最後還是賠在鞋廠上，鞋廠結束時，負債高達一千多萬。

做鞋廠生意時，有三個人幫忙做資金的調度，一個是麗

珠的媽媽，一個是吳鍾靈的太太，還有一個是我的女朋友。她們的調度能力都很強，每個人都調度差不多七、八百萬。

　　說起來，我把女朋友「害」得很慘。當時她在外商公司做財務副理。我們算是經過相親，因為兩邊大人有一起介紹。當時在台中一間餐廳辦了一桌，請我爸爸和她的舅舅、舅媽大家一起見面，然後才交往。為什麼她會幫我調錢？因為她常常來台中，我有交給她一些客票，叫她回台北拿給吳鍾靈老師，因為吳鍾靈的太太在幫我調錢，她才知道我有需要調度。她跟我說，她也有辦法調。因為她的妹妹在當老師，老師都有一百多萬在放利息，但老師跟生意人不熟，所以就要透過認識的人放出去。她說她妹妹就是透過她舅舅的管道，現在這個管道可以給我調度。

政治受難者關懷協會

「關懷協會」成立經緯

　　1987年8月30日，「關懷協會」（台灣戒嚴時期政治受難者關懷協會）的前身「聯誼總會」（台灣政治受難者聯誼總會）在國賓大飯店正式成立。在那之前是吳鍾靈老師發起每兩個月一次的慶生會。

　　本來慶生會是為了避免情治單位的注意，但有全（蔡有全）他們覺得還是要正式成立一個會，所以1986年，在長安西路的海霸王辦慶生會時，現場就提案說要成立一個「聯誼會」，當天也有選出幾位籌備委員。但受難者裡面還是有一些「細胞」，所以隔天警總就出動了。不管是當天選出的籌備委員，還是有出席的人，他們都知道，而且後來也都個別約談。個別約談分成兩種，一種是管區的警員來訪問，另一種則是警總直接來找。結果，原定兩個月後成立的，因為警總個別約談、警告，也就暫緩，不了了之。

　　到11月時，大家決議這個月的慶生會暫停。暫停的理由，不是情治單位干擾，而是因爲選舉到了，這些主要幹部要去全台助選。記得當時翁金珠在選國代，許榮淑和張溫鷹也在選舉，所以我們一台車就到處去助選。助選過程中間，有一天，我們在南部，沿路拚回台北，參加周清玉的募款餐會。當天趕回台北出席周清玉的募款餐會時，蘇東啓、黃紀男剛好在海霸王開慶生會。每次都有十幾桌，但他們那次只有兩、三桌而已。那時候，他們來周清玉的募款會場，跟我們碰面，才說他們今天成立了一個「台灣政治受難者及家屬聯誼會」。

　　當時他們推黃紀男當會長，並且選出一個副會長，叫廖芳卿。那個人不是受難者，也不是受難者家屬，但一直要介入。後來，這個會沒人要承認，因爲沒有章程，也沒有籌備委員，而且大家都懷疑廖芳卿是「細胞」。但我並不認爲廖芳卿是警總派來的，她會靠近政治犯，主要目的應該是爲了選舉。

　　可是，一些比較積極的，比方林永生、邱新德和蔡有全，就要否定這個「聯誼會」。因爲他們是籌備委員，積極要成立這個會，但警總干預，所以延後。後來說這個月的慶生會暫停，但兩、三桌的人突然就決定要成立，沒有發通知，也沒有章程等等，所以這些積極派的就要把它給否定掉，但吳鍾靈老師說：「這樣難看！不要否定，一年後再改選。」吳鍾靈老師這樣講了，大家當然都尊重長輩。

　　後來，蔡有全、林永生和邱新德他們就積極在籌備正式的會議，中間也推黃華去跟黃紀男溝通說：「不是要否定，而是要正式成立一個會，而且要經過正式的選舉程序，也要

有籌備委員、章程等等。」但這個老傢伙很頑固，沒有接受。但不接受的話，人家就給你全盤否定。所以1987年8月30日就在國賓正式成立了「台灣政治受難者聯誼總會」。

因為籌備委員都是北部的人，成立時當然要通知中南部的人。結果，中南部的人就去跟蔡有全他們談判人事的安排。本來安排要找大魏（魏廷朝）當會長，這個沒有爭議，但找邱新德當副會長，有人就說：「會長在北部，副會長應該是南部的人。」所以按照他們的運作，柯旗化就當選為副會長。

當天，許曹德也提出章程修改。本來在討論章程之前，蔡有全是強烈主張要把台獨列入章程，但大家覺得這涉及到《國安法》，可能會被命令解散，所以還是婉轉一點，跟著民進黨的腳步，主張「住民自決」。但不是說「住民自決」，而是說「改變台灣的前途，要一千九百五十萬的台灣人，透過公投同意」，這條是按照民進黨的黨綱，但不像民進黨那樣單純，所以後面又加了一句：如果有人出賣台灣，吾等必以死捍衛之！

雖然章程已經事先討論好了，但當天大會逐條表決時，到第二條的部份，就涉及到了台灣前途的問題。這時，沒有參與籌備的許曹德說：「這個說法是不是台灣應該獨立？」主持大會的蔡有全說：「是。」許曹德說：「既然這樣，直接了當說，台灣應該獨立。」結果，大會主席蔡有全當場問說：「有人要附議嗎？」當然，大家都舉手說附議，所以接下來就進行表決。記得當天出席的可能有一百四十幾位，通過台灣應該獨立的有一百三十幾位，大概六、七位沒舉手而已。就這樣通過了。

　　選幹部時，這幾位籌備委員都落選，原因是他們太過自信了，都在關心這些籌備的工作，好比如何邀請客人，如何演講等等，想說自己一定有票，所以沒去拉票，但其他人在會場上都在串聯、運作，所以這幾位重要的籌備要角，票開出來都非常地差，有的甚至還零票！

　　「聯誼總會」在國賓成立之後，晚上也在金華國中開說明會，可能有幾千名觀眾參加。當天也有募捐，數目忘了，但應該有募到幾十萬。可以說成立時很熱鬧，無論是在國賓的成立大會，還是當天晚上的說明會，都非常地盛大！但，9月的時候，高等法院的傳票就來了。

　　記得第一次開庭時，蔡有全、許曹德沒有出庭，他們是到第二次才出庭。當時大家已經判定，出席的話會被當庭收押，所以開庭前一天晚上，有全和我們就在陽明山討論，如果當庭收押，要怎樣辦？於是大家決定成立一個後援會，藉這個機會，三分聲援，七分宣傳，把台獨這個議題公開化。這就是聲援會的主旨。也就是說，救人是口號，實際上是把台獨這個議題正式訴諸群眾。

　　聲援的中間，也有一些演變。最早的聲援是主張言論自由，「台獨無罪」，但全島巡迴演講、遊行中間，口號、標語已經不是「台獨無罪」，而是變成「台灣應該獨立」、「獨立救台灣」！

　　當時只有蔡有全、許曹德有收到高等法院的傳票，會長和副會長都沒有關聯。換句話說，他們是針對提案人和主持表決的主持人而已。所以傳票給他們兩個人，後來也判決了。但我覺得這是妥協性的。為什麼說是妥協性的？因為判決確定了，聲援就要結束，但這中間黃華說要去「台獨行

軍」，自己去巡迴，我說：「你一個人無聲無勢，去台獨行
軍做什麼？」所以在「聯誼總會」下面，就成立了一個「新
國家運動本部」，算是「聯誼總會」的附屬組織。「新國家
運動本部」由黃華作領隊，鄭南榕當總幹事，推動「新國家
運動」。但實際上運作的是林永生。

　　當時我們也是全島巡迴，但第一場我就覺得怪怪的。當
天活動從台北開始，先在松山集合，晚上在汐止國中演講，
演講完住在基隆。隔天在基隆演講、遊行之後，晚上在瑞芳
過夜，天亮再去宜蘭。但我們在松山車站集合，行軍要去汐
止時，警察竟然用摩托車開路。我感覺怪怪的，主張的人已
經判刑了，我們這個「新國家運動」，不但沒被干預，警察
還開路！

　　在這樣的情形之下，第三天要去東部，所以當天在宜蘭
演講完，就在羅東過夜，隔天早上再從蘇澳前往東部。照
說，蘇澳是一個軍港，要從山上這邊的路轉去東部，但我們
的車隊故意走下面的路，從軍區經過，結果軍人就來阻擋。
但他們的要求讓人感覺很奇怪。他們不是說，不能從軍區經
過，而是要求說，麥克風的音量降低。

　　所以，那時候我的感覺是，李登輝好像有放水。雖然兩
個人被抓去判刑，但正、副會長連傳都沒有傳，而且按照
《國安法》，應該要命令解散，但「聯誼總會」始終沒有被
解散。後來，到2000年阿扁就任之後，我們才去內政部登
記。但中間為什麼沒去登記？因為所有的人民團體，不能用
「台灣」命名，一定要加一個「中華民國」。我們的名字是
「台灣政治受難者聯誼總會」，所以內政部就不讓我們登
記。到阿扁上台，人民團體可以用「台灣」時，我們才去登

記。後來會的名字也改爲「台灣戒嚴時期政治受難者關懷協
會」。

人權館開始醞釀

　　大致來說，「人權館」（國家人權博物館）從2000年就
開始醞釀。戒嚴解除之後，威權統治漸漸解體。1996年，李
登輝當選第一任民選總統，開始推動「寧靜革命」，也就是
台灣不流血的政改和民主化工程。但，從李登輝、陳水扁到
馬英九，都不重視這段白色恐怖的歷史。事實上，白色恐怖
不只存在在台灣，包括東歐、南美、南非和西班牙也都有
類似的情形，但這三位總統都只是口號式地在喊「轉型正
義」。以人權館的經歷來說，並不是主政者本來就有意將這
些歷史遺址保存下來的。

　　在2000年以前，1987年戒嚴解除之後，綠洲山莊（國防
部綠島感訓監獄）就廢止了，剩下三十幾位政治犯則移送到
綠島監獄。新生訓導處也在1992年解散。但到了2000年，國
防部才把綠洲山莊移撥給法務部，作爲綠島監獄的分監。在
整修期間，有一位記者剛好去綠島訪問，看到這個歷史遺址
在整修，敲敲打打，就進去詢問，這才發現綠島監獄已經接
收了，正在整理。因爲這位記者有敏感度，知道類似這樣的
歷史遺址，世界各國都在保存，所以回來之後，就去跟當時
擔任民進黨黨主席兼任立法委員的施明德說，於是施明德聯
絡二十六位跨黨派的委員提案，提案之後，阿扁就下令停止
整修。[1]

　　2002年，第一批的老政治犯，也就是「五十年代」

（五十年代白色恐怖案件平反促進會）的吳聲潤、陳鵬雲、盧兆麟[2]等一百多位，重返綠島。當時綠洲山莊已經通過要

---

1 受訪者記憶有誤。1987年解除戒嚴，綠島感訓監獄尚存的三十多名政治犯移至中寮村的台灣綠島監獄繼續服刑，綠洲山莊改名國防部綠島監獄，1988年移交警總綠島指揮部。1990年5月5日，涉及郵包炸彈案的王幸男假釋獲准，坐滿13年5個月的牢獄，跨出綠島感訓監獄大門，成為最後一位離開綠島的政治犯，台灣的政治犯才正式退出歷史舞台。1997年至2000年原址撥交法務部，作為綠島監獄綠洲分監。1997年起施明德等十六位立法委員提案，要求保留綠洲山莊並設置史蹟館。2000年法務部移交交通部觀光局接辦，2001年設立人權紀念碑，2002年12月10日綠島人權紀念園區於世界人權日啟用。2006年由交通部觀光局移交行政院文化建設委員會（現改制文化部）接辦，期間數度更名，2014年登錄為文化景觀類文化資產，2018年正式定名為「白色恐怖綠島紀念園區」。〈綠島感訓監獄（綠洲山莊）〉，「不義遺址網站 - 國家人權博物館」：https://hsi.nhrm.gov.tw/home/zh-tw/injusticelandmarks/112557，點閱日期：2020年4月28日。

2 盧兆麟（1929.4-2008.2），彰化市人。1941年二林公學校畢業即考取台中州立台中工業學校電氣科，1946年4月自中工畢業，至台北縣三重埔電信局服務，9月考取台北延平學院先修班。1947年二二八事變爆發，3月1日下午，曾於台北市北門口目睹民眾圍攻台灣鐵路管理委員會。1947年4月，考進台灣省立師範學院教育學系。1949年參與四六事件，於被捕保釋後，重新辦理師院學籍登記。自此思想開始左傾，參與校園社會主義讀書會活動。1950年5、6月間，政府依照中國共產黨台灣省工作委員會書記蔡孝乾之口供，於全省展開大逮捕，盧兆麟因曾經借社會主義書籍《大眾哲學》等書予從軍之中工同學陳耀堂並流傳軍中，而於11月3日在師院教室循線被捕，解送台灣省保安司令部保安處偵訊，遭刑求誘供，乃以「為叛徒搜索軍機」為由判處無期徒刑，1975年因總統蔣中正逝世減刑為有期徒刑十五年而獲開釋，但實際已服刑二十五年。出獄後考取國泰人壽公司日語編譯人員，之後轉調國泰信託公司，1985年因受十信案波及而去職，改而經營出版社，直到退休。1988年參與成立台灣地區政治受難人互助會，1997年參與

改爲歷史遺址，但這些老政治犯卻相當不滿。不滿的地方在於綠洲山莊是七〇年代以後新的監獄，但五〇年代的歷史遺址卻沒有保存下來，所以才會抗議綠洲山莊作爲歷史遺址保存。[3]阿扁當時說要把綠洲山莊保存下來，作爲給人參觀的歷史遺址，但我認爲阿扁這樣的做法並不具備歷史概念。因爲當時綠洲山莊是交由交通部觀光局東管處管理，但東管處是以發展綠島觀光爲主，因此把綠洲山莊視爲觀光景點經營，並沒有找歷史學家去討論怎樣復原，而是維持敲敲打打、改造後的現狀。

　　2005年綠島開幕、打開大門時，阿扁有去主持。[4]當時是由文建會主辦，文建會副主委吳錦發比較重視這段歷史。記得有請交響樂團演出，但我當時人在中國大陸，不在台灣。但同一年回來時，我有機會跟陳銘城見面，銘城跟我抱

組織五十年代白色恐怖案件平反促進會，1998年組織台北市高齡政治受難者關懷協會。2008年2月28日，於五十年代白色恐怖案件平反促進會副會長任上，受邀擔任台灣青年逆轉本部舉辦《城市的記憶：二二八台北》營隊活動解說員，因心臟病突發，於馬場町刑場舊址昏倒，次日凌晨辭世。曾建元撰，〈盧兆麟〉，《二二八事件辭典》，頁689。

3　2002年4月22日、23日，「五十年代白色恐怖案件平反促進會」受難者至綠島抗議：新生訓導處並未包含在園區範圍。〈園區歷史〉，「2010綠島・和平・對話」：http://2010greenisland.blogspot.com/2010/04/blog-post_2634.html，點閱日期：2020年4月29日。

4　2005年5月17日，文建會舉辦「綠島人權音樂祭－關不住的聲音」，政治受難者重返綠島，陳水扁總統親臨出席，並提出民主轉型期正義課題及指示園區應加速進度。〈園區歷史〉，「2010綠島・和平・對話」：http://2010greenisland.blogspot.com/2010/04/blog-post_2634.html，點閱日期：2020年4月29日。

怨說：「我們這次的活動，很盛大也很用心，不但請交響樂團來，還去台東借了一台鋼琴，用船運過來，但你們怎麼不來？」因為我不在台灣，所以不知道這段經過。

當時我們（台灣戒嚴時期政治受難者關懷協會）的會長是劉金獅，我去問他為何517的活動我們沒去，卻跑去參觀泰源監獄，等活動結束要返回台灣了，我們會裡的人才去綠島？劉金獅表示因為林樹枝認為去綠島參觀的那批人是統派的，不想攪和在一起所以才避開的。原來這件事是誤會，因為主辦單位邀請兩個團體，一個是「關懷協會」，一個是「五十年代」。在那之前，我早就知道，「五十年代」已經不屬於統派，而是從「互助會」（台灣地區政治受難人互助會）分出來本土派的人，但是我們會裡的成員當時誤會了。

雖然我那時候和吳聲潤、陳鵬雲不是很熟，對於他們會的發展也不是十分清楚，但起碼和主持會務的副會長兼秘書長盧兆麟很熟，也知道這些人已經脫離統派的立場，屬於本土派。我很肯定他們屬於本土派是因為一般轉型是默默轉型，但盧兆麟是公開轉型。他為了轉型，寫了一篇很長的文章，把他的心路歷程寫得很清楚，發表在《中國時報》的專版。我看過那篇文章，知道盧兆麟已經完全排除社會主義、統派的立場，歸屬本土派，而且我和他在泰源就「做陣」了，所以瞭解他的情況，後來我也主動去看盧兆麟。

接任「關懷協會」秘書長

因為這個誤會，到了2006年的時候，我覺得自己不能不介入「關懷協會」的會務了。當時「關懷協會」剛好搬到高

雄，指定我負責秘書長的工作，所以我從2006年就開始投入
會務。說起來，協會搬到高雄實在很漏氣。過去劉金獅在主
導會務時，在三重埔租了一間辦公室，租金一萬多，也請了
一位會計，薪水兩萬塊，加上其他開支，每個月就要五萬塊
的基本開支。但收的會費有限，都靠對外募捐。但當時主持
會務的人面不是很廣，也不會去找企業界支持。不過，劉金
獅底下有一批人，不是政治犯，而是當地走街頭的人，有公
職人員選舉時都會去幫忙助選，而且也會跟公職人員募款來
維持這個會。但到後來，個人捐的也相當有限，所以經費上
的確很困難。當時蘇貞昌剛好轉去當行政院長，由林錫耀代
理台北縣長，因為蘇貞昌、林錫耀和我們很熟，所以他們就
去找林錫耀募款，希望縣府可以補助。錫耀很大方，問說
五十萬夠不夠？他們本來準備要三十萬，但還沒開口，錫耀
就先開口說五十萬，超出他們的預期。

　　當時，劉金獅兩任會長任期期滿，就要改選。他們希望
找一個既熱心、又不會跟他們奪權的人來擔任。這個人就是
周彬文，周彬文開了一間小型印刷廠。白雅燦選立委時，質
疑蔣經國沒有繳他父親的遺產稅，還把這個當作政見，結果
被抓去關，連印文宣品的老闆周彬文也被判刑五年。他們那
時候跟周彬文談的條件是：「你一個月負擔兩萬塊，剩下的
不用管，我們會去募款。」周彬文一向很熱心，比如過年他
兒子給他七萬塊的紅包，他就約這些朋友，全島去找過世的
受難者家屬分紅包，一人兩千塊。雖然他不是很有錢，但他
就是這樣熱心的一個人，而且他也很安靜，不會專權，所以
他們就鼓勵他出來競選會長。

　　然而周彬文擔任會長之後，因經費分配與會務人員意見

不合，堅持辭去會長之職。他堅持不做之後，會務基本開銷五萬塊沒了著落，租金也沒辦法繳。他辭掉，推給常務理事陳進來代理，但陳進來說：「你怎麼推給我，我也沒辦法繳。」但其中一個簡先生，本身雖不是政治犯，但也不知道什麼原因坐過牢。這位簡先生是代書，長期跟著楊金海，因為楊金海到處去討錢，所以他知道要去哪裡找錢。他跟陳進來說：「你接不要緊，錢的事我替你發落。」但當時陳進來還在猶豫不敢接，所以他們就臨時開了理事會，推陳三興的太太當會長，但只有他們高雄幾個人講一講，並沒有經過選舉的程序。

劉金獅覺得這樣搞還得了，於是打電話去警告陳三興的太太說：「會務是陳進來和姓簡的在背後搞，如果出事了，妳當會長要擔責任哦！」當時她已經做了兩個月，聽完嚇了一跳，就趕緊放手。但陳進來在做的時候，就說：「請寬裕回來接！」我說：「一個會被你們搞得快要『消風』了！我可以接秘書長，但南部那邊的經費，我切斷，台北這邊，我自己發落！」

與「平反促進會」合作

2006年我接任秘書長。紅衫軍之後，2007年阿扁把中正紀念堂改為「民主紀念館」，掛牌時也找這些政治犯參加。中間我和盧兆麟互相配合，也找了「二二八」（台灣二二八關懷總會），三個會一起參加。換句話說，從民主紀念館開幕那天開始，三個會就正式聯名。後來，「五十年代」的會長說，好像我們的會比較年輕，有活動能力，政府關係也比

較好，但他很熱心，所以每次動員都差不多會有一百多個會員出來參與活動。

事實上，「五十年代」有兩個會，一個是「五十年代白色恐怖案件平反促進會」，另一個是「台北市高齡政治受難者關懷協會」。因為「五十年代白色恐怖案件平反促進會」沒辦法做社團登記。全國性的組織只有一個，但我們的「關懷協會」已經登記了，所以他們才去市政府登記「高齡政治受難者關懷協會」，成為一個正式的社團。兩個會的會長一任兩年，他們兩個人輪流做。陳鵬雲如果做「五十年代」的會長，吳聲潤就做「高齡」的會長，兩年一到，再交換，所以二十幾年來，他們都輪流擔任會長。

這樣輪流也有其好處，一方面「五十年代」大家修養很好，不會去斤斤計較，也不會奪權等等。另一方面，兩個會長也很熱心，什麼事情都自掏腰包。比如2005年他們去綠島，陳鵬雲跟我說，二十萬是他出的。當時文建會沒有補貼經費，只有活動是文建會委託「五十年代」辦，但這一百多人的旅費則是自己負擔，所以陳鵬雲就拿了二十萬出來。可以說他們兩個人出錢出力。阿扁選台北市長時，陳鵬雲擔任大同區後援會會長，所以跟阿扁的關係很好，李登輝選總統時，他也組後援會。反倒我們「關懷協會」，既沒有替阿扁，也沒有替李登輝組後援會，他們則積極去做本土化。

話說回來，兩個會的合作是從民主紀念館開始的，但之前其實也有過一次的合作。Nori在搞紅衫軍時，他們很生氣，所以盧兆麟就找我去，說：「施明德是你們的人。」我說：「施明德哪裡是我們的人？他看不起這些政治犯，回來之後就和政治犯劃清界線了。」他說：「他在搞紅衫軍，我

們應該要表態！」我說：「可以啊！」所以三個會就發表共同聲明，請陳儀深老師幫忙撰文，後來陳老師改了兩次才定案。第一次我拿去高雄給他們看，他們看一看說：「太客氣了！」陳三興寫了一張交給我，但我覺得內容又過頭了，我說還是保持中間性比較好。但是保持中間性，「二二八」也有意見，所以一直補，甚至補到劃清界線，否認他的身分等等才定案，這就是第一次合作的過程。

　　再來的合作則是在民主紀念館揭牌那天。當天出席的人知道，國民黨可能會派人來亂，所以活動時不但多動員了一些人，而且大家都套著一件白布，上面寫某某人判刑幾年，某某人死刑，後來大概有兩百多人出席這場活動。馬英九上台之後，把民主紀念館又改回去時，我們也有去軟性抗爭。那次抗爭是跟王幸男合作的。記得立法院黨團動員兩天，我提供名單給他們，做了兩千個靈位，擺在中正紀念堂，而且用天主教、基督教、道教、佛教的儀式辦超渡和遊行。這算是第三次的合作。

　　後來，郭振純帶吳聲潤來跟我說，既然這麼有默契，不然大家合在一起，變成一個會好了，我是有點同意這樣的做法。但每個會都有一些問題，我覺得「五十年代」感覺上比較健全，我們的會則搬到高雄，台北只有我一個人在搞，覺得沒有意思，所以我跟他們說未來目標還是合，但一年後再合，現在先組一個行動聯盟，以後的活動就由行動聯盟當平台。結果從那時候到現在，十幾年了，這樣的模式還延續著。也就是說，所有的公開活動都由三個會聯名合作。至於原本我說一年後要合併，我也利用那一年的時間整頓好會務，邀請陳信銘擔任會長，結果2008年2月28日盧兆麟過

世，接著陳英泰[5]、吳大祿[6]過世，由張瑛珏[7]接秘書長，可是

5 陳英泰（1928-2010），1928年生於台北木柵，經濟專門學校（後改制為國立台灣大學法學院商業專修科）畢業，就學期間受同學之邀，參加台灣省工作委員會地下組織。1950年10月在台灣銀行國外部任職時被捕，被列入「鍾國輝案」，1951年以「參加叛亂之組織」判刑十二年，1951年被移送綠島新生訓導處。在綠島陳英泰被獄方視為頑強的「阻擾感訓者」，1952年2月被送回新店安坑軍人監獄，同時送回的政治犯一共178人，其中陳英泰與其他32人被安排住到隔離房，給予特別的管束。1959年又從軍監移送綠島，1961年10月移送土城生教所，1962年開釋。陳英泰英文程度很好，學生時代也是游泳健將，但在綠島十分低調，以健康問題特准擔任輕公差。出獄後從事貿易，事業有成。解嚴後，陳英泰積極尋訪舊日難友，寫成《回憶，見證白色恐怖》一書，並在網路開闢部落格，發表白色恐怖的回憶及相關文章，備受各界矚目，曾任五十年代白色恐怖案件平反促進會常務理事、台北市高齡政治受難者關懷協會理事等職。2010年1月19日因急性心肌梗塞病逝。蔡宏明，〈陳英泰〉，「遺忘錄:: 痞客邦::」：https://hmtieu.pixnet.net/blog/post/25003074-%E9%99%B3%E8%8B%B1%E6%B3%B0，點閱日期：2020年6月4日。

6 吳大祿（1933-2010），台中烏日人。家中原本開米糧行，因二次大戰家被燒毀，家道中落。就讀台中商校高一時被捕，當時剛滿十七歲，從台中警局送到台北刑警隊，再送情報處、軍法處審判。1951年「台盟王子煒等案」，與同案王子煒互不認識，王子煒判十年，他判五年。在綠島時，曾因稍晚回中隊而遭毒打，刑期屆滿時，因指導員不讓他出獄，被多關一年半。出獄後在永豐餘紙廠工作，再到達新工業服務，後來自行創業。解嚴後，積極參與白色恐怖平反工作。毛扶正等作，《看到陽光的時候：白色恐怖受難文集 第二輯》（新北市：國家人權博物館籌備處，2014），頁86。

7 張瑛珏（1934-），嘉義朴子人，為受難者張其德四女，張璧坤、張碧江之四妹，呂錫彬的四姨子、蔡錫璋的表妹。政治案件發生初期，張瑛珏在求學階段，因為顧及家計，1953年左右自東石中學高中部畢業，乃留校擔任助教近五年。但為了減少案情影響，也加入中國國民黨。1956年張璧坤過世，即由她與大姊夫呂錫彬（時已出獄）至台北

因為張瑛珏和郭振純兩個人都想要擔任秘書長，結果發生衝突鬧得不愉快，吳聲潤也擺不平這件事，所以最後就一直沒有合併。

　　這中間，我已經知道張瑛珏很難搞。因為我們跟「五十年代」配合得很順利，只要一個政治事件發生，就馬上動員。但是她看了不爽快，所以就打電話給盧兆麟的太太，嚷嚷說：「你們盧兆麟在幹什麼？姓蔡的一通電話來，你們就馬上動作？」我問盧兆麟：「你太太怎樣？」盧兆麟說：「你又不是不認識我太太！」為什麼這麼說？他太太的父親黃爾尊是過去《新生報》的編輯，他太太的母親則是北一女的國文教師。她先生判無期，她判十五年。父母都坐過牢出來，這個女兒怎麼可能是弱者？盧兆麟出獄後，娶了黃爾尊的女兒，所以他才說：「我太太你又不是不認識！國民黨時代，父母被抓去，她都敢跟國民黨抗爭了，現在怎麼可能會怕她？」但因為有這樣的情形，換我不敢跟他們合了。雖然

處理後事。其後，她在嘉義縣婦女會、中華婦女反共抗俄聯合會嘉義縣分會服務，並兼任台灣省助產士公會總幹事、中華民國紅十字會嘉義縣支會幹事。1966年國泰企業董事長蔡萬春等人設立福安育幼院，未幾她擔任院長，經營至1992年該院解散為止。自1987年解嚴以來，台灣地區政治受難人互助會成立，她即加入其中。1997年五十年代白色恐怖案件平反促進會成立，1998年台北市高齡政治受難者關懷協會成立，轉為參加後兩者，並協助家人申請補償金。她擔任過促進會之理事、監事、總幹事，及關懷協會之理事、副會長等職。2010年，曾任戒嚴時期不當叛亂暨匪諜審判案件補償基金會之董事。〈張瑛珏女士訪問紀錄〉，收於許雪姬、楊麗祝主編，《承擔家變：白色恐怖下的朴子張家》（台北市：中研院台史所；新北市：國家人權博物館，2020），頁40。

「五十年代」的人好幾次來問我：「不是說要合併？怎麼沒有了？」但我不好意思明說，只好說：「慢慢來啦！慢慢來啦！」

景美園區的演變

我認爲這三任總統根本沒有眞正落實轉型正義，講好聽一點，是擠牙膏式的，並不是有心去做一個通盤的規劃，講難聽一點，是應付式地在推動。事實上，據我瞭解，人權館過去有幾度危機。

2005年517綠島開幕之後，東管處把綠島移交給美學館（台東生活美學館）。當時文建會委託美學館管理綠島。美學館在管理綠島時，開始復原「五十年代」抗議的新生訓導處第三大隊的營舍，並且做了一個模型。[8]

景美也是類似的情形。[9]呂秀蓮不時在說她坐牢的事，

8 2006年1月1日，園區由文建會接管，文建會同時進行整體規劃、第二階段文史蒐調、歷史建築調查、史前遺址調查。2007年進行紀念碑整修、綠洲山莊禮堂／獨居房／戒護中心加強結構工程、新生訓導處克難房、福利社區整修。2008年進行重建新生第三大隊房舍工程、綠洲山莊展示規劃、新生訓導處第三大隊展示規劃及模型／多媒體製作。〈園區歷史〉，「2010綠島．和平．對話」：http://2010greenisland.blogspot.com/2010/04/blog-post_2634.html，點閱日期：2020年4月30日。

9 1992年7月31日，警總裁撤，原警總軍法處看守所改為軍管區海岸巡防司令部看守所。1999年，軍法實施地區制，包括北部地方軍事法院、北部地方軍事法院檢察署、高等軍事法院、高等軍事法院檢察署、最高軍事法院、最高軍事法院檢察署等三院檢單位進駐本園區。後海巡

但有外國的訪客來，呂秀蓮說：「我帶你去看我過去的牢房長什麼樣子。」結果，去的時候，那裡正在「改造」。所謂的「改造」，是說景美分成三個階段。第一個階段是，警總裁撤之後，移交給海巡署。後來，軍法比照司法三級制，變成地方法院、高等法院和最高法院，但前面都加了一個「軍事」。但三級法院遷走之後，後備司令部就把它改成煙毒勒戒所。

　　呂秀蓮去的時候，裡面剛好在改造，呂秀蓮說：「這個應該要保存下來，怎麼可以改成煙毒勒戒所？」所以回去就跟阿扁說：「景美過去也關政治犯，我就關在那裡，但現在要改成煙毒勒戒所，這樣不妥當，應該要把它保存下來。」

部看守所改為國防部北部地方軍事法院檢察署看守所。改稱為國軍新店復興營區。2002年7月，總統府人權諮詢小組開會決議，園區現狀應妥善保存。8月，決定籌設景美軍事看守所為「動勘時期軍法審判紀念園區」。2005年6月21日，行政院將園區名稱定為「動員勘亂時期軍法審判紀念園區」。11月3日，更名為「戒嚴時期軍法審判紀念園區」。2007年10月，行政院文化建設委員會函請台北縣政府將園區登錄為歷史建築；公開徵選後「財團法人彭明敏文教基金會」取得園區一年公辦民營經營權。11月7日~30日，開園活動－人權感恩嘉年華。12月12日，台北縣政府公告「新店二十張景美軍事看守所」登錄為台北縣歷史建築物。2008年1月23日，由文建會文化資產總管理處籌備處接管，更名為「台灣人權景美園區」。2009年2月24日，更名為「景美文化園區」。6月24日，更名為「景美人權文化園區」。2010年7月22日，改由行政院文化建設委員會直接督導。2011年10月17日，行政院文化建設委員會發布「國家人權博物館籌備處暫行組織章程」。12月10日，國家人權博物館籌備處揭牌。〈景美人權文化園區歷史沿革〉，劉金獅等口述，黃龍興策劃編輯，《白色跫音：政治受難者及相關人物口述歷史 第一輯》（新北市：國家人權博物館籌備處，2011），頁404-407。

所以阿扁就下令煙毒勒戒所停止，把景美交給文建會。時間大概是在2006年左右。記得文建會那時候有委託陳儀深老師做田野調查，陳老師也找我一起去景美。我們去的時候，後備司令部還駐在那裡，所以還有阿兵哥，但那時候已經要撥給文建會了。看完之後，我們說應該要保存過去戒嚴時期關政治犯的原貌，所以以後新增的東西要拆除。

到2007年，景美要如何規劃跟經營，都由吳錦發主導。當時陳銘城是辦公室主任，他來找我說：「景美打算交給民間經營，你看『彭明敏基金會』（財團法人彭明敏文教基金會）來經營妥不妥當？」我說：「彭教授長年都在海外，但讓基金會執行長陳儀深老師來發落，應該很妥當。」換句話說，當時已經內定要給「彭明敏基金會」了，但表面上還是要開標。結果，都已經跟俊達仔（李俊達）溝通好了，要他投標手續要辦好，他卻粗心大意，所以就流標了。到第二次再來才通過。

通過之後，俊達仔說要聘我當顧問，我答應了，我也建議這裡要有一些以前有訪問過的人來參與。所以當時洪隆邦沒拿薪水，就在仁愛樓做了一間工作室，一旦有受難者來訪問都請他錄影。我跟俊達仔說：「我當顧問也需要一間辦公室，你要撥一間給我們的會駐在這裡。」雖然都講好了，但什麼都沒有做。好不容易空出一間仁愛樓的辦公室，說要給我們用，但我帶幾位受難者去看，蔡金鏗卻當場發飆，我說這裡過去是看守所的辦公室，他說：「搬到前面啦！前面那麼多間，撥一間過來啦！」

我跟俊達仔說，我們的老兄弟不滿意，所以他又撥了一個地方給我們，但那也不是辦公室，只有一張桌子放在門

口。後來洪武雄跟郭振純兩個人就在那裡駐點。但郭振純沒有在管這些事，他和「彭明敏基金會」處得很不好，所以只在那裡發沈建德印的有關台灣血統的宣傳品。但這樣怎麼對？本來說要設一個聯絡處，讓來訪的受難者可以有一個據點，但蔡金鏗反對，所以就沒有了。

　　景美園區從2007年12月10日開始，「彭明敏基金會」經營一年之後，就因故終止契約，由文建會直接管理。文建會再把景美交給文資處籌備處的王壽來代理管理。時間大概是在2009年左右。這中間，景美改了三次名。阿扁核准下來時，叫做「戒嚴時期軍法審判紀念園區」，但到2007年「彭明敏基金會」接手，12月10日開園前夕，又改為「景美人權紀念園區」。那次開幕，是委託「二二八基金會」（二二八事件紀念基金會）主辦，「二二八基金會」再找我協助，所以當天的邀請名單是由我負責整理的。

　　2008年5月20日馬英九就任之後，黃碧端擔任文建會主委，把景美交給文資處籌備處管理。結果才隔幾個月而已，2009年2月，王壽來主任就把景美改名為「文化園區」。因為那段時間我很少去，所以不知道改名了，吳乃德的民間真相與和解促進會[10]來找我，說：「被改名了，你們不知道嗎？」我說：「不知道。」他說：「應該要抗爭！」所以就

---

10 由學者吳乃德、吳叡人、范雲等人發起的「台灣民間真相與和解促進會」於2017年12月29日成立。促進會致力探求威權統治時期人權侵害歷史真相、推廣轉型正義理念、累積社會共識、促成國會立法，進而達到台灣和解的目標。〈台灣真相與和解促進會成立 致力轉型正義〉，「大紀元台灣新聞網」：https://www.epochtimes.com/b5/7/12/29/n1958519.htm，點閱日期：2020年5月25日。

由他們以政治受難者的名義主辦活動。

乃德他們發動六十幾位學者連署寫信給馬英九，我們也兩度開記者會，後來也去文建會抗議，跟黃主委見面討論這件事。經過了兩個月，馬英九總算出來回應發表談話說「人權」不能拿掉。所以2月才把「人權」拿掉，到6月這兩個字又被塞了進去，變成「人權文化園區」。但，為了這件事，我跟龍應台部長說，應該要「正名」，把「文化」拿掉，畢竟，人權就是人權。這個地方究竟要以文化做中心？還是以人權做中心？

2009年6月變成人權文化園區之後，不是說把人權放進去就算了，後來又鬧出了一些風波。2009年12月，我已經在那裡擔任諮詢委員了，有一些發包等等都要擔任評審。有一次評審時，陳嘉君帶著大聲公在外面喊。我們跑出來看，不知道她在嚷什麼。有人問那個人是不是施明德的老婆？陳銘城說她就是。陳嘉君的名字我聽過，但人沒見過，也不認識。園區找了警察來，警察要把她帶去派出所，她拒絕，警察就銬手銬把她拖去派出所。後來，她的先生來了，Nori就跑去踩踏游文富的裝置藝術。[11]

裝置藝術位在「汪希苓特區」的外面，插著一排長長的竹籤，裡面還有幾隻白鴿的模型，記得叫「飛向自由」的樣子。[12]施明德的老婆認為，這個美化了汪希苓，他明明是殺

---

11 〈施明德妻拔裝置藝術 被銬〉，2009年12月11日，「自由時報電子報」：https://news.ltn.com.tw/news/focus/paper/357871，點閱日期：2020年5月1日。
12 作品名應為《牆外》。2009年12月10日園區將對外開放。藝術家游文

人犯，怎麼可以把他當成政治犯？但裝置藝術家游文富卻堅持說，他不是表揚汪希苓，而是表揚整個監獄的受難者都要飛向自由。因為爭論不休，後來就送法院，變成了毀損罪。結果，毀損罪成立，好像判Nori罰金的樣子。於是他就去監察院請黃煌雄調查，結果，2010年監察院通過「彈劾」，朱瑞皓組長調回去文建會。[13]

成立人權館籌備處的經過

在陳嘉君抗議事件之後，文建會文資處就藉著這次機會找了三、四十位委員和專家學者來座談。陳嘉君當時找了黃惠君一起到場，游文富未到，而是由他太太出席。結果專家學者都沒有說話的機會，整場都是他們兩邊在戰鬥。本來王

富以地景藝術之手法，將「汪希苓軟禁區」外牆包覆成一片如竹林、或如草原、或意含著如白雲般的情境，在林上或說草原、白雲上數白鴿或停或飛，呈現一種白色純粹的、自由的精神象徵。作品中表達了人類天生對於自由的渴望，相對於「汪希苓軟禁區」牆內以及園區內各建築的沉重時空背景與記憶，此作品更顯得它的特殊意義與價值。〈關於我自己〉，「藝術家游文富與景美人權文化園區的對話 - Blogger」：https://www.blogger.com/profile/06487281123969269802，點閱日期：2020年5月5日。

13 應為「糾舉」。根據監察院「099年糾字第1號」糾舉案文：行政院文化建設委員會文化資產總管理處籌備處主任王壽來、副組長朱瑞皓，規劃辦理「景美人權文化園區當代藝術創作展」，在「汪希苓特區」展示「藝術裝置」，未審慎規劃辦理，以致引發重大爭議，核有嚴重失職，已不適任現職，實有急速處分予以調離現職之必要，爰依法提案糾舉。〈調查報告〉，「監察院全球資訊網」：https://www.cy.gov.tw/CyBsBoxContent.aspx?s=4199，點閱日期：2020年5月5日。

壽來的意思是要化解，想不到兩邊卻戰得很厲害。受難者只有我跟「五十年代」的人而已，剩下的都是專家學者。曹欽榮也是其中之一，他是真相與和解促進會的人，講話很辛辣。接著，當天的發言重點，就轉移到制度不健全，所以園區的名字改來改去，應該要定位等等的問題上。所謂的定位，第一是要求法制化。因為當時只是委託文資處代管而已，還不是一個正式的單位。第二則是要求博物館化。這些都是專家學者的主張。但陳嘉君他們兩邊戰得很激烈，沒有辦法，所以就說改天再召開一個諮詢會議。

後來也召開了一個諮詢會議，討論園區的定位。我記得提出了兩個訴求，第一是法制化，第二就是博物館化。當時已經是盛治仁當文建會主委了。後來，馬英九公開宣布說，要成立一個「國家人權博物館」，三級機構，完全超乎我們的意料。

國家人權博物館籌備處要成立之前，我們人在綠島，時間應該是5月17日，又熙（施又熙）有去，曹欽榮也有去。我們18日回來，隔天19日文建會就要開國家人權博物館的籌備會議了，結果我們一批人來到台東，飛機卻停飛，趕到車站要搭火車時，又買不到車票。好在又熙靈機一動，打電話告訴王幸男說我們隔天在台北要開會，拜託他幫我們找車票，後來王幸男喬了四張車票給我們。所以其他人是坐火車到高雄，再從高雄坐高鐵回台北，我們則是直接從台東坐台鐵到台北，抵達時已經半夜了。隔天一大早洗個澡就去文建會開籌備會議。

在籌備會議上討論了很多問題，我個人建議在討論之前要先定位。人權的範圍那麼大，包山包海，綠島和景美是歷

史遺址，如果做博物館，應該要以政治人權為中心，結果當天的討論有被接納。後來，乃德、我跟台大黃長玲教授等人去見盛治仁主委，告訴他我們對於成立博物館籌備處有兩個要求：一是人事要專業，不要派行政官僚來。當時盛治仁答應了，結果，一個月之後，籌備處成立，卻派了陳善報做代理主任。吳乃德說已經答應我們卻又派官僚來是不行的，所以我們又去找盛治仁。盛治仁解釋隔年要成立文化部，但未必由他擔任部長，如果這時候依照我們的意見邀請一位學者來擔任主任，結果隔年是別人當部長，又派了新的人事過來，這樣會對這位學者不好交代。當時我們有接受他這個說法，因為那時候他的確自己的處境也很風雨飄搖，2011年中華民國建國一百週年在台中花了兩億多辦晚會，被攻擊得很厲害，所以他自己也有危機感。

　　陳善報是參事代理籌備處主任，所以籌備處成立時，他有來主持。記得是12月10日籌備處成立掛牌的樣子。隔年（2012年）2月龍應台就任部長，[14]4月王逸群主任人事發表，4月16日就來報到。報到的時候，不管裡面、外面都有相當的意見，而且推我打頭陣去反應。我跟他們說：「政府一個人事命令，不是你們說改就改。人家來，你們又不認識，不讓他做，怎麼知道他適不適任？就讓他做做看嘛！」乃德他們聽我說完，才安靜了下來。

　　王主任來了之後，代主任陳善報就調去衛武營當籌備處主任。記得王主任來的時候，我很不客氣地跟他攤牌，但我

---

14 龍應台於2012年2月6日接任文建會主任委員，同年5月20日文建會升格為文化部，成為首任文化部部長。

不是針對他。之前我帶副主委林金田去拜訪柯建銘時，柯建銘當著他的面說：「你們是玩真的玩假的？國民黨採取的是應付式的手段，難道真的要落實成立一個人權博物館？」後來銘城來找王主任時，也直接表明：「你如果是玩真的，我們挺你到底，如果是應付式的，對不起，我們不會插手！」雖然一開始有雜音，但主任很謙虛，一直找這些受難前輩商量事情，而且我們跟他建議的，他都有接納，也真的都有認真在推動。所以我說，人家做得好好的，雖然說是外行，但學師仔工，三年六個月也會出師！有誰是原本就很內行的？

人權館差點行政法人化

王逸群剛來的時候，大家沒有信心，雖然他的姿態很低，說請大家多多幫忙，但銘城跟他說：「你是玩真的玩假的？你如果是真的，我們挺你到底，如果是應付式的，對不起，我們不陪你玩！」算是給他下馬威。因為是馬英九執政的關係，銘城也跟我說：「歐吉桑，你要顧好！」所謂的顧好，有一個意義，是怕馬英九扭曲這段歷史。所以一開始王逸群來的時候，我們都步步為營，但後來相處久了，其實，王逸群的內部規劃，都會找這些受難者一起商量，問說要怎麼做，有什麼建議等等，他都有接納。

因為王逸群不是盛治仁跟我們答應的專家學者，所以剛來的時候，雜音很多，但我跟他們不一樣，我說：「人都已經派來了。政府一個人事命令，不是你們說改就改。就讓他做做看，才知道適不適任。要是不適任，我們才有理由去反對。如果有認真在做，不會做，我們應該給他協助。未來就

看他是一意孤行，還是有接納大家的意見。」結果，六年下來，他事實上就是有尊重大家的意見在做，每一件事情，這些受難者或其他學者的建議，他都會接受，而且也有在軌道上，沒有走偏。比如批判國民黨過去白色恐怖的種種罪行，他從來沒有出聲反對，也沒有阻撓。包括在導覽過程中間，大家在訴說國民黨過去的殘忍，製造冤假錯案等等，他也從來沒有過問。

　　人權館的《組織法》（國家人權博物館組織法）是在2017年11月通過的。在王逸群的時候，已經先提出去給文化部，文化部再呈給行政院。但行政院一直沒有審查，這中間還傳出，要求人權館變成行政法人，沒有照預定的成立三級機構。《組織法》在行政院拖了兩年多，王逸群他們做為下級單位，也很無奈，但他很積極去運作，並且透過中華民國博物館協會研討，看究竟是行政法人還是國家機關比較理想。中華民國博物館協會多少受到王逸群的影響，所以做出朝「政府機關」方向的結論，也做成了會議紀錄，送去行政院人事總處。

　　這中間，我也出面去找立法院文化及教育委員會的召集人陳學聖幫忙。陳學聖說：「我不一定能幫得上忙，而且很多單位都希望行政法人化，為什麼你們這個單位不要？」我就跟他說明：「就政治受難者的立場來說，我們希望政府按照承諾的來做。」我也拿了一封信給他看，那是我寫給馬英九的，信的標題是「請馬總統履行諾言」，因為宣布成立三級機構國家人權博物館的，不是文化部，而是馬英九。既然是他宣布的，現在他反悔了，所以我就直接以受難者團體，也就是我們「關懷協會」的名義，寫信給他。

後來陳學聖說他可以幫忙，我請他把案子擋下來，先擱著不要去審理，因為那時候已經是2015年了，2014年縣市長的選舉，民進黨大勝，我認為16年的總統選舉和立委選舉，席次一定會增加，到時候再來做決定比較好。所以我跟陳學聖最主要拜託的是不要讓行政院裁決，因為一旦裁決下來，就沒辦法改變了，所以就讓這個案子一直擱置在那裡，這點陳學聖算是有幫上忙。

2017年11月《組織法》通過前夕，我們受難者團體去了立法院開記者會。我們要求《組織法》在當年通過，12月掛牌，約莫隔一個禮拜，《組織法》就通過了。《組織法》是在陳俊宏任內通過的，但正式掛牌是在2018年5月，綠島是5月17日，景美是5月18日。當時我有順便要求柯建銘說，《組織法》跟《促轉條例》（促進轉型正義條例）一起通過。柯建銘說，《組織法》比較單純，《促轉條例》沒有那麼簡單，不過這個會期如果沒通過，臨時會會通過。

受難者團體的下一步

我當時寫信給馬英九說，請馬總統履行承諾，那是用「關懷協會」的名義而已。雖然受難者團體很早就有一個行動聯盟，但盧兆麟去世之後，換張瑛珏接班，她意見很多，所以很多事我就不敢找她一起做。

好比「318學運」期間，「白狼」（張安樂）他們去攻擊這些學生，吳錦發打電話給我說：「換你們這些老的出陣了！要對付這些流氓，你們要出面！」因為臨時接到電話，時間很緊迫，那個晚上，我一方面要寫文告，一方面也要動

員。當然，動員是找「五十年代」，但我沒有直接跟張瑛珏
說，而是跟蔡焜霖[15]說，蔡焜霖再去跟她說要動員。文告的
部份，我則請楊翠幫忙寫。楊翠當時在花蓮教書，我打給
她，她到八點才把文告傳給我。傳給我的同時，也馬上傳給
張瑛珏，並且跟她說：「明天早上九點在立法院青島東路那
邊集合。」

　　一開始都說好好好，但八點把東西傳給她時，她卻說：
「我們會長（吳聲潤）說，沒有那個必要。」銘城跟我說，
「五十年代」的張瑛珏跟他說，沒有那個必要，還說是他們
會長說的。我知道這是藉口，因為兩、三天前，他們會長
才去立法院看這些學生。[16]但當天晚上我不好意思打擾吳會
長，到隔天早上七點，我才打電話給他。吳會長說：「趕快
通知張瑛珏動員！」可見他不知道這件事，張瑛珏並沒有跟
他說。所以我馬上打給蔡焜霖和郭振純說：「你們替我動
員，打給『五十年代』的這些人。」結果，這些學生十點要

---

15 蔡焜霖，於1930年12月18日出生，台中清水人，台中一中畢業後，進
　　入台中縣清水鎮鎮公所擔任事務員。在白色恐怖時期下，被當局指涉
　　因為參加讀書會「非法組織」等原因，而被判決有期徒刑10年，褫
　　奪公權7年，並於1951年送往綠島關押，直到1960年9月出獄。出獄
　　後，先後於《金融徵信新聞》、寶石出版社、《東方少年》、文昌
　　出版社、國華廣告公司、《王子》雜誌社、國泰相關企業等單位任
　　職，期間並曾創辦《王子》雜誌、《儂儂》雜誌與編製百科全書等出
　　版品。〈蔡焜霖〉，「國家人權博物館」：https://www.nhrm.gov.tw/
　　information_195_80252.html，點閱日期：2020年11月13日。
16 〈白色恐怖受難者 勉勵學生〉，2014年3月30日，「自由時報電子
　　報」：https://news.ltn.com.tw/news/focus/paper/766462，點閱日期：
　　2020年6月4日。

辦一個國際記者會，他們還沒到，我們這邊的人早就到了。

因為受難者第二代被排除在外，後來，英泰（陳英泰）的女兒跟藍芸若就來找我，所以我和蔡焜霖就去找吳會長。我說：「我來是要證明，我們的會已經是第二代承接了，包括互助會也是。」吳聲潤說：「那麼，馬上改組，這些老的完全退出。」不像我們是慢慢退，他們是一次解決。透過改選，讓第二代、第三代徹底接班。

結果，張瑛珏知道了他們的活動，竟然打電話給我說：「你知道他們在組一個會嗎？」我說：「我不知道。」她說：「他們要造反耶！」因為他們的會還有七十幾萬的存款，她就叫承辦人把錢領出來給她。承辦人是開支票給她的。結果，移交的時候，她不要移交。去跟她要這筆錢，她又說她沒有經手錢。的確，錢是由會計處理的，但結算時，七十萬是從會計手上拿去的，所以會計就必須要交代這件事。因為吳會長的媳婦是律師，所以就透過律師出面，告到法院去，但法院開庭時，她都不出庭，直到上個月，七十萬才吐了出來，搞得很不愉快！

大概在四、五年前，她們這些第二代跟又熙的團體一起辦了一個「二代女兒」的展覽[17]，為期一個月，人權館補助十五萬。但我看那個場所很小，地點也很偏僻。所以我建議說：「人權館給你們補助，提供地方給你們好不好？」但她

---

17 2014年12月13日至2015年1月10日在福利社FreeS Art Space（台北市新生北路三段82號B1）展出「喬‧伊拉克西的鏡花園」。〈福利社FreeS Art Space：【喬‧伊拉克希的鏡花園】〉，「非池中藝術網」：https://artemperor.tw/tidbits/1536，點閱日期：2020年6月5日。

們有所顧慮，不想跟官方沾上一些關係，想說循民間的途徑。

記得一個月裡面，每個禮拜六有一場座談會，我都有出席。到最後一個禮拜要結束時，曹欽榮請她們吃飯，我也有去。當時我們的會剛好要改選，我們是四分之一、四分之一這樣一直逐漸替換，讓第二代可以接班，所以曹欽榮那天就說：「你要改組，把這些女孩子都叫進來。」但我不敢，這些第二代的上一輩都是「五十年代」的會員，恐怕張瑛珏會說，我們「關懷協會」要跟他們搶人。

一開始「五十年代」推藍芸若當會長，但一些年輕人比較急性，什麼事都要插手，而且一直在攻擊藍芸若，所以藍芸若做了半年，就不想做了。現在換廖至平做。廖至平是廖瑞發[18]的兒子，人算是很「古意」（忠厚、老實），可能也五、六十歲了。因為廖瑞發1950年就被執行死刑，到現在也五、六十年了。

其實，他們有兩個會，一個是「五十年代白色恐怖案件

---

18 廖瑞發（1912-1950），台北蘆洲人。1949年10月11日被台灣省保安司令部保安處逮捕，在1950年5月16日、23日、30日，以及6月8日，受保安司令部軍法處訊問，並於6月判決確定。據官方判決資料載，廖瑞發於1947年3、4月間，經共產黨台灣省工作委員會王萬得介紹加入共產黨組織後，將共產黨傳單、小冊子等反動刊物，交予在逃之孫大山、葉崇培閱讀，且和共產黨分子李中志往來，受李氏之託，與王萬得聯絡。於1950年7月2日執行槍決。其子女之〈廖秀琴女士、廖秀芳女士、廖秀貞女士、廖至平先生、林寶蓮女士訪問紀錄〉，收於許雪姬等訪問，林建廷等記錄，《獄外之囚：白色恐怖受難者女性家屬訪問紀錄（下）》（新北市：國家人權博物館籌備處；台北市：中研院台史所，2014年），頁73-107。

平反促進會」,另一個是「台北市高齡政治受難者關懷協
會」。二十幾年來,兩個會的會長,都是吳聲潤跟陳鵬雲兩
個人輪流做,到後來陳鵬雲過世之後,「高齡」才選蘇友
鵬[19]醫師當會長。過去在盧兆麟的任內大家都合作得很好,

---

19 蘇友鵬(1926-2017),台南善化人。小學就讀白河公學校,後轉入
善化公學校。1943年3月,考取台北帝國大學預科理科乙類第三期學
生。1945年3月進入帝大醫科第十期。預科時期住在士林,參加士林
協志會,在此認識帝大醫科的學長郭琇琮。1945年3月底被徵召為學
徒兵,在淡水受訓,之後被分入荒川中隊,駐防於五股、八里之間,
一直到戰爭結束。10月回到台北帝國大學醫學部,11月25日改編入國
立台灣大學醫學院第三屆。1949年7月畢業,同時進入台灣大學醫學
院附設醫院的耳鼻喉科,為住院醫生。1945年與郭琇琮成立「台灣學
生聯盟」。10月17日也到基隆迎接國軍上岸。二二八事件時曾與郭琇
琮一起決定攻擊軍中火藥庫,最後援兵沒到而作罷。蘇友鵬讀預科之
時,即廣泛閱讀,包括左派作家以及社會主義的書籍,認為這些書提
倡社會公平、公義。戰後為了學中文,乃買注音版的左翼書籍閱讀。
1950年5月13日中午,蘇友鵬被電話叫到院長室;隨後,蘇友鵬與許
強、胡鑫麟、胡寶珍等四位醫生被情治人員押送至總統府後方,今東
吳大學城區部旁邊的保密局南所。在裡面他看到雙腳被打得嚴重浮腫
瘀血的郭琇琮。後來也與郭琇琮一塊被移到北所。離開醫院前,院長
魏火曜曾致電耳鼻喉科護士長為蘇友鵬拿其西裝外套來替換其身上白
袍,而該西裝口袋裡恰好放著注音版魯迅的《狂人日記》。蘇友鵬經
訊問一次後,1950年9月以「台北市工作委員會案」參加叛亂組織的罪
名,依《懲治叛亂條例》判處有期徒刑十年,唯一證物正是那本《狂
人日記》。1951年5月14日凌晨,蘇友鵬等人被押出軍法處前往基隆,
再搭船往綠島,成為第一期到綠島新生訓導處的政治犯。在綠島被監
禁九年。1960年5月13日,蘇友鵬及同案的醫生胡鑫麟、胡寶珍等被釋
放,並返回台灣。之後,台大耳鼻喉科主任杜詩棉請他回台大研習醫
術,他再利用晚上到診所幫忙,來解決經濟問題。1960年,台北鐵路
醫院的耳鼻喉科主任楊蓮生請他到鐵路醫院任職。雖然人事主任多次
刁難,但楊主任找了許多人作保,解決了就職問題。之後在鐵路醫院

但盧兆麟跟英泰走了之後，張瑛珏要搶總幹事，所以跟郭振純兩個人為了職位搞得很不愉快，致使郭振純退出「五十年代」。

現在，雖然第二代接班了，但他們還是有兩個團體、兩個會長。因為「五十年代白色恐怖案件平反促進會」是沒有登記的，所以他們才去台北市登記一個「台北市高齡政治受難者關懷協會」。也就是說，他們一定要保持兩個團體，一個是有登記的。這個情形跟「互助會」一樣。「互助會」也沒有登記，但為了申請補償，他們就成立一個「中華民國台灣地區政治案件處理協會」。這個有去內政部登記。

至於我們的「關懷協會」，改名之後，舊的名字就沒有用了。所以當時「補償基金會」（財團法人戒嚴時期不當叛亂暨匪諜審判案件補償基金會）送東西時，是有會的名字就送，有的人就說：「這樣我們比較吃虧，人家有兩個會的名義，送雙份，我們沒有。」所以說要恢復「聯誼會」。我說：「沒有必要為了爭取『補償基金會』送的一些棉被、毯子，就去恢復一個組織。」所以我們的會始終只有一個名稱而已。雖然之前想要合併沒有成功，但是現在都交由第二代

耳鼻喉科服務長達三十年，並在台大、公保中心兼職。1991年2月1日退休，但仍長期擔任顧問。1997年蘇友鵬與其他白色恐怖受難者組成「五零年代白色恐怖案件平反促進會」。翌年，又成立「台北市高齡政治受難者關懷協會」，並與吳聲潤等輪流擔任兩會理事長。2014年3月18日太陽花學運，蘇友鵬與十幾位白色恐怖受難者前往現場勉勵學運參與者。2017年9月16日，病逝於台大醫院。〈蘇友鵬〉，「國家人權博物館」：https://www.nhrm.gov.tw/information_195_80228.html，點閱日期：2020年6月5日。

接班了，未來還是可能有合併的機會。

　　目前，為了《促轉條例》賠償的問題，「互助會」、「關懷協會」、「五十年代」和「二二八關懷協會」有組織一個聯合工作小組。這個小組主要的工作是做為促轉會（促進轉型正義委員會）的對口單位。所以是針對單一議題而已，其他的活動，就沒有用這個聯合工作小組的名義。因為「互助會」跟我們不同掛，其他的活動，如果用工作小組，他們可能會有意見，因此等到賠償的問題處理好，聯合工作小組就解散。解散之後，因為「五十年代」已經是第二代接班了，未來可能就會去討論怎樣合併的事，但可能也需要一些時間運作。事實上，大家最主要合作的基礎是，政治立場一致，所以2016年和2020年的總統選舉，「關懷協會」、「五十年代」和「二二八」也有合作成立後援會，支持本土政權。

第七章

追求轉型正義

從景美園區到人權館籌備處

　　景美園區一開始叫「戒嚴時期軍法審判紀念園區」，也有插牌。但2007年12月10日開幕前夕，又改名為「景美人權紀念園區」。那是「彭明敏基金會」來承辦的第一年。「彭明敏基金會」從2007年12月做到2008年12月，滿一年就解約，由文資總處籌備處接管，並且派五人小組過來，我記得有朱瑞皓組長、黃龍興、林靜雯等人。

　　但，2009年辦人權日活動時，因為裝置藝術的問題，和陳嘉君發生衝突，致使組長被換掉。但我說朱組長是因禍得福，因為當時朱瑞皓是組長，黃龍興是副組長，到現在十年過去了，黃龍興還是組長，但被調回去文建會（今文化部）的朱組長，已經升到司長了。朱組長算是跟我很熟，因為他接任之後，辦人權日活動時，指定我代表受難者致詞，我一直推辭，但他說一定要我講幾句話。

　　2009年活動當天，郭振純說：「你不怕被馬蹄踏到？」但我有表態。所謂的表態，是學習李登輝的模式。李登輝過境美國時，沒被接待，所以美國在台協會去機場拜訪時，他穿睡衣。雖然那天是正式場合，而且要上台致詞，但為了表示我的態度，我刻意沒打領帶，不然我穿西裝，一定會打領帶的。記得儀式結束後，有安排種樹，種了兩欉。我跟馬英九共同種一欉，另一欉好像是呂秀蓮跟陳明忠種的。但後來覺得不好照顧，我說：「摘掉算了。」所以那兩欉現在已經被摘掉了，牌子也被拆了，當時還是景美園區的階段，還沒有人權館的概念。

　　2008年年初，文資總處接管園區之後，第一屆的人權日，有工作小組籌辦，所以很順利，沒有事情。但隔年12月10日，朱組長特別邀請竹山的裝置藝術家游文富在「汪希苓特區」旁邊的走道做了一個裝置藝術，用竹籤插得密密麻麻，上面還有幾隻和平鴿，標題好像叫「飛向自由」。但大概在儀式前幾天，施明德的老婆陳嘉君卻帶了記者來「踢館」，指責園區把這個殺人犯捧成爭取自由的鬥士。那時候我跟銘城在旁邊開會，聽到外面怎麼在大小聲，用大聲公嚷嚷，於是跑出來看，大概有兩、三個女性在那裡。有人問說：「那個人是不是施明德的老婆？」我沒見過，所以說：「我不知道。」銘城說：「她就是陳嘉君。」我說：「如果是陳嘉君，就是施明德的老婆。她在做什麼？」

　　當時有一個傳說，陳嘉君準備要參選台北市議員。所以來的時候，其實不是要破壞，而是造勢跟控訴，所以只扯了幾根竹籤下來。當然，園區有通知警方來，控訴她破壞，要把她拖去派出所。但她不去，所以警方也不管她是什麼人，

手銬銬上就直接拖去派出所。她的先生得知消息後，有趕來現場，但當時已經開完會了，所以我不在那裡。聽說他（施明德）有去踩踏那個裝置藝術，但竹籤很高，他怎麼爬上去踩踏？所以我想可能是用腳踹倒的。

後來，園區告他們毀損，法院也有判決，大概是易科罰金的樣子。因為法院判他毀損罪，他不甘願，就去監察院找黃煌雄調查。所以，朱組長後來就被彈劾，調回去文建會。但這十年，他一直升官，2019年我去文化部時，他已經是司長了。

為了「踢館」的事，文資總處後來邀請我、文化界的人士和台灣民間真相與和解促進會的委員一起座談，也請創作者藝術家和陳嘉君與會。本來開會是要化解雙方的誤會，結果，兩個多鐘頭的會，兩邊卻互相攻擊、批判，所以委員講話的機會很少。我知道其中有幾位和Nori不錯，但這些人看到陳嘉君這樣強勢，也不敢替他講話，所以當天原訂要討論的主題就沒辦法進行。

2008年5月馬英九就任之後，請他的建中同學王壽來擔任文建會文資總處籌備處的主任。但2009年2月，王壽來卻把「人權園區」改成「文化園區」。改的主要理由是這麼大的一個地方，來參觀的民眾卻不多，只有阿貓阿狗兩、三隻。為了活絡園區，所以要比照華山的模式，讓藝文團體進駐。這中間，開始發起抗爭的其實不是受難者團體，而是乃德他們的民間真相與和解促進會，但主體是受難者團體，因為我是團體的負責人，所以乃德來找我說：「這要抗爭！」

但，抗爭不是去包圍園區，而是去文建會。當時我們做了很多標語，也一起去見文建會主委黃碧端。黃碧端說：

「大家可以討論。」可以說是沒有肯定承諾，也沒有拒絕。乃德也發動六十幾位學者連署，寫信給馬英九。但乃德跟我說，這些學者不是我們本土派的人，而是比較親馬英九的學者。當中我記得包括陳芳明在內，但乃德跟我解釋說，如果找獨派學者，馬英九不會接受，所以才找他信任的學者來反對他。另一方面，當時還沒有聯合小組存在，所以受難者團體就以我們「關懷協會」為主體寫信給馬英九。

在學者和受難者團體寫信去抗議之後，馬英九終於出聲說「人權」兩個字不能拿掉。也就是2月「人權」才被拿掉，到6月份，「人權」兩個字又被塞了進去，變成「人權文化園區」。但當時我很有意見，我認為這是一個歷史遺址，為什麼把人權和文化聯在一起？乃德跟我說：「你現在在抗爭這個，但綠島沒有這樣的問題。人權文化最先用的就是綠島。」我想哪有這樣的情形？但，當時綠島是委託台東美學館在管理，曹仔（曹欽榮）都在那裡做綠島的工作，也有請我去當評審，所以我跟這些人很熟悉。後來我就去問台東美學館的人說：「你們當時為什麼用人權文化？」他們說：「考慮到預算要經過立法院審查，為了不讓預算被國民黨的委員刪掉，所以就沒有去強調人權，而是把人權和文化放在一起。」換句話說，最早用人權文化的是綠島，那是美學館在管理的時候取的名字。

「人權」又被放回去之後，文化界和受難者團體接著一再要求法制化。因為園區沒有主管單位，只有一個五人小組在那裡而已，而且也沒有固定的編制和預算，等於是一個臨時編組。所以2010年就有這樣的訴求。這中間，還是屬於文資總處在管理，所以他們就召開會議。我們在會議上也提出

兩項訴求，第一是組織法制化，第二是性質博物館化。

　　後來，馬英九宣布綠島和景美要成立一個三級機構的「國家人權博物館」。在那之前，並沒有這樣的字眼。而在這樣的字眼出現之後，就開始進行籌備。「國家人權博物館籌備處」也在2011年12月10日掛牌成立。但，成立籌備處之前，文資總處有召開一個諮詢會議，找了一、二十位專家學者與會。當時文資總處提出了一個計劃，結果被這些專家學者打槍說：「籌備處要成立了，但人事還沒有決定。通常籌備處的主任，就是將來開館的館長，所以要如何規劃，應該由籌備處主任做決定。但人選還沒有決定以前，你們就先提出計劃，這樣不適當！」本來那天是要審查文資總處的計劃，就這樣被諮詢委員給否決掉了。但是後來還是決議館方定位現階段以政治人權作為主體，所以這幾年的活動都以政治人權、過去的白色恐怖為主。

人權館籌備處回顧

　　王逸群：我2012年4月接人權館籌備處主任時，社會氛圍對於景美人權園區一直停留在2010到2011年的重大事件。當時景美園區由文化資產總處（今文資局）經營管理，王壽來在當主任時，把這個園區定位為文化園區，後來黃煌雄監委、民間的促進會和受難團體對於這樣的改變有極大的反對聲音。這個事件就衍生到，2011年為什麼會成立人權館籌備處？因為文建會和總統府為了回應整個社會的期待，所以就順水推舟讓籌備處成立。

　　2011年籌備處成立，我到的時間是4月16日。我本身不是學歷史的，我是學建築的，去的時候，我一直在思考，如何把我們的景美園區回復到當時符合大家期待的、尤其是受難者團體跟所有學者期待的白色恐怖紀念園地。在這樣的情況下，我馬上面對的是，監察院繼續追查這件事情後續的處理，以及我到底要怎麼把這些歷史建築用它的原貌給修復回來。更重要的是，當時的口述歷史，雖然中研院做了前面一批，但是後來有一段時間幾乎都散落民間，但真正成立籌備處之後，大家最期待的是，如何把這些口述歷史系統化跟完整化。因此，我從2012年4月開始做這些事情。

　　剛開始去，其實所有的預算經費都是前面編定的，包括主任和副主任在內，正式人力不超過五位，其他部份都是臨時人員，在這樣的情況下，我必須準備好所有的建築環境。在修復的過程中，不能整個把它封閉，一定要不斷地修復，同時又能開放。因為當時的社會要求是，這個園區的參觀人數不能太低。太低的話，代表所有的推廣完全沒有做到。園區包括景美和綠島兩個地方。為了處理兩個園區之間的行政聯繫，我馬上就建立了視訊系統，另一方面，除非遇到立法院的會期跟冬天船期沒辦法配合，我平均六個禮拜一定會去綠島一趟，然後再回來。

　　在當時的情境下，我遇到最大的困難是，對於這段歷史，除了高中跟大學有接觸之外，其實沒有認識任何一位政治受難者。即使我在台北市政府服務過，認識了一些二二八的遺族，但對於白色恐怖這件事其實非常的陌

生。因此，我印象很深刻的是，我到那邊報到的第一天，在活動裡就遇到了蔡前輩。我記得那時他和郭振純前輩跟我講了一句話：「我們還在觀察你！」講得很直接，還說：「你來人家都說你是過水的，我就是要觀察你要怎麼做這個園區。」當下我不知道怎麼回答，只能講說：「我盡力做，能夠做多久，我就努力去做！」

後來，蔡前輩幫了我很多。因為這個園區所有的事情，都跟受難者的網絡怎麼去建立有很大關係。我去之前，同仁固然零零星星跟受難者前輩有一些接觸，可是他們大部份接觸的，都是文化工作者，像陳銘城、曹欽榮。換句話說，我去之前的籌備處，很少直接對受難者這個部份，都是由長期在這個領域耕耘很深的前輩，把這些成果資料透過展覽的合作等等去做一個處理。因此，我去之後，蔡前輩幫了很重要的一個忙就是，開始在所有的網絡裡面，幫我做一個連結。這個連結，對我而言，很重要的一件事是，在這五年半裡，我所有的行政決策跟所有會議的參與，三個協會的受難者前輩，跟陳儀深教授、許雪姬教授等等，都發揮了很大的影響。也就是說，我用學者結合受難者，來作為我這個園區裡所有事務決定的重要依據。

在2012年到2013年的時候，其實說真的，大部份接觸的都是「關懷協會」跟「五十年代」比較屬於我們本土立場的受難團體。統派方面的「互助會」基本上在2013年之前跟籌備處是保持距離的。他們對於這個園區所有的事情都採觀察的態度，也不會來參與活動。但，對我來說，為什麼後來必須把他們拉進來？因為蔡前輩跟我

講過，在白色恐怖的年代裡，不管立場是什麼，林書揚和他們會的其他前輩，就是曾經在那個地方，特別是綠島被關過。如果這個園區，只有我們「關懷協會」跟「五十年代」的話，會少了一角。這一角的歷史，永遠是他們說他們的。但對於台灣來説，這一段歷史到底要如何去處理呢？

當時剛好有一些契機。從2013年到2014年年初之前那半年，我幾乎很頻繁地跟他們接觸，私底下到他們的會拜訪，邀請他們。好不容易到2014年的時候，他們有一點鬆口說，願意在人權日的活動和517的活動來參與，看看我們在做什麼。我覺得很重要的是，2014年的517他們願意回到綠島這件事情。也因為他們持續地參與，讓我從2014到2017年這三年裡做了一件很重要的事，我覺得也是人權館非常核心的基礎，就是口述歷史相對完整性的建構。

統派那個會的歷史，他們很堅持不讓他們無法信任的人來做。當時其實在歷次的會議裡討論很多，包括跟蔡前輩他們也討論很多，就是他們講的那些歷史，可信度是什麼？可是，後來包括許雪姬老師也説，就讓他們做，反正他們願意講，至少可以留，如果都不講，就永遠沒辦法留。所以我印象很深刻的是，三年累積下來，包括三個會，全部做的口述歷史，總共三百五十位。「互助會」那邊是自己做，「五十年代」是薛化元老師做，「關懷協會」這邊則是曹欽榮跟陳儀深老師做。

至於散落的一些家屬和受難者的部份怎麼辦？我們透過縣市政府的補助。因為網絡還是在縣市政府，所以當

時我就爭取文化部的支持，從2014年開始推動。因為
2012年的錢是人家編好，我去執行的，2013年我還在熟
悉整個業務的重點，所以也沒有辦法很完整地去規劃經
常門和資本門到底要做哪些事情。真正預算的整體規畫
是到2014年才累積成熟的。那本預算，很重要的是，
我加了一個縣市政府的補助。這個補助，我覺得影響很
大。其中的一個意義是，喚醒縣市政府重視這段歷史。
比如2015年屏東就做了金蕉大王的白色恐怖案[1]，台
中、高雄和彰化也非常積極在做。整個系統加起來，剛
好就補了我們人權館籌備處做的這些口述歷史不夠的地
方。從他們所有出版的刊物累積起來口述歷史的人數，
應該有超過五百五十位，將近到六百位。

　　可是，我覺得只有書面紙本的口述還不夠，因此，
2014年的時候，我也加入了影像拍攝。我知道我們是在
跟時間賽跑，當我去報到時，老人家們其實年紀都很
大，尤其在去年又走了很多，所以我那時候心裡想的
是，我如果有辦法用一個比較好的導演去拍每一個受難
者下來，我們現在雖然做不到，但我有把握，未來的科
技一定有辦法把這些影像立體化。影像拍攝兩、三年下
來，也累積了相當的數量。

　　這樣的累積，到2015、2016年的時候，又遇到了一件
重要的事情，就是「補償基金會」的結束。這件事之所
以很重要，是因為我們爭取到卷宗全部移到人權館籌備

1　黃旭初編著，《金蕉傳奇：香蕉大王吳振瑞與金碗案的故事》（屏東
　市：屏東縣政府，2015年）。

處。本來我們想啓動，把中研院整理的事情加速，讓所有的卷宗能儘速地公開，但這個需要很長的時間，目標是透過研究跟口述歷史的對照。

在我要離開的時候，又完成了一件重要的事情，我現在覺得還滿對得起這些老人家的，就是我在景美園區做了紀念碑。紀念碑上八千八百七十幾個受難者名單，是我們的同仁自己從補償卷宗一一對出來的。雖然民間有一個受難者資料庫，那是由一位前輩自己累積、製作的，但我們這個紀念碑，完全是同仁從卷宗裡去對照，加上口述歷史那五、六百位，以及跟前輩們做比對所得出的名單。光是這個作業就花了很長的時間。今天景美園區看到的紀念碑就是當時做下來的。

本來我的目標是綠島也要做當時在綠島曾經被關押、或跟泰源有關聯的名單的紀念碑。因爲綠島整個資料的留存更少，所以綠島先從組長過去那邊，再整個深耕之後，才慢慢地把一些資料做整理，可是已經來不及處理了。雖然綠島也有「垂淚碑」，但裡面的名單不限於綠島，而且有的是重覆的。我沒有改它，但當時我嘗試找出確實曾經跟綠島或泰源有關聯的名單。

到了2016年的時候，我差不多已經利用四年的時間，把所有的歷史建築，包括綠島，全部都整修好了。但我馬上就面臨到一個思考，對我學建築背景的人來說，我心中一直有一個重要的堅持，我認爲兩個園區的歷史建築一定要保持它的原眞性。從2012到2014年，其實認識白色恐怖這段歷史的年輕朋友非常的有限，因此，我沒有辦法接受在「仁愛樓」裡面用了很多它沒發生過的東

西，我覺得這個對歷史會是一個誤導，所以仁愛樓跟其他所有的建築，我都是堅持它的原貌。原貌的關鍵在於，我知道多少歷史，我就做多少。因此，很多的人去看，會說奇怪，怎麼少了一個拼圖，可是我就會說，這是過程，因為當我的歷史資料不夠明確的時候，就是只能呈現到現在這樣，除非有更多的資料，才能夠慢慢地補充進來。

很多年輕人甚至年長的參觀者來到這邊，都會問導覽員一件事情，這裡有沒有刑求過人？槍斃是不是在這裡？因為當時的歷史知識還沒有辦法推廣，所以我才會堅持說，不能有這種誤會，因為這會造成一種空間上的錯置。甚至那時候我們本來也在想說，仁愛樓裡面是不是要表演一些影像方面的創作，可是後來我都不同意，因為我認為那是不對的。可是一個博物館不可能不去推廣這些事情，所以2015年底我就在想這件事，經過2016、2017年，經過文化部的同意，我申請到了國家重大建設，幫人權館爭取了二十二億。其中有十六億是要做新的附屬建築。

那時候我很幸運，人權館進去，停車場旁邊有一個汽修大隊，那個汽修大隊剛好跟我們的園區完全沒有關係，那是後來國防部汽車修理大隊興建的一棟完全無關的建築。它旁邊剛好有一個碉堡，是有關的，可是前面完全無關。我說這是老天安排好的。如果今天不是這樣的話，我任何的想法也完成不了。因為在我的邏輯裡，景美園區這些老舊的建築物，我一定不能動它，我只能去維修它，把它給處理好，但是剛好就有這麼一塊地。

所以那時候我打算景美花八億，綠島花八億，各蓋一棟小小的、三到四層樓的建築。

我曾經在2014年去智利參訪。人家智利的人權博物館一進去，就是一棟兩層樓高的建築。進到它的頂樓，很震撼的是，從整個挑空的位置看下去，前面有一排白色燈光的蠟燭，牆的對面全部是智利皮諾切特政權時所有失蹤的人的照片。我的震撼在於，那時候的館長跟我說：「你知道嗎，這些電腦都來自於你們台灣！」我要講這段歷史，又不能去破壞建築的原眞性，我就要蓋一棟新的。在一棟新的前提下，至少能讓我們的參觀者，在進來博物館的第一站，就先認識這段歷史，然後再回到歷史的原眞地，去體會當時的歷史情境到底是怎麼樣。

其實，2016年鄭麗君部長上任之後，這個預算才能過。不然那時候我也是透過各種關係去爭取。而且那時候剛好有一個轉變，龍應台部長離開了。洪部長雖然不會去減我的預算，可是他只有一個想法，他希望我們那個禮堂能夠導入像「無垢」這樣一個團體的進駐。但那時候我覺得，應該要回到一個純粹的受難地。要結合有關表演藝術去推廣這件事當然可以，可是讓一個舞團長期進駐在園區的話，恐怕要經過大家的討論。

所以，我在爭取國發會這二十二億經費時，其實也都是因緣和老天幫忙。因爲審我這個案子的，是我大學老師的太太，她剛好認識我，所以私底下幫忙，不然那時候的爭取過程其實很辛苦。後來到了鄭部長，才一切很順利地在整個府院黨的支持下，讓這二十二億可以很快

地框定下來。

　　對我來說，因為有這些受難者前輩的幫忙，讓我可以把這兩個園區的紀念碑、口述歷史，還有最重要的建設經費確立下來。因為政府預算每年都減，如果沒有特別預算去把未來架構經費給框下來的話，絕對不可能有這個錢去蓋一棟新的博物館！

人權館前後面臨三次危機

　　人權館前後面臨過三次危機。第一個是「人權」兩個字被拿掉，改成「文化園區」的事。當時王壽來說：「把人權拿掉的理由很單純。這麼大的一個地方，只有阿貓阿狗兩、三隻，很可惜，要做一個跟華山一樣的文化園區，引進藝術團體才能吸引人來！」我說：「這裡是人權博物館，不是藝術表演的場所，你把它當成這個，這段歷史你都忘記了！而且要成立的時候，都有開會要求，你怎麼都不當一回事！」後來這件事監察院也有調查，但王壽來有沒有受處分我不知道。聽說他的背景很硬，是馬英九建中的同學，是不是我不知道，我只知道他太太是郝龍斌在當台北市長時的文化局長。

　　好在當時乃德發動學者不斷寫文章、發表聲明，才形成對馬政府的壓力，最後人權博物館終於催生出來。換句話說，是經過抗爭才催生出來，並不是政府主動的。所以我才說，李登輝也好，陳水扁也好，馬英九也好，都沒有主動去做這項工作。今天人權館的成立，整個過程就像擠牙膏一樣，一截一截地出來，實在很不容易。

　　後來，人權館籌備處成立，王主任也接任了，本來馬英九承諾要做為三級機構，但王主任將人權館的組織章程送去行政院，行政院卻壓了兩年多不審查，後來還說要改成「行政法人」，不照原來的承諾。因為人權館是下級單位，所以也沒辦法去爭取。好在王主任很用心，透過中華民國博物館協會來研討，並且聽取這些專家學者的意見。記得開了三場會議，這些專家學者都支持人權館做為「政府機構」。說起來，那次差點就變成行政法人，等於跟「二二八基金會」一樣。這就是人權館的第二次危機。

　　當時還是馬英九在執政，因此我跟王主任建議要去找他們藍營的人，才會有後來我去找立法院教育及文化委員會召集人陳學聖的緣由，當時也邀請陳學聖來人權館聽取王主任的簡報，他也送了我一本書，是他太太梁寒衣寫的有關白色恐怖的小說。陳學聖過去是記者出身，過去覺得他是屬於很理性的立委，對這些白色恐怖的受難者也相當地同情，但我覺得他最近的表現異於以往，常跟著韓國瑜在那裡亂講話。

　　記得2016年5月初，我去找鄭麗君，當時她還是立委，但我知道她一定會接文化部長，所以我跟她表示：「過去我們要求法制化，正式成立三級機構，但現在行政院要把它改成行政法人，我希望部長就任之後，重視這件事，去跟行政院爭取。」因為龍應台離職之後，我好幾次去找洪孟啟部長，他都說會努力，但後來我瞭解，他完全是應付式的，從來沒有去跟行政院爭取。人權館是文化部管轄的，應該是文化部要去爭取。這件事鄭麗君也知道。她說：「您放心，我一定會爭取到。」結果她就任沒多久，真的就定案了。

　　【王逸群：2016年12月10日，鄭部長在人權日活動上

　　表示，行政院在2016年底已經核定人權館籌備處提出的中期計畫，爲期四年，將投入二十二億推動成立國家人權博物館。[2]換句話說，2016年底先通過這個保證建館的特別預算，接著，2017年《組織法》經過行政院、立法院通過之後，籌備處才正式升格爲人權館。】

　　組織章程在立法院也擱了很久，當時陳俊宏館長曾經約我們到立法院開記者會，那天是由張廖萬堅主持。[3]到了之後，我才知道萬堅仔是他大學時期的同學。但我跟萬堅仔不熟，所以爲了這個記者會，我特地把李明憲找來。過去，李明憲選立委時，萬堅仔是他的總幹事，所以他們兩個人有交情。但陳館長沒有跟我說萬堅仔是他的同學，是到了現場才介紹說這是他的大學同學。

　　當時我要求《促轉條例》和《組織法》一起通過，但柯建銘跟我說，兩個法案不一樣，《組織法》比較單純，《促轉條例》的問題比較複雜，沒辦法一起通過。事實上，他們有時程上的壓力。因爲他們希望12月10日正式掛牌，並且請蔡英文致詞，做爲她的政績之一，但開記者會時已經11月了，只剩下一個月的時間。

　　【王逸群：2016年蔡總統上任之後，在12月10日有來

2　〈2016世界人權日活動 受難地景美園區隆重舉行 蔡總統宣示轉型正義決心 還原真相阻止國家暴力再次發生〉，「中華民國文化部」：https://www.moc.gov.tw/information_250_58862.html，點閱日期：2020年5月8日。

3　〈國家人權博物館「籌備」6年，政治受難者籲組織法速過：老人也能死得瞑目〉，2017年11月3日，「風傳媒| Storm.mg」：https://www.storm.mg/article/353548，點閱日期：2020年5月8日。

我們景美的人權日活動。總統在致詞時，講到了一個重點，就是要用最快的速度，通過我們人權館的組織法，所以2017年的速度才會這麼快。

當時我陪總統上車，總統問說：「我們人權館有要蓋新的博物館的地方嗎？」因為總統的車隊是停在停車場那裡，所以我說：「總統，您的右手邊的部份就是我們之後要蓋的地方。」總統問說：「經費有沒有問題？」我說：「沒有問題。鄭部長已經通過四年二十二億重大建設經費了。」她還問我什麼時候會蓋好，我說，應該三年半，因為範圍不大。但後來為了這件事，開了會，兩案併陳，一個是拆掉汽修大隊，在那裡蓋新的博物館，另一個是保留汽修大隊，讓舊有建築再利用。】

這就是我說的第三個危機。雖然當時已經爭取到二十二億，也已經規劃好了，只因為一個人反對，整個案子就停擺下來，到現在還沒辦法解決。我跟王主任說，堂堂一個國家的三級機構，竟然沒有一間比較像樣的會議室，連館長也窩在小小的辦公室裡，連四張沙發都擺不下！

【王逸群：我是2017年8月1日離開的。我當時跟蔡前輩說，我離開籌備處，心中唯一沒有放下的一件事是，我本來在2017年4、5月，想把汽修大隊拆掉的。在新北市的範圍內，政府如果申請拆除執照，一般要四到五個月。但我那時候有預感，要準備離開了，所以透過很多的關係，一個禮拜就拿了拆除執照。那時候我本來可以批直接把它拆掉的，但就是有一個念頭說，未來這個博物館是一個新的博物館，如果在我要離開的這個階段就做了這件事，我覺得對新的主任不好意思。我那時候其

實很天眞，因爲總統問了，我也跟我們次長報告了，以
爲這件事情如果讓新的主任當作他的成績的話，我會覺
得這是一個很完美的開始，哪知道會是這樣的結果！實
在可惜！】

　　那次在文化部開會討論之後，我跟人權館的人一起搭計
程車回來，但還沒回到人權館，部長的電話就來了，說等一
會她會過來跟我們見面。我想，剛才才在那裡開會，爲什麼
又要來？結果，部長來的時候，講了兩件事。第一件是人
事。事實上，她還沒有說以前，就已經有一些風聲了，但我
還不是很肯定。那天部長在講人事時，我的態度沒有很好。
原因是我們這些受難者覺得對不起王主任。因爲王主任跟我
們說過龍部長還沒離開以前，有要安插他到比較適當的位
子，怕他2016年政黨輪替之後，可能沒有那麼順利。所以我
們大家那時候就一直留他，不希望他走。等到籌備處要結束
時，我們跟王主任說：「你要走，也要等到立館、做完第一
任館長之後再離開。」想不到要成立的前夕，卻人事調動，
我認爲非常地不公平！

　　鄭部長來講的第二件就是汽修大隊要不要蓋中心的事。
她當時說要暫時擱下，因爲她的目標是中正紀念堂。也就是
說，將來人權館的館址要設在中正紀念堂。如果現在就蓋一
棟新的，到時要去跟行政院爭，可能人家會說：「你們已經
有了啊！」所以這段時間我們一直沒有表達工程的訴求，就
是因爲鄭麗君有跟我們說這件事。

　　2019年，鄭麗君又特別約我們去南海路的部長辦公室，
當時又重申一次，中正紀念堂的轉型目標沒有變更。但那次
「互助會」的人也有去，我們回來之後，陳館長就打電話來

說：「部長交代，剛才跟你們說的，對外不要洩漏出去。互助會的人不知道會不會洩漏出去？」我說：「沒關係，我馬上跟他說。」那天是吳俊宏去的，所以我就打電話跟吳俊宏說：「剛才我們在文化部跟部長見面說的話，部長交代說，不要洩漏出去。」因為洩漏出去，可能會造成不少阻力，但到目前為止，據我所知，促轉會跟文化部已經有了一個共識，也送去行政院了，但我不便問說，究竟是什麼樣的共識？

提出《戒嚴時期人民受損權利回復條例》修正案

　　蘇貞昌就任行政院長之後，跟立法院有一個默契，已經溝通好特別是爭議性的法案，在選舉之前儘量不要提出。比方說，《促轉條例》第六條空白授權給促轉會要立一個補償辦法，但楊翠他們不懂這些，只是一直說：「沒有規定啊，你們應該要立法，讓我執行。」還表示《促轉條例》很空洞，沒有一個具體的規定。大家都覺得我應該給楊翠一些壓力，但我覺得很為難，因為楊翠是我們的孫女，我們要怎樣向她施壓？但問題還是要解決，所以我只能化被動為主動，從2019年3月開始，提出《戒嚴時期人民受損權利回復條例》修正案。

　　事實上，過去我在第七、第八屆就曾經提出過這個修正案，但只修了第四條而已，這次我們希望是全盤都修。因為第一，「戒嚴時期」已經不對了，《促轉條例》寫的是「威權統治時期」，所以從頭到尾，每一條都要做修正。此外，

以前第四條財產沒收的案，如果判無罪，被沒收財產者得請求發還，但現在還包括自由刑跟死刑的賠償，所以要整個修改。

我請林佳和老師修改，他改了三次之後，2019年5月我再提交給尤美女委員，但尤美女認為已經到月底了，建議下個會期9月再提出，我也認為可行。7月的時候尤委員來電說她已經告訴柯總召這件事，柯總召說提交民進黨黨團提案。於是我再去找柯建銘，他說他還要去找政務委員羅秉成溝通。

結果，9月的時候，薛化元在政大辦了一個雷震逝世四十週年的座談會。中午吃飯我正好跟羅秉成同桌，我本來想藉機跟他講這件事，但大家都跟他對話，我插不上話，直到吃飽之後，我把他留下來跟他討論這件事。羅秉成說，柯總召有拿給他看，法律上沒有問題，但他看不出這個法案的承辦單位在哪裡。我解釋說林佳和表示要再成立一個委員會處理這件事，但我認為不要再成立委員會了，提交促轉會就好。羅秉成提到促轉會有任期的問題，我也回應他如果促轉會任期完成，這個也完成了。不然行政院指定單位也可以，但現在不要再成立一個什麼會了。羅秉成聽完跟我說法律上沒有問題，接下來是政治問題，要我再跟柯總召討論。他這樣講，我就知道意思了。所謂的政治問題，就是蘇貞昌已經跟柯建銘溝通好了，在選舉之前，爭議性的法案都不要提出，所以當時我都沒有去催。

後來因為尤美女沒有連任立委，所以這個法案就由周春米接手。周春米接手之後，也有繼續在推動，所以2019年就先辦了公聽會，在這一屆也不斷請促轉會去她的委員會做報

告。本來想說2020年2月底就要提出這個案，但碰到武漢肺炎那麼嚴重，行政院和立法院都很忙，如果我們推動這個，會讓大家覺得這些老人怎麼那麼不懂事，所以現在我也就沒有去立法院推動這個法案。

不過4月的時候我還是有先去立院打過招呼，我在立法院也有聯絡人，蔣萬安透過我的聯絡人表示要來看我。我本來也打算法案推動時要去拜訪他，但他透過我的聯絡人說：「不用啦，我去看你。」我有打算要跟他見面，不過不是現在，而是下個月。因為如果那時候就見面討論這件事，怕他會在立法院亂放砲，這樣不好。我想還是先跟周春米講好，再跟柯建銘見面，見面之後，才跟蔣萬安談是比較妥當的做法。

早期轉型正義的階段

在2016年以前，並沒有「促轉」這兩個字，那是蔡英文提出的政見。但，轉型正義其實很早就在推動了。在1986年解除戒嚴前夕，因為國民黨政府制定《國安法》（國家安全法），所以就有了第一次的抗爭。那時候雖然還沒有轉型正義的概念，但已經開始反對《國安法》了。所以要通過《國安法》的前夕，我們受難者團體也在立法院抗爭了一個星期，當時甚至還有一個絕食區，讓部份的受難者以絕食的方式表達訴求，直到《國安法》通過之後，我們的抗爭才結束。

依照《憲法》第九條的規定，非現役軍人，不受軍事審判。但《戒嚴法》第八條規定，戒嚴地區犯內亂、外患罪，

一律交付軍事審判。所以我們是依據《戒嚴法》第八條接受軍事審判。但《戒嚴法》第十條也規定，戒嚴時期非軍人受軍事裁判者，解除戒嚴翌日起，得向法院提起上訴。這是《戒嚴法》裡的一個補救措施。但，取消「戒嚴令」的前夕，卻通過一個《國安法》第九條第二項，規定凡是政治案件受軍事審判，還沒結案的，移交司法機關繼續審判；如果判決確定者，不得上訴。我們當時抗爭的，就是這個《國安法》第九條第二項。當然，國民黨沒有理我們。雖然當時規定，不得主張共產主義，或分裂國土，在抗爭中間這兩條也都沒有提出，但其實都有這樣的意念在裡面。

　　《國安法》通過之後，我們也向大法官會議聲請釋憲。因為根據《憲法》第十六條，人民有訴訟權，所以《國安法》第九條是違憲的。後來，大法官會議有做出釋字第272號解釋，說戒嚴年代久遠，案件眾多，基於司法的安定與社會的秩序，並無違憲。換句話說，中間有兩次的抗爭，一次是抗爭《國安法》，一次是要求大法官會議釋憲。這是1987年解除戒嚴前後，政治團體的動作，那時候我們也開始提出轉型正義的訴求。

　　接下來，就是《補償條例》（戒嚴時期不當叛亂暨匪諜審判案件補償條例）的爭取。目前，《補償條例》有一點需要說明、釐清的地方，當時都說是立委謝聰敏連署提案的，確實是這樣沒錯。1995年《二二八補償條例》（二二八事件處理及補償條例）通過之後，1997年民進黨中常委姚嘉文在中常會開會時提案說：「二二八已經通過補償條例了，白色恐怖的部份還沒有，應該要打鐵趁熱，立法做補償。」所以中常會就責成社運部出面，邀請受難者團體在立法院開聽證會。

　　聽證會是由社運部主任蔡有全主持，這些受難者團體都有出席。當時「五十年代」還沒分裂出來，還在「互助會」裡，所以一部份要求平反的人有出席，他們後來都是「五十年代」的人。「關懷協會」當然也有出席，中間也有提出一些建議。那次出席的立委有民進黨的，也有新黨和國民黨的。民進黨當然支持這個案子，新黨因為裡面有左派的受難者，所以也在行動上支持。但唯一反對的是高雄選出的陳瓊讚，他也是國民黨唯一出席的一位。他反對的理由是，這是反共國策，所以當時抓的是共匪，到現在仍然應該反共，跟二二八的性質不一樣。那天謝聰敏也有出席，但沒有上台，而是跟我們一起坐在台下。但公聽會結束之後，聰敏就開始連署。後來，二十幾位當中，就有國民黨、新黨，也有民進黨的委員連署提案。換句話說，《補償條例》提案的是謝聰敏，但基本上啟動這個案子的是民進黨中常會，公聽會則是民進黨社運部主持的。

　　總之，2000年以前，轉型正義的第一階段是《國安法》的抗爭，第二階段是《國安法》違憲的釋憲，第三階段是《補償條例》的爭取，這些都是早期的活動。

　　後來，聰敏認為國民黨軍事審判違憲。為什麼這麼說？因為台灣1949年5月19日宣布戒嚴，並沒有完成法定的程序。基本上，宣布戒嚴令有兩種，一種是總統公告，另一種是接戰地區最高軍事首長宣告。台灣是第二種，由當時最高軍事長官陳誠宣告。宣告之後，三個月內，要經過立法院追認，總統公告。但根據瞭解，1949年的政治狀態，立法院在廣州，總統李宗仁在美國，所以沒有完成法定程序。到1950年3月20日，蔣介石宣布「復行視事」，並且命令陳誠當行

政院長，當時陳誠才提案請立法院追認，但已經足足慢了一年。[4]因為1950年代的「戒嚴令」沒有完成法定程序，所以1950年5月以前的這些政治案件，照說不應該受軍事審判。但，講是這樣講，我們能怎麼辦？

後來，黃煌雄當了監察委員，所以聰敏就約我們去找煌雄，說「戒嚴令」違憲，但後來監察院的調查報告是說有瑕疵。[5]在我個人的認定，如果有瑕疵，法令當然無效，所以

---

4 戰後台灣曾三度頒布戒嚴令，分別是二二八期間、1948年12月10日依據臨時條款所頒布，並於1949年年底延續的接戰地域戒嚴令（台灣是在此時與此一戒嚴令發生關係），以及1949年5月19日的台灣省戒嚴令。一般所稱長達三十八年的戒嚴，是1949年5月19日，台灣省政府主席兼警備總司令部總司令陳誠宣告自20日零時開始的「全省戒嚴」。依據1948年修正的《戒嚴法》第三條：「戰爭或叛亂發生之際，某一地域猝受敵匪之攻圍或應付非常事變時，該地陸海空軍最高司令官得依本法宣告臨時戒嚴」，「前項臨時戒嚴之宣告，應由該地最高司令官或陸海空軍分駐團長以上部隊長，迅速按級呈請，提交立法院追認。」陳誠既宣告台灣自20日零時起戒嚴，戒嚴令就該依法提交立法院追認，不過卻遍尋不著當時由立法院追認的官方記載，法律程序難堪完備。薛化元，〈威權體制的建立〉，張炎憲、陳美蓉主編，《戒嚴時期白色恐怖與轉型正義論文集》（台北市：吳三連台灣史料基金會、台灣歷史學會出版，2009），頁24-25。

5 監察院2010年8月11日，公布監委黃煌雄、劉興善、葉耀鵬提出的調查報告。該調查報告首度指出，戒嚴令宣布的過程，在法定形式生效要件上有瑕疵。若當時的戒嚴令確欠形式法效，政府因此所做的刑事判決或沒收財產等處分，「恐須重新審酌」。黃煌雄指出，監院根據前立委謝聰敏等人陳情，歷經一年調查，蒐尋史料及書籍，除發現政府在台灣施行長達卅八年的戒嚴令，在形式法效上出現瑕疵，也藉此公開相關的文獻資料。劉興善表示，因國共內戰，政府在1948至49年間公布三次戒嚴令。其中第三次與台灣直接相關，是在1949年11月22日，把台灣及海南島也劃作接戰地域，實施戒嚴。但根據監院取得的

從1949年到1950年5月以前的政治案件不應該受軍事審判。軍事審判是不合法的,因為法令不完整。但從1949年抓的一律受軍事裁判。這個問題目前很少人提出來,但我認為這和轉型正義也有關係,雖然我還沒跟促轉會那邊討論,但這應該也要排入轉型正義的討論裡面。

轉型正義的十年追求

我說,轉型正義是十年追求。為什麼是十年?因為《補償條例》有一點非常不公平不合理的地方是財產的補償。它

資料,「代總統」李宗仁在那天已抵達香港,不在中華民國境內,如何簽戒嚴令?按憲法第卅九條之規定,這份未經總統宣告的戒嚴令確有瑕疵。黃煌雄補充說明,前兩次戒嚴令皆見於總統府公報,獨缺此份;行政院遷台後曾對此說明,當時政院致立法院的咨文有「除呈請公布外」等字眼,可見確有呈請公布之動作,可能是檔案散落,原稿遺失於大陸。但黃煌雄認為應該就是未經總統宣告,而非遺失;未來若有機會,也可去南京的檔案館找看看。劉興善指出,在這份全國戒嚴令前,台灣省主席陳誠曾透過台灣省警備總司令部在1949年5月19日宣布台灣地區實施臨時戒嚴;雖在應付非常事變時,該地陸海空軍最高司令官可宣告臨時戒嚴,但仍須在一個月內提交立院追認。這份戒嚴令是否有經立法院追認,根本無從稽考。劉興善表示,政府在戒嚴時期侵犯人民的財產權、生命權、自由權,若戒嚴令真有形式法效的瑕疵,當時所做的處分可能就有問題,當然會發生其後的救濟問題。調查報告更直指,若全國戒嚴令真的失效,軍事審判機關依法宣告沒收財產,「恐須重新審酌」。至於監院是否據此聲請釋憲?劉興善表示,此報告主要是想呈現歷史真相,釋憲須由當事人主動聲請,監院不宜就此問題提釋憲。〈戒嚴時期判決、沒收財產 須重新審酌〉,2010年8月12日,「自由時報電子報」:https://news.ltn.com.tw/news/politics/paper/418789,點閱日期:2020年6月9日。

規定最高兩百萬，但這兩百萬是包含在最高六百萬裡。比方說，判死刑是六百萬，財產賠償是兩百萬，照說應該是八百萬，但總額卻是六百萬，包括財產賠償在裡面。

我常常舉一個例子，跟施明德同案的郭哲雄有兩間房子被沒收，他當時才十八歲，「二條三」起訴，判決改「二條一」，判十二年，財產沒收。判回來，這個囝仔還很天眞地說：「十二年就十二年嘛！財產沒收，我也沒有財產！」當然，大家也相信，這個猴囝仔是高雄中學的學生，怎麼可能有財產。想不到，隔了一個禮拜，他爸爸來接見，才知道有兩間房子登記他的名字。他爸爸是醫生，有錢就買房子，但當時有遺產稅，所以都用小孩的名義買。

後來，他爸爸跟警總打官司說：「我有兩個小孩，房子是共有的，一人一半。」所以兩間房子只沒收一間，另一間因爲打官司討了回來。被沒收的那間是店面，很有價值。現在賠償，十二年是四百六十萬，加上那間房子作賠償是兩百萬，加起來一共六百六十萬。但最高不得超過六百萬是死刑，因爲他不是死刑，不得超過五百九十萬，所以他領五百九十萬。但他本來就是領四百六十萬，所以那間房子只賠他一百三十萬。這是非常不合理的！

我根據「補償基金會」查出來的資料，一共沒收的是一百七十七筆，但有領到財產沒收補償的才九位而已。爲什麼大家都不領？兩百萬是要買一間廁所，還是一根柱子？所以當然不領。雖然家屬有去立法院陳情，但找不到門路。他們也去找王金平，王金平說：「你們要用團體的力量才夠，你自己一個人不夠份量。」因爲我是「關懷協會」的秘書長，郭哲雄是我們的會員，所以就來找我幫忙。我說：「這

件事我本來就覺得不公平也不合理。」

《補償條例》是立法院通過的，沒辦法改變，但1995年《補償條例》通過之前，立法院就有通過一個《戒嚴時期人民受損權利回復條例》。這個也是聰敏提案的。當時有訂了一條，非軍人受軍事裁判者，判無罪而財產沒收者，得予請求返還。這條雖然是聰敏仔提案的，但他沒有注意到矛盾的地方。我跟聰敏說：「當時你提這個案，是1995年跟《二二八補償條例》同一個年代提的，比《補償條例》早三年。《補償條例》訂兩百萬，你這個說返還，但《國安法》是1987年通過的，第九條已經說不得上訴了，這樣要怎麼判無罪？所以有矛盾。」聰敏說：「現在我的身體不行了，不然你去努力！」

因此我從立法院第七屆、第八屆開始提出「戒嚴時期人民受損權利回復條例」第四條的修正案。因為《國安法》第九條說，不得上訴，這樣要怎麼判無罪？所以我的修正案是說，凡是領到補償金、恢復名譽者，視同無罪。

第七屆的時候，程序委員會有通過，但政黨協商一直擱置，因為國民黨不協商。第八屆開議之後，立委又提案，雖然一讀有通過，但政黨協商也一直擱著。到2015年第八屆最後一個會期，政黨協商才通過。但國民黨的書記長賴士葆拒絕簽字，所以沒辦法送出委員會。

葉虹靈當時也在立法院幫忙推這個案，她要我去拜訪賴士葆。我說：「沒有必要。」她說：「就差這一步了，拜託一下。」我說：「他們是加害者，我是被害者，憑什麼被害者要去拜託加害者？我是正式提案的，政黨協商也成立通過了，他拒絕簽字，是他本身沒收政黨協商，我身為被害者，

哪有去求加害者的道理？」

《促轉條例》的立法過程

　　2016年蔡英文總統提出她的五大改革，其中之一就是「促進轉型正義」，這中間有一段插曲：2012年我們受難者團體要幫蔡英文成立後援會，當時有人說：「也要去跟蔡英文談條件，要她支持轉型正義。」所以推了代表去跟她談，但蔡英文沒有做任何的承諾，只說：「我如果當選，我會做。」到2016年要成立後援會時，他們又說這次也要去跟蔡英文說。我問要說什麼？我們12年就跟她說了，她也把促進轉型正義列入她的五大改革之一。都已經清楚做為她的政見了，為什麼還要去跟她說？

　　2016年國會改選之後，民進黨成為多數黨。2月三位委員，顧立雄、尤美女和鄭麗君提出《國安法》第九條的修正案。[6]但他們提這個修正案，我認為沒有什麼意義。過去國民黨在制定時，我們一再反對，但現在修正案對我們來說，

---

6 顧立雄提案修正「國安法」，讓戒嚴時期經軍事審判而蒙冤的民眾，有機會平反冤情。他表示，「國安法」第九條禁止受軍法審判者提起上訴，斷絕救濟之路，嚴重侵害人民權利，因此提案修法，盼讓民眾冤情昭雪。顧立雄指出，草案已經完成連署，根據內容，未來修正通過後的六個月內，曾受軍法審判的民眾可提上訴，並交由司法院設置的特別法庭審理，重新檢視當時的冤案判決，回復歷史真相。〈平反白色恐怖 尤美女促政治檔案解禁〉，2016年2月21日，「自由時報電子報」：https://features.ltn.com.tw/japanese/article/paper/960188，點閱日期：2020年6月10日。

已經過時了。為什麼說過時了？因為慢了三十年，遲來的正義不是正義。三十年前，我們不管年紀也好，記憶力也好，要跟國民黨打這場官司，還有體力和心力。但，經過三十年之後，走的走，活著的頭腦也退化了，現在要去打這場官司，體力和心力也都沒有了。

後來，我在立法院《促轉條例》的公聽會上就提到這個問題。當時顧立雄還是立法委員，他有出席，聽完就跑來問我，我覺得應該要怎樣處理？我當時跟他說這是大多數人的事，我不能說怎樣處理我來決定，我要徵求大家的意見，給我一點時間。但我們人力、物力不足，所以我跟王主任商量說我們想開北、中、南三場座談，請他協助。後來人權館和受難者團體就辦了三場座談會，問大家對《國安法》第九條的意見，也有整理發言紀錄。

當時有的說要上訴，有的不要。為什麼有的要上訴？因為案情很單純，加上本身又是後期、七〇年代的，所以上訴的話，可以領冤案賠償。但大多數的人，根據《刑事訴訟法》三〇三條規定，當事人不能出庭的話，不能打官司。因為這些人都不在了，家屬也沒辦法代替他們打這場官司，所以《國安法》第九條修正案對他們來說，沒有什麼幫助。就算當事人還在，要去法院打官司也不容易。因為當時國民黨判我們有罪，沒有證據，我們現在要說無罪，也沒辦法提出什麼反證，所以後來做成決議說，這是政治案件，也是政治問題，應該以政治方式處理。姚嘉文建議，比照「美麗島」（美麗島事件）的特赦，但這點我不同意，因為「美麗島」是單一案件，性質單純，政治案件卻錯綜複雜，「紅的」、「白的」都摻在一起，要怎麼特赦？還是應該透過立法來處理。

　　所以，從2016年三場座談會之後，我們就開始推動《促轉條例》的修正案，其重點放在第六條損害賠償和沒收財產返還的部份。當時我們不斷提出意見跟尤美女委員討論，經過三次修正才提交大會。但修正之後，已經一讀通過了，卻在立法院躺了一年半。這中間，我們一再去催，也跟立法院要求人權館的《組織法》同時通過。但柯建銘說，《促轉條例》不像《組織法》那樣單純，沒辦法同時通過，但在這個會期會盡量排進去。

　　記得推動《促轉條例》期間有另一段插曲：2017年11月，我們去拜訪各黨團，當時也去民進黨中央黨部開記者會，我們本來想利用禮拜三蔡英文來主持中常會時，跟她見面，但那天蔡英文沒來，是指派民進黨副秘書長徐佳青跟我們見面。[7]事實上，前一天，徐佳青已經和我在民視的節目上討論過這個問題了。當天，我要求這個案在這個會期列入議程，但徐佳青說：「這個會期可能時間上來不及，下個月一月份有臨時會，再排入臨時會裡面。」

　　記者會的第二天，傳出了一個消息，賴清德院長急著要修改「一例一休」，所以柯總召跟國民黨討論說，《勞基法》（勞動基準法）的修正案不要抵抗，優先法案看哪一條要延遲。結果，國民黨的林德福就把《促轉條例》勾起來。[8]這個消息傳出來之後，我很吃驚，因為中央黨部和柯

7　〈「時間是敵人！」政治受難者籲促轉條例立法〉，2017年11月15日，「自由時報電子報」：https://news.ltn.com.tw/news/politics/breakingnews/2254118，點閱日期：2020年6月10日。
8　據《中國時報》報導，林德福、林為洲與柯建銘本週三人私下會面，

總召都答應說，臨時會會提出，怎麼會有這麼大的變化？所以當天我就以資深黨員的名義，寫了一封措辭辛辣的信給中央黨部主席蔡英文，標題是：這不是背叛，什麼才是背叛？

結果，信傳去之後，中央黨部的反應很快。我是當天晚上傳過去的，第二天下午差不多三點，柯建銘辦公室的蔣主任就打電話給我說：「會長，這個消息是從哪裡來的？是不是時代力量告訴你的？」我說：「不是。」他說：「柯建銘有說會打給你，有嗎？」我說：「沒有。」他說：「在Line裡面有一篇文章你看過嗎？」我說：「我不會用。」他說：「我現在傳給你。」我一看，柯建銘完全否認這件事，國民黨也否認雙方有所謂的交易。晚上六點左右，柯建銘打電話給我說明沒有這件事，連國民黨也否認這件事。我說：「沒有最好。」接到柯建銘電話之後，我也接到蔡英文的答覆。蔡英文在臉書公開答覆說，不會為了法案，出賣這些老前輩的權益，另一方面，她也下令，馬上展開政黨協商，[9]所

柯將本會期即將要處理的三十多項法案攤開，讓林德福勾選，以交換《勞基法》修正草案付委審查、中選會人事同意案、明年度中央政府預算順利通過。林勾選《促進轉型正義條例》、《公投法》後，近日不斷與蔣萬安等展開內部溝通。〈新聞幕後──一例一休不同調 蔣萬安怒嗆黨鞭〉，2017年11月18日，「中時電子報」：https://www.chinatimes.com/newspapers/20171118000313-260118?chdtv，點閱日期：2020年6月11日。

9 蔡英文總統透過臉書（facebook）貼文分享一張立法院黨團協商開會通知單，明天立院將研商「促進轉型正義條例草案」及「公民投票法修正草案」相關事宜。蔡總統說，民進黨政府不會用長輩受難的過去來做政治交換，「我們會用行動證明一切」。〈促轉條例明協商 蔡英文：不會用長輩受難的過去做政治交換〉，2017年11月

以，這個案急轉直下，隔天就進行政黨協商。

政黨協商從禮拜一到禮拜四，一共談了四天才通過。協商通過的單子我也有，大家都有簽字。想不到，禮拜一國民黨卻反悔，不承認政黨協商，但隔天就是12月5日禮拜二，要全案表決，既然國民黨推翻協商，只能強行表決。5日一大早八點半我就到立法院，但那天禁止旁聽，怕人家來亂，所以蘇嘉全（時任立法院長）就安排我到他的辦公室旁聽，會客室那裡有電視，現場轉播，所以當天我從早上九點到晚上九點，全程收看立法院的表決。

八點半時，公視打電話來，要我九點到公視接受訪問。但我已經有準備一篇記者會的發言稿，所以八點半蘇嘉全辦公室的主任就帶我去記者室，先發聲明稿，另一方面也答覆記者的詢問，然後再趕去公視。離開立法院時，大概是八點四十分，那時候已經審到第十八條，還沒結束，但算是尾聲了。這就是整個《促轉條例》的過程。

《促轉條例》在立法院困了一年半，這中間不斷修正，我也不時跑去立法院跟這些委員商量內容，但定案差不多半年了，最後的一個修正是要怎樣除罪化。也就是說，有領到補償金的人都除罪，但九十六件沒有通過的部份，後來透過尤美女委員提案補充，要求再重新調查。所以到目前，已經有二十一件重新調查通過了，其他的還在繼續審查。

前些時候，楊翠和葉虹靈兩次來找我說泰源的案件要重新調查，要我提出。而且不必什麼申訴理由，只要提出就好

28日，「自由時報電子報」：https://news.ltn.com.tw/news/politics/breakingnews/2267574，點閱日期：2020年6月11日。

了，剩下的他們會處理。後來，我去做筆錄時，促轉會的職員，本身也是律師身分的就說：「要家屬提出申請。」本來彭仁郁要跟我去拜訪這些家屬，叫他們簽字提出申請，但因為武漢肺炎關係，大家都不出門，所以現在五份的申請表，我用郵寄的，叫他們簽字寄回來。本來有點急，因為2020年5月31日他們（促轉會）的任期就到了，但現在又延長一年，所以就不用急。但我還是希望能在5月份之前，也是泰源烈士犧牲五十週年時送過去。本來我想找陳儀深老師討論，看是用什麼角度來說這件事，既然他們說不必什麼理由，那就讓他們去決定吧。

與立委打交道

大概在兩年前，蔣萬安透過葉虹靈說要跟我見面，為此我請教了一些老兄弟，蔡焜霖說：「見面要說什麼？在他的面前說他祖先過去的作為，沒有什麼意義。罪不及妻孥，何況他是第四代，要跟他說什麼？」我想一想，覺得有道理，所以就沒有跟他見面。

《促轉條例》通過前夕，要拜訪各黨團。其實，民進黨不用先說什麼，打聲招呼，大家做陣喝個茶就好。但國民黨、時代力量和親民黨之中，國民黨最有誠意。他們那天排出來有三個人，廖國棟是總召，林為洲是書記長，蔣萬安是副召集人，我們跟他們對談了兩個多鐘頭。蔣萬安沒有什麼說話，主要是廖國棟和林為洲。林為洲跟我說，「《促轉條例》很複雜，有很多歷史因素，可不可以請你不要去推動這個法案？損害賠償的部份，我們另外幫你立一個案。」但我

們是去拜訪，不便跟他們爭論，所以就靜靜地聽，沒有說好，也沒有說不好。

當時廖國棟有問蔣萬安說：「蔣委員，你是法律專家，從法律觀點來說，《促轉條例》怎麼樣？」蔣萬安說，他沒有特別的意見，由人民做決定，他完全尊重。包括中正紀念堂的轉型，他也沒有意見，就以人民的意見為主。

雖然蔣萬安說得很好聽，但如何把這個包袱脫掉，他其實一直很在意。拜訪完之後，我又去立法院開《促轉條例》的公聽會。當時的發言，可能北京話講得不是很標準，所以做記錄的就請我在那裡寫書面的意見，這時蔣萬安來找我說：「我剛才來，你還沒來，我就去開會，現在會開完了才來找你。」我以為這只是一般的應酬，沒有什麼，想不到在場的一位記者就來問我說：「蔣萬安剛才來跟你說了什麼？」我說：「沒有啊，來打個招呼。」事實上也是這樣，但記者很敏感，覺得政治犯跟蔣家後代是對立的，他怎麼會來找你？[10]

---

10 上週三立法院司法法制委員會舉行「開放政治檔案」公聽會，蔡寬裕受邀發表意見，在那場藍綠立委都很少人來參加的公聽會結束後，蔣萬安在散場時突然出現在議場，特別找蔡寬裕致意。蔡寬裕說，「蔣萬安知道我有出席，原本沒看到我進來，後來開完會就來跟我打個招呼。」蔡寬裕稱讚蔣萬安對於促轉的態度開明、立場開放，不像過去國民黨派出的一些智庫研究員，仍然有濃厚的黨國威權思想，常常顛倒是非。蔡寬裕強調，歷史總是要有公斷，是非也是要分明，不是一味掩蓋這些東西，「我們是要清理歷史，不是要清算，只是要還原歷史真相，不多作要求。」蔡表示，蔣萬安在這點上立場就很開放，都表示願意溝通。對於近期有人又以蔣萬安的蔣家血統攻擊蔣萬安最近的行為。蔡寬裕則認為事情不能這麼講，應該就事

　　2019年選舉期間，我去王定宇委員的辦公室拜訪，他的對面剛好是蔣萬安的辦公室。我去廁所時，碰巧遇到蔣萬安的助理，回來之後，他可能有去跟蔣萬安說，所以蔣萬安把門打開，跟我打了一個招呼：「沒事！沒事！」後來我也沒有去拜訪他。但記者很敏感，周玉蔻訪問我時，問說：「你會不會覺得蔣萬安在利用你？」我說：「我不覺得他要利用我們，我們也沒有什麼好利用的。」

　　最近，我在立法院的聯絡人說，蔣萬安的助理來找他，要他跟我聯絡，說蔣萬安要來看我，我說：「我再去看他。」他說：「不行啦，你是長輩，我來看你。」看來蔣萬安倒是滿積極的，他可能知道這個法案正在推動。

　　我在立法院的聯絡人，是立法院出身的，過去他們夫婦都在潘孟安的辦公室。潘孟安當縣長之後，他就出來開公關公司。因為立法院的委員或助理群他都很熟，所以立法院的事我都透過他，前後已經十年了。他去立法院就像「行灶跤（廚房）」一樣。有時候我會請他辦公室的一位專員幫忙聯絡事情。那位專員是立法院出身，好像也是東吳畢業的。記得《促轉條例》表決當天，我都待在蘇嘉全的辦公室。當時我才知道，光是蘇嘉全辦公室，就有五位是東吳出身的。我說：「好像在開同學會。」他們說：「是啊，現在東吳出

<hr>

論事，不應貼標籤、給他扣帽子，或說人家有什麼企圖；蔡寬裕強調，他不認為父執輩的事情，下一代需要背負，也不會找下一代負責，這點他分得很清楚。〈被罵威權後代 蔣萬安對受難者做了這件事〉，2017年11月26日，「中時電子報」：https://www.chinatimes.com/realtimenews/20171126002741-260407?chdtv，點閱日期：2020年6月1日。

身、在立法院當助理的，就有一百多位。」

《促轉條例》是逐條表決，從早上八點半，一直到晚上九點多，中午幾乎沒有休息。民進黨的版本，蔣萬安當然每條都反對，但到第六條，他投贊成票，算是說話算話。所以這次《權利回復條例》，我也會去拜託他。

當時最沒有誠意的就是親民黨。因爲親民黨說，高金素梅堅持《促轉條例》之中原住民的權利也要放進去，他們黨團的辦公室主任就跟我說：「你找高金素梅委員去討論。」

說起來，時代力量也是亂七八糟，《促轉條例》提出之後，我差不多每天都會去立法院。這期間，在立法院我們已經有好幾個案。最早，顧立雄提出一個國安法第九條的修正案，我們也在全島辦了三場座談會，表決說我們不要用國安法，而是要用《促轉條例》。當時王主任還找了品寬幫忙整理我們的發言紀錄。王主任也替我印了五十本，立法院送四十六本。各黨團都有一本，這些年來有連署、提案的委員也都一人一本。

2016年10月，我已經說《國安法》不適用，我們要用《促轉條例》了。結果，2017年5月，時代力量又提出一個《國安法》第九條的修正案。當時我在立法院的聯絡人拿給我看，說是時代力量提的案。我看一下，怎麼會這樣，所以這位聯絡人馬上通知胡博硯。胡博硯來找我時，叫我學長，我說：「你怎麼叫我學長？你是老師，我是校友。」他說：「我也是東吳出身的。」既然他這樣講，我就說：「你們時代力量在搞什麼鬼？去年10月我就跟你們說要用《促轉條例》了，你們現在還給我提一個《國安法》的修正案！」結果他說他不知道。打電話去立法院黨團詢問，也說沒有。他

就約我說：「不然我們現在去黨團那裡。」

胡博硯陪我去黨團時，他們黨團的秘書長陳惠敏跟我說：「我們沒有收到，也沒有看到。」剛好我有準備。因為品寬是用掛號的，所以都有紀錄。我說：「每個單位都有簽收，時代力量在這裡，你們怎麼會沒有收到？」她說：「我們再找找看。」我說：「我東西給你們，你說沒有收到。你們要提跟我們有利害關係的案，都不用問我們一聲嗎？」後來說：「這樣我要跟你說聲抱歉。」

出來之後，我去找蔡易餘談事情。談了半個鐘頭，說要一起吃飯。但沒多久，Freddy（林昶佐）的電話就來了。他說：「前輩，很抱歉，我剛剛回來聽說你來過，你說的會議紀錄我們找到了。我們約個時間見見面好不好？」我說：「好啊，你安排。」大概隔二、三天，他就跟我聯絡，所以我就去跟他見面。我把始末告訴他，Freddy說：「我不知道這件事，但民進黨黨團既然有提案，我們就配合民進黨黨團。」

我說，時代力量亂七八糟就是這樣，東西用掛號寄去，一開始說沒收到。其實，哪裡沒有！跟他們嚷一下，不到半個鐘頭，就說找到了！根本連看都沒有看！後來，Freddy說會支持，民進黨提案他會配合。但表決當天，雖然時代力量也有提出他們的版本，對民進黨的版本也大多投反對票，不過，宣布第六條表決結果之前，時代力量黨團早就準備了一張書面聲明，所以蘇嘉全先宣讀說，時代力量聲明，第六條全部投贊成票。我是跟Freddy說的，他算是有遵守諾言。

透過監察委員調查鹿窟事件

我有一個感覺，比起其他國家，國民黨對這些檔案，其實保存得很完整。之前在檔案局開會時，大家都很憂心，國民黨會不會把這些檔案毀掉，但依據現在來看，還是保存得很完整，問題只是公不公開而已。

我有請監察院做過鹿窟事件[11]的調查研究。後來他們給我兩本報告，這兩本加起來一共二十一萬字，但其中有六萬字是永久不解密，所以不能印出來，但監委有看過。因為監察院也尊重永久不解密，所以沒有公開。但我們想看的，就是不解密的部份，其他已經公開的，就沒什麼稀奇了。2019年，我去監察院，監委高鳳仙把厚厚兩本交給我時，公開跟我說：「一共二十一萬字。這兩本是十五萬字，可以發表，其餘的六萬字，永久不解密，我們是看過，但不能發表。」

---

11 鹿窟位於台北縣石碇鄉，介於汐止、南港、石碇、坪林之間。1949年9月台灣省工作委員會書記蔡孝乾，與陳本江、陳義農、許希寬等人決議在北區建立「鹿窟武裝基地」，成員大多是農民、礦工、木工及該地居民。此外，受二二八事件影響，台共分子亦藏身鹿窟，台灣文學家呂赫若亦在內。1952年11月26日下山發展組織的溫萬金被保密局逮捕後，爆發了「鹿窟武裝基地案」。28日深夜，由國防部保密局，會同台灣省保安司令部、台北衛戍司令部所屬陸軍第32師第94團、95團抽調之部隊，及台北縣警察局等單位，共動員一萬五千人大舉逮捕。自1952年12月29日起至1953年3月3日止，共逮捕陳朝陽等六百多人，受理自首者四百多人。此案判死刑者有許希寬、陳朝陽等二十人，餘分別判處無期徒刑及八年、十年、十五年徒刑。被判徒刑的甚至有未成年的兒童。此外，受此案波及而另案判決者亦不少。沈懷玉撰，〈鹿窟武裝基地案〉，《台灣歷史辭典》，頁867。

　　我為什麼會去調查鹿窟事件？因為過去洪維健導演一直來要求人權館說，他要根據李石城的回憶錄[12]，做鹿窟的展覽。我說：「如果只有這本，不足。展覽要有陳本江等人的部份，內容起碼才會比較完整。李石城當時只有十七歲，還不識字，在裡面也沒有擔任什麼重要的角色，只是像囝仔一樣看頭看尾而已。他是坐牢中間，跟同案的對談，才知道鹿窟事件的。」

　　後來，洪維健跟我說，如果要調查，可以透過監委。因為總是要透過團體的名義申請，所以我就用我的名字去請他們調查。結果，調查報告出來之前，每次開會，都有請我去，也有錄音、錄影，好像作證一樣。

　　後來，那些村民可能也有跟她拜託的樣子，所以高鳳仙到現在還沒有放手，一直要求人權館要去鹿窟蓋一個紀念館。我跟她一再解釋說：「沒有個案在蓋紀念館的，如果要做，地方政府去做。這麼多的個案，人權館沒辦法每個都去蓋紀念館。」但高鳳仙到上個月還在逼人權館。

　　聽說，泰源事件是Nori透過監委王美玉去調查的，但我還沒有看報告的內容。[13]這次鹿窟的調查則是透過高鳳仙和楊美鈴。但楊美鈴大概是陪同，所以不像高鳳仙那樣地積極。高鳳仙到上個月還來人權館要求，雖然我跟她一再解釋，但她可能聽不進去。所以一個月前，監察院還在人權館

12 李石城，《鹿窟風雲‧八十憶往：李石城回憶錄》（台中市：白象文化，2015）。
13 監察院編著，《1970後山風雲：未竟的泰源革命》（台北市：監察院，2019）。

開了一個座談會，找鹿窟的人一起來。陳館長他們大概不便說，我就跟他們明說：「景美這裡的空間嚴重不足，你們如果要蓋在鹿窟，則交通不便，怕會變成蚊子館。人權館這裡，連我們自己要蓋一棟大樓，都沒有空間。」但館長跟我說，她還在步步進逼，到現在還不放手。

　　雖然監委任期2020年7月就到了，但高鳳仙想尋求連任，所以推薦書有送來請我簽字。[14]我看她的經歷，是學法的，做過高等法院的法官。但不知道她是怎樣答應鹿窟村民的，才會一再要求人權館蓋紀念館。[15]

贊同真促會結束掉「補償基金會」

　　林政則做了三、四年，是最後一任「補償基金會」的董事長，後來「補償基金會」被我和真相與和解促進會結束掉。因為它有落日條款，當時已經延三次了，第三次之前，我有陪他們去見行政院長吳敦義，吳敦義也找來國防部的承辦人和政務副部長楊念祖。吳敦義這個政客很會應付，他說：「好啊，再延啊！」但聽到有落日條款，他還搞不清楚，問說落日條款會怎麼樣？當他知道需要立法院通過再延之後，他就當場交代說：「再延四年，你們去立法院交涉一

14 第五屆監察委員於2020年7月31日任期屆滿，擔任第四屆（2008-2014）和第五屆（2014-2020）監委的高鳳仙未獲提名下屆監委。
15 〈落實轉型正義 監委盼推動興建鹿窟事件紀念館〉，2020年7月8日，「中央社CNA」：https://www.cna.com.tw/news/aipl/202007080118.aspx，點閱日期：2020年7月22日。

下。」後來交涉的結果是再延兩年。

　　當天吳敦義也問：「現在一年多少案件？」說是一百二十個案件，他又問：「幾個工作人員？」說是二十四個人，他說：「二十四個人一個月辦十件案子，這樣會不會有點浪費？」所以回來時我在車上就跟林政則說：「院長對人員有意見，你應該縮編。」於是他們計劃比照「二二八基金會」，成立一個「補償基金會」，縮編成16個人，然後把剩下的十九億經費做基金，國家人權博物館、景美、綠島、六張犁、青年公園都歸他們這個基金會管。他們提出這個計畫，我說：「這些單位我都有參與規畫，我分析給你們聽，青年公園和六張犁是台北市政府管的，綠島、景美是國家人權博物館管的，屬於文化部，你們這個基金會是財團法人，政府機關管轄的地方你們要怎麼收編？」所以這個案子就沒有再提起了。

　　這中間，真相與和解促進會找了我好幾次，也寫文章批判說應該要結束。我記得當時我在綠島，葉虹靈打電話給我，說要發表聯合聲明，我說我人在綠島，她說：「不然我現在傳真到綠島給你，你簽完名再傳真回來，我明天就要發表了。」所以我簽完名就馬上傳真回去，他們就用我們協會和真相與和解促進會的名義，發表一個聯合聲明，可能也有開記者會，然後提交給立法院，立法院也藉機把基金會結束掉。後來經過六個月的清算期，基金會才完全結束業務。結束以後，這些檔案交給國家人權博物館籌備處，業務則移交給「二二八基金會」，但不是辦理，而是接受、整理資料而已，所以不是繼續接受申請，而是你如果來，他只會幫你登記。像二二八的部份，之前有原住民說申請不到，所以停了

好幾年以後又恢復兩年，但我們白色恐怖的部份，結束就結束了。當然，以後如果有很多案子，也可以比照二二八再恢復，但目前好像沒有這個情形，如果有，可能也在大陸。互助會有去大陸，要他們出來申請，但大陸問題很大，像過去就發生過幾件冒充的事情，包括公證證書都是假的。因為在大陸沒有戶籍謄本，就用證書來證明，但被查到證書是冒充的，所以海基會審查有比較嚴格。但到目前為止，我知道還沒有很多案件，包括大陸，所以以後如果有一兩百件，我準備去立法院要求恢復申請。

「補償基金會」移交給人權館的檔案

　　大概在五、六年前，「補償基金會」結束之後，把還沒公開的檔案移交給人權館。那時候許雪姬老師、薛化元老師一直在催他們開放。這八千件的資料我覺得比檔管局的完整。檔案局雖然有一、兩萬件，「補償基金會」只有八千件，但比較完整是說，因為審查小組在審查時，不斷和有關機關調檔案，所以調了不少檔案來研究，做為要不要補償的依據。後來這些東西都歸檔，並且全部交給人權館。

　　當時我跟王逸群說，由人權館提供一個場所，我來組織一個「政治史料研究學會」，當時也找了一、二十位加入。但後來之所以沒有下文是因為我找炎憲（張炎憲）說這件事，炎憲反對。因為他認為當時是馬英九當總統，我們沒必要替他做事。但我認為這不是替馬英九做事，園區提供一個研究室，是要讓這些研究的人，隨時要看檔案都可以調出來。不過炎憲還是認為馬英九當政時，不必替他做業績，等

他下台，要做再來做。

其實，我們這個不是政府單位，而是人民團體。但，當時我不好意思把這件事提出來講，因為對他也失禮。現在他不在了，政權也輪替了。不然之前我從美國回來時，王逸群還跟我說：「許雪姬老師在問說，你講一講，怎麼又沒下文了？」我說：「沒空啦！等有空再來組。」但我不便把炎憲的話傳播出去。

這個團體我覺得有必要成立，因為總要有人整理這些檔案。現在人權館有委託中研院台史所數位化，許雪姬老師也找了四、五個助理幫忙整理，我在園區常常遇到，他們在後面那棟檔案室的二樓作業。如果結束的話，他們應該不會在那裡，但我最近還常常遇到，所以可能還在進行的樣子。另一方面，台史所的王姓職員，好幾次請我幫忙找人，寫每一個人的簡介，現在還在繼續募集這些資料，但她沒有來人權館工作，而是在中央研究院那裡。

數位化完成之後，可能就會對外開放。但在王逸群當主任的時候，許老師和薛老師兩個人對人權館非常不滿，覺得轉來的這些檔案，居然還拿去新莊的文化部，不讓人家看。但王逸群說：「基於安全，我們這裡沒有防火設備，而且要保存這些東西，溫度、濕度都要控制，這樣才能長久保存。」因為這些學者一再要求，所以王逸群有安排幾梯次去新莊看這些檔案，那時候也請一個女孩子在那裡整理。後來，俊宏來了，才委託許老師做數位化。

那時候有傳說龍應台自己想參考，所以拿回去新莊放。即使真是這樣，王逸群也不敢說。薛老師跟我說了好幾次：「你不要被騙了。」意思是說，王逸群在騙我。有一次，龍

應台和我們一起吃飯，講一講突然提起這個問題。龍應台
說：「我不能這樣就讓你們大家去閱覽啊，應該要先整理，
沒有整理好，就不公開。」但，究竟是整理一套去數位化，
還是內容只整理到官方要對外公開的部份而已，都沒說清
楚。坦白說，龍應台是王逸群的恩人，他當然不敢去說龍應
台真正的用意。但，那次吃飯，龍應台有這樣的表達，我就
知道，不是王逸群說得那樣單純，而是龍應台的態度。

第八章

相關人物憶述

一、廖天欣

　　2018年，我去參加廖天欣[1]的告別式，他是1945年3月畢業的，算是我中商的前輩。他是大統派，在讀中商時，就因為反日的言論，被憲兵隊抓走。中商畢業後，他去念延平學院，二二八也有參加，後來很早就加入地下黨。一般人都是1948年參加的，但他1947年就參加了。二二八之後，延平學院解散，他就到台北的彰化銀行，沒有繼續升學。因為他是

---

[1] 廖天欣，1927年生，台中市人。民聲日報編輯部校對。案情略述：廖天欣於民國39年6月間由莊朝鍾介紹參加台灣民主自治同盟中部武裝組織受莊朝鍾領導。判有期徒刑13年，褫奪公權5年。〈廖天欣〉，「戰後政治案件及受難者 - SheetHub.com」：https://sheethub.com/billy3321/%E6%88%B0%E5%BE%8C%E6%94%BF%E6%B2%BB%E6%A1%88%E4%BB%B6%E5%8F%8A%E5%8F%97%E9%9B%A3%E8%80%85/uri/657，點閱日期：2018年3月12日。

台中人，後來就回台中。他家算是台中的望族，蔡明憲要叫他舅舅，所以告別式那天，蔡明憲也有代表家族致詞。

廖天欣被判十三年，我進去時，他剛好出來。但我出獄後，有去拜訪和他同案的這些台中案被判無期的，他們都跟我很熟，裡面也有幾位是中商的前輩。廖天欣知道我去看這些家屬之後就來找我，而且，1975年3月，他還在台中幫我辦了一場很盛大的歡迎會，當時他們這些早期的老政治犯都說以後要常聯絡，但後來都失聯了。因為他們去探聽，才發現莊寬裕原來是獨派的，他們是統派，所以就沒有再跟我聯絡了。

但，7月時廖天欣又來找我，因為當時減刑，很多政治犯回來，我說我有去台中警察局接這些人，裡面有包括永善（陳映真）在內，所以他就來找我，說要幫這些人辦歡迎會，但他不敢出名，因為我當時有公司，他就說，他們來出錢，但希望用我公司的名義來辦。我說：「不用，我來請，因為這些人我都很熟，而且我回來時，你們已經幫我辦了歡迎會，現在他們回來，換我來辦。」於是，我在台中的「東亞食堂」辦了七、八桌。這間台菜很有名，在日本時代就有了。也因此，廖天欣後來和我的互動比較密切。

1975年我在台中開工廠時，我的廠房要投保產險，雖然我和他在政治上的立場很明顯不一樣，但我都請他幫忙辦保險。後來他搬來台北時，我的保險也都讓他辦。記得2002年要去美國德州的前幾天，我的兩台車的保險剛好到期了，我想說辦好再出國，於是去找他。他說：「你要去看蔡明憲嗎？」我說我要去德州，蔡明憲在華府，根本不同方向。結果，我到德州時，蔡明憲因為是駐美代表處的副代表，也是

人權會的委員，所以他也專程從華府過來。來的時候，我們住在同一間飯店。我說：「我昨天出發，你舅舅問我要不要去找你，我說沒有，我也不知道你會來。」他說：「我舅舅是大統派！」我說：「知道啦！做陣這麼久了，我很清楚！」

二、陳智雄

　　我第二次在台中被逮捕，一個月後，送去新竹調查局的偵訊室。去的時候，陳智雄也在那裡。他自己一房，我自己一房，但放封和洗澡時，我們兩個人都在一起。1957年「五二四事件」時，我被關在台北大龍峒的第一偵訊室，但這次送去新竹，不知道是第幾偵訊室。一般來說，調查局專用的監獄，代號叫「誠舍」，地址是在看守所裡，但另外隔離。本來設在愛國東路，後來遷到土城。[2]七○年代魏廷

2　誠舍，為台北看守所裡的「獄中獄」，隸屬調查局，為調查局的密監。誠舍位於於台北地方法院看守所內，位址與該所相同：原設於台北市愛國東路1號，後於1975年遷建至現址今新北市土城區立德路2號。惟誠舍於所中設立的起訖年代不詳，推估最遲應在1960年代後期已成立。誠舍雖然空間上「寄生」在台北看守所內，但其中人員皆為調查局人員，關押的多為疑似違法犯紀的調查員，是調查局關門審訊跟羈押「自己人」的違法秘密監獄。而應屬於情治特務系統的秘密監獄，之所以隱身於隸屬檢察系統的台北看守所，起於調查局體系為規避既定檢察體系的起訴程序，故將偵訊處所（連同羈押監獄）設於台北看守所內，將內部調查局人員或政治犯在調查局其他留質室「過水」（暫時拘留），再送往看守所內的誠舍進行實質偵訊，以營造符合「廿四小時內移送法院」程序的假象。誠舍雖為調查局內監，但也

朝、謝聰敏和李敖入獄時，就被送去土城的「誠舍」，後來也去安康招待所[3]。

　　後來，我跟陳智雄被送來青島東路三號的警備總部軍法處看守所，雖然沒有同房，但在對面，所以講話都講得到。但他來看守所可能沒有兩年的時間，就在1963年5月28日被

會關押政治犯，且一如調查局其他的偵訊手段，對政治犯施以刑求，常用的刑求手段即是疲勞偵訊，不只不給睡覺，而且不給喝水，並搭配強光照射。許多1970年代受到非法羈押的政治犯日後回憶，往往記得自己被關在「仁舍」（台北看守所八棟監舍之一），據1972年關押在仁舍的吳俊宏認為，「誠舍」只是代號，整棟建築應叫「仁舍」。〈調查局（誠舍）〉，「不義遺址網站 - 國家人權博物館」：https://hsi.nhrm.gov.tw/home/zh-tw/injusticelandmarks/126851，點閱日期：2020年7月7日。

3　法務部調查局安康接待室，另名安康接待室，於1974年1月8日設立，位於今新北市新店區雙城路12號，安康接待室設有押房，除調查局外，警備總部軍法處（警總景美軍法看守所）安康分所也在同址辦公，故隸屬司法行政部調查局、警備總部。主要為1970、80年代留置偵訊叛亂犯的單位，諸如重大叛亂犯、美麗島事件政治犯、一清專案等相關案件的偵訊都在此進行。安康接待室興建於1973年，在1974年啟用。成立當時隸屬司法行政部調查局、警備總部。其占地約一千四百多坪，房舍面積占533坪（休養區217坪、工作區152坪、生活區127坪及宿舍37坪）。安康接待室的前身為調查局在台北市的偵訊監獄，延續1958年前的「大龍峒留質室」和1958至1972年的「三張犁招待所」的偵訊性監獄功能。興建安康接待室的目的，是由於三張犁招待所周邊發展，人口漸增，隱密性降低，調查局將該單位遷至新店安坑山區。安康接待室坐落在小山丘的高地，對外聯繫只有一個出入口，建物本身僅一層高，格外低調隱密。1987年解嚴後改為倉庫。〈法務部調查局安康接待室〉，「不義遺址網站 - 國家人權博物館」：https://hsi.nhrm.gov.tw/home/zh-tw/injusticelandmarks/112548，點閱日期：2020年7月7日。

槍決了。說起來，他其實是主動求死，但國民黨敢把他處死，是因爲沒有妥協的餘地。而在他被處死的兩年後（1965年5月14日），廖文毅也回來台灣。

陳智雄從調查局到軍法處，一貫的作風就是視死如歸。當時他是第二次被抓進去的，第一次在日本被抓回來時，國民黨並沒有把他抓去關。當然，有一段時間在調查局，但後來就被放回去屏東。聽說他爸爸過去是一間國小的校長，有一些產業，但他都在海外，所以爸爸不在之後，財產都由他大哥繼承。調查局當然瞭解這樣的情形，爲了讓他安定，所以調查局就出面，請律師去告他大哥。其實，他一向對錢財不是很重視，會告他大哥完全是調查局主導的。但當時他的兄嫂對他的態度不好，因爲他愛喝酒，他大哥的兒子都會跟他去喝酒，所以晚上回來，他大嫂都會把門鎖起來，不讓他進來。所以調查局找律師告他大哥，爲了分財產，他也有簽字。後來當然是告贏，也有分到一部份。但他覺得，從事革命的人，財產沒什麼必要，所以這筆錢就拿給他的妹妹去蓋白蓮寺[4]。

4　白蓮寺位於宜蘭縣冬山鄉永興路二段903號，創建人妙慧法師是屏東縣人，俗名陳秀蕙，1918年生，後由屏東到羅東振昌堂，1934年再到礁溪刺仔崙的圓明寺剃度出家。妙慧曾到日本名古屋宗榮尼眾學林留學，後回台，於1944年，在三星草湳先天派齋堂基礎上創建白蓮寺，1951年將寺院遷建至冬山鄉廣興現址。妙慧除了創建白蓮寺接受女眾出家修行，弘揚佛教，並與振昌堂、圓明寺、雷音寺、開成寺、毘盧寺、靈山寺等齋堂往來密切。白蓮寺自妙慧法師後，歷任住持均為女性，其寺內也維持受女眾修行傳統。張美鳳，〈白蓮寺〉，「台灣國家婦女館」：http://www.taiwanwomencenter.org.tw/zh-tw/Landmark/Landmark/Content/2/Northern/Landmark_YilanCounty/Landmark_

　　陳智雄的妹妹跟他的關係很密切。小時候他爸爸就把他送去日本讀中學，他妹妹也去日本讀佛教大學，因爲他跟他妹妹的感情比較接近，所以這筆錢就給他妹妹去蓋白蓮寺。白蓮寺在羅東，我以前比較常去，這幾年比較少去。現在他妹妹已經不在了。智雄的女兒雅芳（Vonny Fong Chen）回來時，我有陪她去白蓮寺，她姑姑不在很多年了，她姑姑的一個徒弟也走了，現在廟裡有一塊在做靈骨塔。當時跟他們說：「現在她（雅芳）的身體不好，經濟有困難。過去她姑姑對這裡有貢獻，蓋這間廟的錢是她爸爸當時把分到的財產，拿給他妹妹的。既然她現在有困難，是不是應該幫忙她？」雅芳得到子宮癌，那次（2017年）回來，身體已經非常差了。她5月來，6月回去，8月就過世了。但廟方卻沒有什麼幫忙，當時我不便說，但事後我相當不滿。因爲不知道還情有可原，但我都跟他們說明來龍去脈了。

　　我說，陳智雄的妹妹是這間寺廟的住持，在陳智雄回來之前，這裡只是一間「菜堂」（齋堂），還沒有寺廟。是陳智雄把分到的財產，給了他妹妹，才蓋了這間白蓮寺。今天，陳家的骨灰都送來這裡。陳智雄的最早在這裡。因爲我出獄之後，他們帶我來看，只有陳智雄的骨灰而已，對外沒有開放。但上次再去的時候，已經接受外面的了，但他們陳家，比如陳智雄的父母、陳智雄和他妹妹的骨灰也還在這裡。我跟他們說這段歷史，還說：「陳智雄的女兒雅芳，現在身體不好，經濟困難，我們可以給她的幫助有限，是不是

Yilan_10，點閱日期：2020年7月9日。

可以幫忙她？」結果，只給了一千五百塊。

雅芳住在印尼，只會說英語和印尼話。她的中文名字是陳智雄取的。現在我們有拿到智雄的遺書，遺書兩張，寫的很簡單。寫給吳振南的是託孤，就是說我有三個小孩，你去雅加達的天主教堂調查就知道了。智雄還要吳振南幫忙照顧這些小孩。吳振南是廖文毅的副總統，也是一名醫生。但智雄很少跟我提起吳振南，他反而要我去找邱永漢告日本政府。他說他是拿瑞士發的旅行證，是受瑞士保護的國際難民，所以日本政府不應該把他遣送回台。他還說他是被偷抓的，但後來查出來，是國民黨跟日本政府有協調，所以他第一次被抓，沒有被辦，是因為國民黨和日本政府有做了保證。

但，回來之後，他卻被說成立組織。其實，也不是什麼組織。當時他是爬到水泥做的垃圾桶上演講，鼓吹台獨，但都有人跟著。警察干涉，他就跟警察吵架，但跟蹤他的這些特務都會阻擋警察跟他吵架。這樣的情形，可能不斷溝通，而且要利誘他，他也不接受。當時調查局有給他一個月五千塊的生活補貼，他有接受，但台灣省政府參議的職位，他沒有接受。

在獄中，從來沒有看智雄憂愁過，鑄腳鐐也感覺很自然。他生活正常，也照常出來散步，可以說過得很泰然。他視死如歸，沒有給國民黨任何空間。一般來說，判死刑要上訴。因為照「軍事審判法」的規定，無期以上，檢察官都要「職權上訴」，問題是你的態度也很重要。如果你非常上訴，可見你屈服了，要跟他們講法律。但他在法庭上說：「你沒權審判我！你叫我放棄台獨主張，到死我也不放

棄！」而且，判決下來，照規定，接到判決書二十天內要提出覆判，但他沒有。當時他住在我對面，我跟同房蘇東啓案、台大法律系畢業的林振坤說：「振坤，你替他寫一張上訴狀，不用什麼理由，就說不服判決，叫他們調查，重新審判，這樣就好了！」但，要他簽名、蓋手印，他不要。因為他不認為中國政府有權審判他。

所以，當時吳鍾靈有問我一件事，他說：「蘇東啓銬腳鐐，你認為他該犧牲還是不該犧牲？」我說：「我人現在就在這裡，要講這個很困難。每天面對的都是同志，要怎麼說他應該要犧牲？但從革命的立場來說，智雄不該死，蘇東啓應該要犧牲！」吳鍾靈說：「怎麼說？」我說：「蘇東啓這個案已經影響到全面了。李萬居在省議會一再要求公開審判，如果蘇東啓犧牲了，影響所及，一定比較大。但智雄不應該犧牲，因為台灣沒人認識他。在調查局跟他相遇之前，我也不認識什麼陳智雄，其他人更不用說了。尤其，我還去過日本，從來就不知道這號人物，他們也沒有跟我介紹過，所以這個人大家都不認識。他死了，外面也不會知道。就算報紙登出來說，叛亂犯陳智雄死刑，但陳智雄有什麼人認識？沒人認識。但蘇東啓不一樣，他有那個影響力！」所以，從政治上來說，他的犧牲到底值不值得？我想，現在只能說，智雄的壯烈一樣了不起，但跟中國政府的政治鬥爭來說，他其實完全不懂中國工夫！可以說他是白白死的，沒有什麼人知道！

最近我翻到一些資料，最早介紹陳智雄的一篇文章，其實是我寫的。那時候邱新德在做一個台灣歷史人物的月曆，一年介紹十二個，一個月介紹一個，五月份介紹陳智雄的那

篇就是我寫的，現在有人在報導陳智雄，都是根據那篇寫
的。

現在，陳智雄的檔案都在人權館，但很多跟我們想像的
有出入。比方說，智雄在獄中是交代我去找邱永漢，可見他
跟邱永漢的關係很密切，但最後關頭，他要請人照顧他的小
孩，這張遺書卻是留給吳振南。但遺書也沒有交到他的手
上，是到現在才領到，吳振南也不在了。所以我才說，遲來
的正義不是正義！包括謝東隆也說：「這張遺書拿給我，也
沒有意義了。」為什麼沒有意義？因為他弟弟（謝東榮）交
代說，不要把他火化，要土葬，但他們沒有接到這張遺書，
所以當然是把他火化，沒有照他的意願做。

三、施明德*

施明德和郭哲雄的政治案件

施明德有一個小學同學郭哲雄，有一天施明德遇到郭哲
雄，跟他說：「我搞一個組織，你要不要參加？」他說：
「你搞什麼組織？」施明德說：「亞細亞同盟。」他說：
「什麼是亞細亞同盟？」施明德說：「亞細亞同盟就是結盟

---

* 本篇訪問紀錄原載於中央研究院近代史研究所出版之《口述歷史》第
 10期：蘇東啟政治案件專輯中的〈莊寬裕先生訪問紀錄〉（陳儀深
 訪問，林東璟記錄），及國家人權博物館「一九七〇年泰源事件研
 究－事件經過、文獻史料調查、與口述歷史補訪計畫」結案報告書中
 的〈蔡寬裕先生關於「泰源事件研究案」期末報告審查會議的發言紀
 錄〉（彭孟濤整理），感謝該所及該館同意授權刊登。

亞洲。」郭哲雄說：「我也有一個組織。」施明德說：「什麼組織？」郭哲雄說：「我們在初中的時候搞了一個興台會。」施明德說：「什麼是興台會？」郭哲雄說：「興台會就是要推翻國民黨，跟以前孫中山成立興中會推翻滿清一樣，我們要推翻國民黨，讓台灣獨立。」施明德說：「這樣不錯哦！要不要大家碰個面？」換句話說，介紹的人是郭哲雄。所以有一天，郭哲雄帶了陳三興、董自得和蘇鎮和到明春旅社，介紹他們跟施明德認識。但郭哲雄沒有進去談，因為他是高三的學生，下課就要回家了，所以在門口介紹他們認識之後，他們進去，郭哲雄就回去了，沒有參與他們的討論。他們就是這樣接線的。

　　郭哲雄的父親是醫生，過去醫生賺到錢，都會買房地產，但郭哲雄根本不知道，所以那天他們是「二條三」起訴，判決時改成「二條一」，判了十二年，財產沒收。郭哲雄當時在我對面房間，隔了一個鐵欄杆，他這個囝仔說：「十二年就十二年！財產沒收，我也沒有財產！」換句話說，他也不知道有財產。過了一個禮拜，他父親來接見，他才知道在他名下有一棟房子。這件事情到現在還沒有弄清楚。當時判決財產沒收，他父親就跟警總打官司，說：「我有兩個兒子，房子是共有的。」所以房子是二分之一被沒收，二分之一在他哥哥的名下。到現在這棟房子名義上被沒收，二分之一在國有財產局名下，但有一半是他們在住。因為郭哲雄的父親過世了，他本身也過世了，他所有姊妹都在海外，現在就給他一個阿姨在住。但2017年國有財產局一直在逼她搬家，於是她就來找蘇鎮和處理，我說：「二分之一就隔起來，還他們一半就好了，剩下一半看你們要怎麼

處理。但妳放心，現在《促進轉型正義條例》已經在進行了。」我還跟她說，三年前國有財產局要處分一批比較大筆的沒收財產，要做BOT，當時我到監察院、國防部、內政部，他們說國有財產局撥給營建署，也是政府的，沒有什麼變更，我說：你們發出去給民間招商，做BOT，這樣以後就是私地了。所以我就透過立法院，訂了一個關於沒收財產還沒有處理的部份，凍結不得處分，得看以後情形再處理。

總之，郭哲雄是介紹陳三興跟施明德認識的，但以後任何活動他都沒有參與，當天他們見面、會談，他也不在場，但還是以「二條一」被判決。

施明德逃亡的內幕

1979年，施明德逃亡期間，高金郎跟徐春泰一直在一起，到他被逮捕的前一天，才拆夥。雖然李萬章一再強調說，高金郎一定有關連，但吳老師跟他說：「他被徐春泰騙去了！」但無論如何，這段時間，他們就一直在一起。

高金郎說，「陳映真先來找我，跟我說，他們有跟施明德聯絡上，說要把他救走，但施明德說，如果有兩個人在他身邊，他才肯走。這兩個人當中，一個是高金郎，一個是李萬章。陳映真跟我說完，我就去高雄找李萬章，李萬章也說好，所以我們再去找吳文。」其實我有去跟陳永善接觸過，根本就沒有這一回事，去找他的是徐春泰。

後來高金郎、徐春泰等人決定去接施明德，看他的意願如何，所以開車去找他。雖然他們有到現場，但都沒有進去過，只有經過而已。這個過程大概是這樣的。他們這批人到了以後，先去峨嵋停車場停好車，然後用走的。吳文走第一

個，徐春泰第二個，李萬章第三個。就這樣一直走，走到那間店門口的時候，吳文停了差不多五秒，然後才走過去，這樣他們就知道就是在這裡了，所以根本沒有任何人跟施明德直接接觸過。

但，中間徐春泰有跟李萬章說：「施明德逃跑的時候，萬一跑不掉了，現場就把他做掉，不然他會去曝光泰源事件的內幕。」後來，他們去桃園找我的一位朋友，結果他很晚才回到高雄，但隔天早上報紙就登出來說，施明德坐著一台白色的車子要到雲林那邊偷渡出境，由他過去的同志掩護，要是掩護失敗，當場就要把他做掉。這篇報導我也有看到。我當時看到的時候，心裡在想，肖話講一大堆！但李萬章因為看到報紙，就很緊張地來找我說：「這個有問題哦！」他說，要去北港是他說的，而且過程中要掩護，就要去雲林找「黑松」，但到了現場之後，徐春泰卻說：「施明德說不用了，要改變其他的方式。」所以他們就沒有再進行了，也沒有說要去雲林拿工具。

不過，要把他做掉這一段是徐春泰那天跟萬章說的，但萬章說：「徐春泰昨天跟我講的事情，怎麼今天報紙登出來了？」實際上，報紙登出來的那天，就開始抓人了。當時他們五點多去到現場，從現場離開之後，吳文離開現場就被逮捕。同一個時間，林弘宣跟蔡有全兩個人回到他們住的地方，但一回到那裡，在巷口就被抓了。然後隔天早上，他們就去抓施明德。

初識陳麗珠

本來我與陳麗珠互不相識，有一年施明德裝病住在台東

軍監獄,陳麗珠對施明德說,常聽大家提到的莊寬裕出獄了,施明德就要陳麗珠帶我去醫院見他。由於醫院的看守不認識我,我就冒充施明德的大哥去見他,他拄著一根枴杖走路,我扶他回病房,一進房門,他就把枴杖丟掉,並示意我不要講出來,我才知道原來他是在裝病。

那時他要我拿十萬元給他,他說他已經和班長講好,準備逃亡。我出獄後聽到其他人對施明德的評價,所以對他的信任度不高,當時我想,一個班長的退休俸不論是月領還是一次領,一定都比十萬元多,如果協助他逃亡,不但退休俸沒了,還要被判刑,似乎不太可能被收買。我揣測他可能是要對班長施以小惠,叫班長帶他去剪頭髮、洗澡等等,就算是要逃亡,我不知道他是否有安排後路,萬一出事情,你是否會出賣我們以求自保?所以我要他繼續裝病,不要有動作,因為留在台灣也不安全,一定要流亡海外,但是他還是不死心,一直叫陳麗珠催我,我後來就不去,而且我一直有一個疑問,以當時的經濟情況,陳麗珠難道拿不出十萬元嗎?連我都拿得出來的數目,何以陳麗珠會拿不出來?後來施明德就問陳麗珠,是不是她和我有怎麼樣,否則我為什麼都不過去看他?

陳麗珠和施明德有生兩個小孩,第一個是施明德快去服役的時候生的,第二個是施明德在花蓮軍醫院的時候生的,他何以能生出第二個小孩?那是因為陳麗珠在花蓮租房子的關係,施明德表面上住軍醫院,其實是住在外面的租來的房子裡,那都是靠陳麗珠花錢收買班長才辦得到的,一直到後來被人檢舉才被送回泰源監獄,那時陳麗珠不斷來泰源鬧、抗爭,說施明德生病,要求保外就醫或送軍醫院等等。

當時泰源監獄醫務所每個月有五千元的藥品採購費，典獄長下令施明德所需的藥品優先採購，所以犯人醫官每個月大約花三千元在施明德的補品上，如果不是陳麗珠在外奔波打點，施明德怎麼可能有此待遇？

自我犧牲救「肉粽」

（一）感情糾葛

施明德和陳麗珠之所以會認識，是因為陳麗珠和施明德的妹妹是小學同學。有關陳麗珠和施明德是否有結婚一事，說「有」是事實，說「沒有」結婚也是事實，因為他們過去並沒有正式結婚，泰源事件發生後，憲兵接手管理監獄，嚴格規定非親屬不得探監，陳麗珠幾次不得其門而入後，自己寫了一份結婚證書，拿去辦戶口，所以身分證上的配偶欄才有施明德的名字。

施明德入獄後，他們雙方也有些不愉快，施家對陳麗珠很不滿，一直要他們分手。可是施明德在獄中，不斷要求陳麗珠在外面奔走，她每週都來泰源探監，非常癡情，不過我並沒有聽過施明德叫陳麗珠把政治犯的資料送到美國之類的事情。

據我所知，施明德寄離婚證書給陳麗珠，陳麗珠說等他出獄再說，而陳三興快出獄時對陳麗珠說，不要跟施明德也不要跟我莊寬裕在一起，陳麗珠就問，「難道你要娶我？」陳三興回答，他也不結婚，「救這群「肉粽」（有利害關係的人）要緊！」因為施明德在獄中恐嚇要同歸於盡，大家都很怕，陳麗珠就說：「你們從事政治的人都只想到自己的立場，誰來想想我的幸福？」後來施明德出獄後就去找陳麗珠

辦離婚，究竟是誰求誰不要離婚？雙方各有說法，我不在場，我也不知道。

李昂的書中提到，施明德說陳麗珠以及這群政治難友對他不忠、背叛他，所以他才對這群人不滿。但是請想一想，政治犯都是這麼沒有是非的人嗎？看到我與陳麗珠的關係，何以大家都仍然站在我這邊？或許有人說，是因為我的經濟不錯，這些人都被我「收買」了。但是現在不是施明德的經濟、地位更好，我的經濟情況反而變差了，請大家想一想，何以大家仍然願意站在我這邊？

我從未曾對外界說明我與陳麗珠的關係，我不須為自己辯解，除非是跟施明德談；包括施明德對他女兒說，我侮辱陳麗珠，所以對我不諒解。

我與陳麗珠沒有結婚，因為她與施明德有所爭執的那段期間，我聽到施明德講一句話，他說：「莊某某是花花公子，他對妳（陳麗珠）只是玩一玩而已，等妳被遺棄了，我再把妳撿回來。」道義上我應該跟陳麗珠結婚，本來我有未婚妻，她因此退出，我要看看，如果我真的不要陳麗珠，施明德要怎麼面對陳麗珠？

後來我和陳麗珠生的小孩，兩女一男，都住在我這邊，兒子常問我為什麼我常常受到攻擊卻都不辯解？我說，施明德的女兒與我相處得不錯，還有一份情，而大女兒又生病了，不管怎麼說，施明德都是大姊的爸爸，我不願意傷害到大姊。如果要辯解，就必須掀出底牌，我不是政治人物，我無所謂，但是施明德是政治人物，傷害他也會傷害他的子女，他的小孩在六、七歲時失去親爸爸，她們曾經主動要叫我爸爸（過去她們和我住在一起，就像是自己的子女一

樣），但是我不想讓施明德認為我搶了他的妻子還搶了他的孩子，所以我還是要他們叫我伯父。

（二）是非恩怨皆是時代悲劇

我認為，從事革命的人要有日本「忍者」—無頭無面、自我犧牲的精神，不論社會如何批評我，我都不會辯解，除非跟施明德單獨面對面談，事實上我們已經談過兩次，但是在公開場所我覺得沒有必要辯解。

美麗島事件前後，陳麗珠原本要把施家的作為和一些資料交給吳春貴，準備要公開施家不為人知的一面，我還勸阻吳春貴不要刊登，因為站在革命的立場，我認為要塑造一個革命英雄並不簡單，若是公開這些資料，會破壞施明德的形象，也會破壞台灣民主運動。

這一切的是是非非、恩恩怨怨都是時代的悲劇，在大時代裡，像我這種小人物實在不算什麼，過去有朋友為我抱不平，責怪陳麗珠，說如果不是為了她，莊寬裕今天的發展就不會這樣，我就說，大時代裡遇到這些事是難免的，我的人生已多活了二十多年，但是我覺得多活這二十多年似乎沒什麼意義，過去，我認為應該要做，現在想起來有點不甘心，我很感慨，我是為了大家的安全才如此犧牲，但是相關的人當中，有些人並不這麼想，我就會質疑，我的犧牲值得嗎？就像陳三興講的：「救一群肉粽！」比起來，有更多人的犧牲更大，我們這種犧牲也不算什麼。

諸多是非恩怨出自我的嘴可能不適當，陳麗珠說她要寫書，[5]屆時再看看她怎麼說吧！以前我會阻止她，但是她也不會聽。她說她要還我一個公道，而且也不會傷害施明德，

但這是矛盾的，如果不傷害施明德，就不可能講出完整的眞相。陳麗珠現在和女兒住高雄，之前她幫人作保，結果房子被拍賣，經濟發生困難，但我的經濟能力也沒辦法替她擔這麼大債務。

政治風格始終未變

我對施明德太瞭解了，他二十二歲入獄後遇到的第一個人就是我，如果不是我與陳麗珠的問題，我會對他的政治旅途做出評價，由於有個人因素存在，所以我不適合評論他在公共事務的作爲，否則我對他在政治上的作爲是相當不以爲然的；有人說施明德變了，但是在我們大部份政治犯的眼中，他沒有變，只是外人不瞭解他，從入獄至今，他的政治風格就是如此。

四、我的兒女們

我和陳麗珠沒有結婚，但跟她生了一男兩女。兩個女兒是雙胞胎，都已經出嫁了。小女兒現在住在我家附近。她的婆家在仁愛路國泰人壽對面，有小孩之後，他們就出來租房子。現在租在立人國際學校附近，一方面就近照顧我，另一方面小孩上課也比較近。我的孫子2020年11月就滿六歲了，8月要轉去復興國小，但復興很難進去，所以有透過一個在理律法律事務所的同學幫忙。這個同學算是有背景，和我兩

---

5 蔡寬裕此段受訪時間是在2000年8月，後來陳麗珠有寫，書名《台灣查某人的純情曲──陳麗珠回憶錄》。

個女兒都很好，生小孩時也去美國住過我女兒的家。復興現在有幼稚園，國小的部份，一定要是它的幼稚園升上去的，沒念過幼稚園，可能不收的樣子。

　　小女兒住在我家附近，晚上差不多都去她那裡吃飯。女婿的爸爸過去是會計師，雖然已經過世了，但事務所現在是他媽媽接著做，她的小孩沒人要接。本來女兒的公公想娶一個有會計背景的媳婦來接棒，偏偏女兒就不是讀會計的，但我有鼓勵她說：「以妳的基礎，再去學習一下，應該可以。」我的雙胞胎都是念台北大學公共行政系，後來大女兒轉去讀法律系。她們本來都在美國，但小女兒結婚之後，她先生說：「去美國要做什麼？」他在台灣是做電視、電影、廣告的收音工作，自己經營一間工作室，請了三、四個師傅。他常常到處去旅行，比如去台中工作三天，老婆、小孩都一起帶去。

　　雙胞胎之前在美國一起經營月子會館。中國人、台灣人和香港人都喜歡去美國生產，因為美國是屬地主義，所以在美國生的小孩，就變成美國籍。一次生產，都要花幾百萬，為的就是讓小孩拿到美國籍。小女兒是在結婚之前做的。大女兒比她早四年結婚，和先生去了美國之後，小女兒也去美國，和姊姊一起出來經營月子會館。

　　記得小女兒結婚時，陳儀深老師有來，但當時考量到，不要讓她媽媽出席。因為紅衫軍之後，電視不時在訪問，所以陳麗珠大家都認識。大女兒結婚時，比較複雜。因為女婿很早就在美國了。他爸爸過去在土城跟人合夥做電子工廠，可能二十幾年前，工廠一部份移去馬來西亞，他爸爸是廠長，所以就帶著家族一起去。但馬來西亞的教育不好，所以

中學就去新加坡讀，畢業之後再去美國讀大學跟研究所。後來回台灣，在新聞局服了一年替代役，那時候剛好是紅衫軍的時候。跟我女兒訂婚之後，他又去馬來西亞。他說，要去美國，要先登記結婚，所以儀式還沒辦，就先去法院公證結婚。拿到英文的結婚證書之後，就去美國。因為女婿是美國籍的，所以大女兒就直接拿到綠卡。大概過了兩、三年，她開月子中心，小女兒才過去。到結婚小女兒才回來，現在有了小孩，美國那邊就沒去了。

說起來，時間過得很快，大女兒去美國已經十一、二年了，現在也拿到了美國公民。她本來不想拿，怕有一些稅務的問題，但2018年的選舉，被韓國瑜嚇到，所以乾脆歸化為美國身分。她還說：「爸爸，共產黨來，你絕對會去坐牢！」我說：「少年都不怕國民黨了，老了還怕共產黨？我不怕！」她說：「哎呀，我幫你辦依親移民啦！不然你還要去坐牢！」

雖然雙胞胎和麗珠是母女，但關係不是很密切，因為小時候她們就沒有跟媽媽在一起。民國68年（1979年）出生之後，前三個月我把她們放在醫院，後來寄在一家托嬰中心。那家托嬰中心的兩個經營者，是婦產科的護士出身，所以幫我照顧得很好。但滿周歲之後，托嬰中心要換人經營，這才跟我說，接的人她不熟，不知道能不能幫我照顧好，所以只好換一家托嬰中心。

她們的生日是5月8日，每年生日姊妹都會一起，但2020年大女兒不能回來。她回來投票之後，又回去，本來說3月要回來，但那時候台灣剛好（武漢肺炎）疫情很嚴重，所以打電話來說：「不能回來了，台灣很嚴重！」想不到現在台

灣比美國安全。上回說7月要回來，我說：「現在美國還很嚴重，坐飛機很危險，還是等到比較穩定了，要回來再回來！」大女兒住在洛杉磯，因為禁足，所以這段時間都在家裡，但這兩天好像要解禁了，我說：「妳不要出去閒晃！」她說她都用網路買菜，他們會送到門口，按一下電鈴就走，然後她再出來拿。

現在，大女兒還在經營月子中心，但這幾個月已經完全停頓。其實，從川普（Donald Trump）上台之後，客人就一直減少。因為川普比較嚴格，聽說高科技產業請了很多印度的工程師，他們都有綠卡，但也禁止他們入境。尤其他對中國人很反感，但我女兒的客戶主要都是中國人。說起來，中國人非常矛盾，他們一天到晚在罵美國，但一定要買美國的東西，小孩也要送去美國或加拿大，真的很奇怪！

大女婿的爸爸在一家電子公司，他們的總公司在土城，但工廠在中國蘇州，所以他爸媽都在那裡，有時候過年才回來。我的女婿在他爸爸的那間公司上班。本來他們董事長要安排他去馬來西亞，因為他算是在馬來西亞長大的，語言也通，但他婚前在那裡住了一年，結婚之後就去美國。董事長說：「馬來西亞缺人，你是在那裡成長的，對那裡應該比較瞭解！」但他說，如果這樣，他要辭職。當然，董事長後來沒有把他辭掉，而是把他派去美國。

其實，他們生產什麼產品我也不太知道，只知道是電子業，有開發一些電子產品，算是經營得很成功。他爸爸是黑手（從事機械方面工作的人）出身，都負責工廠，他認為副董事長兼廠長已經很滿足了，但兒子的想法跟他爸爸不一樣，不時在跟董事長頂嘴，所以他爸爸很傷腦筋，覺得父子

沒辦法溝通，都要透過我的女兒。

我的兒子現在住在高雄。他都跟著他媽媽，他媽媽很寵他，但他小學時很不穩定，從這個國家搬去那個國家，搞得一團糟。那時候從阿根廷回來時，他大姊的一個同學在新加坡教書，所以就把他送去新加坡。但他跟他大姊說：「我很可憐，這麼小就在國外，爸爸、媽媽年紀都很大了，我如果回來，他們都走了，我要找什麼人？」所以那邊的校長就要他國中畢業後再出來。

不過，回高雄讀國中時，他卻變成飆車族，搞到出車禍、腳斷掉，還沒讓我知道。國中畢業後，我覺得不能再把他留在那裡了，剛好那時候也有朋友的姊姊在澳洲，所以就幫他辦手續。我朋友的女兒在那裡讀書，嫁給白人，本來要安排住在她家，但手續辦好了，他媽媽竟然要跟他一起去。結果，去了之後，也搞得一團糟。他那時候還沒十六歲，澳洲是十六歲才可以考駕照，有一次留學生用他的信用卡去租車，我兒子開車，結果出了車禍，要賠一萬塊澳幣，所以還回來跟我要。

他在澳洲兩、三年，搬回來之後，自己又去。但他有憂鬱症，也治療相當一段時間。因為憂鬱症，就得常常吃藥，讓人不時提心吊膽。他是民國67年（1978年）生的。又熙（施又熙）差她大姊（施雪蕙）九歲，我的兒子跟又熙又差九歲，所以他和他大姊差了十八歲。

陳麗珠女士訪問紀錄

訪問：陳儀深
記錄：彭孟濤
時間：2020年7月12日
地點：國史館館長室
陪訪：施又熙

與父親的衝突與和解

我1944年在高雄三民區出生，那時候爸爸在日本人的鐵工廠工作，後來又開紡織廠和魚網公司，家境算是非常不錯。爸爸、媽媽都在日本食頭路，回台灣之後，一樣在食頭路。後來爸爸經營鐵工廠，沒多久改做紡織，接著再開漁網公司。從紡織廠開始爸爸就自己開業。

我小學是運動健將，都在拚市運，所以沒念初中。我們那群運動員中，差不多只有一位考上，其他人都沒考上。因為我們在訓練和比賽中間，很多課程都沒有上到，所以成績

出來，大家都沒考上。那時候高雄也沒有私立學校，除了台南有一間光華而已。到後來學校要安排我們保送光華，但早期覺得念私立很丟臉，所以就沒有去念。

我小學念三民國民師範學校，初中沒念，但後來我坐火車去潮州的明德中學念夜校，一直念到高中畢業。說起來，我真的很瘋，那時候看到「明德」中學，就去念了。我差不多十幾歲就離家出去了，十六歲認識明德（施明德），就生下了阿蕙（施雪蕙）。去念明德，是阿蕙出生之後的事。我在明德念了六年，包括初中三年、高中三年。聽說校長的媳婦是廖婉汝，後來當到立法委員，現在學校已經停開了。

我和施明德的妹妹是國校同學，爲了約她參加同學會，去他們家就這樣認識了施明德。當時他還沒去念軍校，是我去他們家之後，他才去念陸軍砲校的。（施明德48年11月5日入陸軍砲兵學校，50年1月1日畢業。）那時候我都住在他們家，不敢回家，主要是因爲我們家沒有溫暖。因爲大姊是爸爸前妻的小孩，爸爸早期在日本食頭路，比較沒有錢，她媽媽就跟磚頭工廠的人跑了，爸爸從日本回來後，聽到了這個消息就說：「既然她不要跟我們在一起，要離婚就離婚！」然後才娶我媽媽，大姊因此成爲我媽媽的女兒。小時候我的數學很好，到現在也很會心算，爸爸曾說，他走之後，家裡的財產要給我管理，大姊就很不高興。雖然我媽媽是她的後媽，疼她卻比親生的還疼，可是她怕我佔她的位，所以很愛念我、打我。

大姊差我幾十歲，我媽媽本身有心臟病，經常被她氣到昏倒，到後來我受不了，住不下去了，就出去食頭路。那時候我還沒有讀初中，國校而已，就去「燕京醫院」當護士，

以前護士沒那麼嚴格，只要會就好了，後來又去「台南高夢雄美容診所」。當時施明德去當兵，我又有阿蕙了，所以不敢回家。有時候我帶阿蕙回家，一聽到爸爸摩托車的聲音，就趕緊躲起來。爸爸住的是日本宿舍，餐桌前面是廁所，有次聽到他回來，我和阿蕙來不及躲去隔壁，只好躲在餐桌底下。阿蕙因為年紀小，很緊張，把餐桌下的肥皂木箱弄倒了，爸爸走過來，彎下身子往桌底下看，就看到我們母女倆躲在那裡。從那次之後，他就不再像以前一樣，看到我就想打了，不然過去他都會大小聲嚷我。

其實，爸爸、媽媽也不是不接受。當時媽媽還去台中的軍營跟施明德溝通，叫他不要當兵了，看要賠國家多少錢，我們都幫他賠，還要他到我爸爸的工廠上班，可是他拒絕了。現在回想起來，他可能早就有革命思想了，所以才沒有接受媽媽的提議。也因為這樣，爸爸就告他誘拐，但我在法庭上卻替他講話，爸爸因此輸掉了官司，所以爸爸才沒有原諒我，直到那次在桌底下被他看到之後，他對我的態度才有一些轉變。

爸爸家裡有一台黑白電視，他吃完晚飯都會去細姨家，九點、十點左右才會回來。有一次我帶阿蕙回家看電視，爸爸卻提早回來，我們來不及躲，我只好帶著阿蕙很快衝出門去，雖然在桌底下被他看過，他沒有對我怎麼樣，但我還是想趕快跑掉。後來他問我媽媽說：「那對『不像母女的』，這麼晚了還沒回去車站嗎？」因為施明德他們住在車站前面開旅社（明春旅社）。媽媽說：「沒有，她們現在租在孫小兒科後街的一間房子裡。」那時候我已經沒有住在施家了，因為被打，所以就跑了出來。爸爸又問媽媽：「她們怎麼生

活？」媽媽說：「批港貨來賣，也幫人修指甲。」

有一次九月九日太子爺生日，三塊厝的太子廟辦桌請客。因為爸爸不時會帶客人上酒家，所以酒家女都跟爸爸很熟，遇到九月九日請客，爸爸也請這些女孩子來吃，結果就碰到我幫她們修指甲的其中幾位，所以爸爸就叫我不要幫人修指甲了，而是改賣港貨舶來品。

到後來，爸爸搬去隔壁的別墅之後，原來的日本宿舍就給我住。因為他算是原諒我了，所以我會回去幫媽媽煮飯。甚至一段時間之後，一起吃飯也沒有什麼關係。到後來，爸爸只要開新公司、新工廠，也一樣比照其他兄弟姊妹，分給我同等的股份。反正爸爸就是不要我跟施明德在一起。因為媽媽跟他說，我已經離開施家了，所以他才願意原諒我。之前在法院，我不但替施明德講話，而且爸爸的朋友來說情，我還說：「沒有啦！他們沒有打我，對我都很好。」但事實上，我那時候都住在草寮，幫他們養豬、養鴨，他們不但打我耳光，尤其是我的小學同學，施明德的妹妹施明珠，有一次還拿克寧奶粉的罐子從我的頭上砸下來；施明德的小弟施明信也差不多，有一次甚至把我打到鎖骨爆出來！

【施又熙：我外公帶了一個女兒過來，我外婆也帶了一個女兒過來，也就是說，我外婆也是離婚人士。他們兩個結婚之後，我媽媽是最大的女兒，下面有兩個妹妹跟兩個弟弟。所以整體看起來，我媽媽排行老三，因為大姊、二姊都是爸爸、媽媽前一段婚姻生的。】不過，她們都當我爸爸、媽媽的小孩，所以分財產時，二姊也有分到。媽媽嫁給爸爸之後，我是最大的女兒，下面還有兩個妹妹跟兩個弟弟。

苦戀施明德 癡情勤探監

　　施明德的媽媽生了五個小孩，他爸爸的前妻也生了好幾個，但很多都不在了，只剩五個女兒。換句話說，施明德上面有五個姊姊。我有阿蕙之後，施明德就去軍中，後來再去小金門。他50年（1961年）4月6日去小金門，大概51年（1962年）被抓，那時候將近要退伍了，沒想到就出事，但我不知道他出事了，因為他一直說要回來了，所以我和阿蕙每天都坐車去高雄碼頭等他。

　　結果，一直都等不到，直到有一天回來，接到一封信，當時我才十六歲，還不懂事，施家隔壁開飯店的人就要我趕快把信拆開。信一拆開，是普通的信紙，上頭只寫說他犯了某件事，被送回台灣，後來就沒有消息了。因為施家也有其他人被抓，所以大家都緊張得半死。他們家有三兄弟出事，除了施明德之外，施明正被叫去第一分局，施明雄也被抓走。當時陳三興、陳三旺兄弟也被抓，他們的案子也很大件，後來幾個案子合在一起，就是所謂的「台獨案」。[1]

1　1957年5月，以陳三興為首，結合幾位高雄中學學生，成立秘密組織「興台會」，創立宗旨為「創建台灣永久中立國」。1958年，更名為「台灣民主同盟」和施明德、蔡財源所領導的「亞細亞同盟」，以及江炳興、吳俊輝的「自治互助會」，合併成為「台灣獨立聯盟」。1962年5月，該聯盟成員逐一遭到當局逮捕，分別被控「意圖以非法之方法顛覆政府並著手實行」與「參加叛亂之組織」等罪名。其中，宋景松被處死刑，陳三興被處無期徒刑，其餘成員則分別被判刑五至十二年不等。蘇瑞鏘，《白色恐怖在台灣：戰後台灣政治案件之處置》（新北市：稻鄉，2014），頁405-406。

　　為了施明德，實在有夠淒慘！那時候的環境，火車只能坐普通車，從高雄坐到台北，要十三個小時，還沒有位子坐。他媽媽的身體也不是很好，有腰子病，每次跟她一起去面會，都坐在地上，那時候又遇到八七水災，鐵路很不好，坐十三個鐘頭，簡直是折磨。好在我生小孩之後，媽媽已經有贊助了，不但會叫隔壁的工人帶雞湯來給我喝，還會給我一些錢。可是，雞湯拿來，因為我都忙著顧旅社、洗被單，施明正還沒被關的時候，都會跟他太太兩個人把那隻雞吃光光，只剩兩隻腳和一顆頭而已。

　　施明德他們家在火車站對面開「明春旅社」，主要是他媽媽在經營。施明正被判五年，他會畫畫，也會寫詩、寫小說。他後來因為絕食，被抓去三軍總醫院，他住院時，陳菊要我去看他，但我不想理他。施明正會推拿，治療患者時，桌下都擺滿紅露酒，他會邊喝邊推拿。他們全家都會推拿，因為早期不用牌照，所以施明雄還沒去加拿大之前，在高雄也是行醫。他爸爸施闊嘴是國術師，多少有把這些功夫傳授給他們，但他們小時候都跟著媽媽，所以主要是從媽媽那裡學來的。

　　施明德剛被抓的時候，關在哪裡我們不知道，有一天聽說他被關在木柵的軍營，我就帶著阿蕙和他媽媽一起去。那個地方位在山上，她們兩個人就在山下等，我自己一個人爬上去找明德。抵達之後，那邊的人告訴我，昨天晚上兩點已經送到上海路的陸軍總部了。可是去了那邊，他們說人沒有送來這裡，所以我又馬上回頭去木柵的軍營，但那邊的人還是說明德不在那裡。直接跟我說他們不能跟我講人在哪裡就好了，不能黑白講，讓我兩邊跑吧。從施明德在金門被抓以

來，只寫一封信說他犯了某件事，被軍機送回台灣，但後來就不曾接到他的消息，現在是生是死，到底在哪裡，我們都不知道，所以非常緊張。（施明德51年6月16日在小金門被捉，51年7月6日送到台北陸軍總司令部木柵看守所後轉送西寧南路保安處，51年11月再送到青島東路軍法處。）

那個軍人大概看我很可憐，才坦白告訴我：「妳不用再跑了，妳不可能見到他的，妳就回家等！」所以我只好下山。不料卻突然下起了大雨，黃土路很滑，我一路滑下山，手腳都擦傷了。那時候不只去山上和上海路而已，保安處、警備司令部也都去了，反正所有關人的地方都去過了，但他們都說沒有這個人，事實上，那時候他是在山上那裡，但問話聽說是在上海路的陸軍總部。

經過一段時間之後，有一天他寄信回來說可以接見了，就在現在的「來來飯店」（已改名爲「喜來登大飯店」），也就是青島東路三號。我是在那裡第一次見到他的。爲了要一直看他，我就搬來台北，住在離「來來飯店」不遠的地方，幾乎每天都煮四份東西，帶去給他們三兄弟和蔡財源吃。禮拜四則是面會，面會時，每個窗口上面都有一盞燈，你看手上抽到的號碼是幾號，如果是四號，四號窗口的燈亮了，就可以進去面會，但時間都很短。當時爲了賺錢，我也學織毛衣和打字。

施明德在青島東路的看守所關了一段時間，就被送去泰源監獄，泰源事件之後，官方在綠島又蓋了一棟監獄，就是「綠洲山莊」。我去台東探監時，都帶阿蕙從高雄坐金龍號或金馬號公路局的客運，提一大桶滷豬肉、豬肚、豬心跟豬肝去給這些獄友吃。那時候路不好，一趟路要五個鐘頭，停

兩站：早上坐的話，楓港停一站，在大武碰到吃飯時間，就休息半小時，讓你吃飯，不然只有十分鐘而已，反正兩站一定有一站讓你吃飯，因為要五個小時才會到。我大部份都坐夜車，因為下午都在滷東西，到台東就已經天亮了。抵達之後，我們會去公路局車站的廁所刷牙洗臉，為了讓他們吃到熱騰騰的食物，我都包計程車去北源村，車子可以直接進去裡面，結束再坐車回來。

那時候獄友們都知道，高雄有一個陳麗珠，台北有一個水泉（林水泉）的太太玉花，就我們兩個「三八」最認真，拚死拚活。但玉花的環境比較好，因為水泉有把旅社交給玉花顧，所以玉花的經濟比較好，而且水泉有財產，我們沒有。不過，後來水泉去美國時，為了居留，居然騙他太太假離婚，他太太也很憨，就跟他假離婚了，但哪有假離婚，而是真的離婚了，所以水泉在美國又娶了一個太太。

救援政治犯　認識蔡寬裕

對我來說，七十多歲，就快走完我的人生路。為了政治犯，我其實做了很多事。我很不客氣地說，有些人為了二二八的事，現在才跳出來，但我不是。我是從施明德被抓去關，就開始替政治犯聲援、訴冤、救濟家屬在奔走了，他們則是二二八的事後，才看到這些人，不然以前都是我、聰敏的妹妹秀美、許曹德的太太和林中禮的太太高老師而已，透過日本三宅清子的幫忙，讓我送很多東西去美國。換句話說，就是我們四、五個女人而已，也沒有看到任何家屬出面，因為大家都怕死了，去跟他們通知事情，有的人還說你

們是不是來騙錢的。我沒有對不起台灣，也沒有對不起施明德，我對不起的是蔡寬裕，我不應該拖這個人進來我的生活裡。他是代理校長出身，那時候我跟他一起做工廠，我知道，大家都對他很尊敬。

　　早在美麗島事件之前，我就跟施明德吵翻了，實在很沒道理，在泰源，他一天到晚逼我做事，還一直吵著要移監來台北，但來台北就不可能，我也無能爲力，所以本來就不愉快了，後來又遇到寬裕的事。爲了幫施明德保外就醫，很多東西都寫不好，和施明德同案的蘇鎮和就介紹我去找「莊桑」（そうさん）幫忙。在獄中政治犯都很尊敬寬裕，大家都叫他「莊桑」，到現在還有很多人叫他「莊桑」。我雖然不認識寬裕，但他知道我。因爲我去台東面會時，他是醫務所的外役，有時候陪病人去台東看病，寬裕他們會跟車出去，從我面前經過，所以他們認得我，但我不認識他們。換句話說，在泰源時，他就知道我了。

　　1974年寬裕從綠島出獄之後，人家告訴我，他文筆很好，性情也很好，我就去台中找他，請他幫忙申訴的事。當時他找吳俊輝和張啓堂來旅社看我，我住在旅社，他說：「麗珠，妳寫得太硬太衝了，這樣不行。」我們就是這樣認識的。後來約到台北，是因爲監察院等機關都在台北，而且月嬌姊（蘇洪月嬌）和許曹德的太太也都陪我一起跟寬裕見面。當時我們就是那樣單純，但明德看不過去，就一直誤會我和寬裕如何如何。

與施明德結、離婚

1966年元旦前後去接見時，施明德把要給蔣介石的「求饒信」手稿交給我，還一直交代我要找人用毛筆正楷抄寫一遍，然後想辦法呈上去給蔣介石。後來我聽說蔣宋美齡每個禮拜四會去基督教會做禮拜，所以我跟許曹德的太太就跪在蔣宋美齡必經的路上，後來她的隨扈就把這封信取走。

1976年11月28日，我去台北土城仁教所看施明德，走了快二十分鐘都找不到人，後來一個難友告訴我去禮堂看看，想不到走去禮堂，居然看到他和一位小姐從布簾後面走出來。也就是說，是他自己出軌的。結果，沒多久，他就寫信給我，說離婚協議書已經寫好了，他說是在淚如雨下的情況下提筆的，但我沒有理他。要出獄時，他就找許晴富、施明正做證人，硬要叫我離婚，但我也沒去辦。等他回來，才約我去區公所辦手續。當時他才回來兩、三天，早上七點不到就在我家騎樓等我了。

當初，他在當兵，所以我們不能結婚。他是候補軍官，有那個限制。結婚的話，要去讀候補軍官學校（陸軍官校候補軍官班），就要滿二十五歲，不然十八歲就可以了。當時他為了要讀那間學校，還去偽造畢業證書。蔡財源也一樣，為了念黃埔軍校（陸軍軍官學校），也去偽造畢業證書。因為這樣，我跟他就不能結婚。接著，阿蕙出生九個月那天，他就去小金門了。

後來，我去泰源探監時，因為沒有身分，一開始他們還不讓我接見。因為我一天到晚都在找麻煩，什麼監察院、立法院、警備司令部都去送件了，不煩也煩死了，當然會找我

麻煩，說我沒有身分，所以我就坐在地上哭鬧，他們沒辦法，只好讓我進去。可是，接下來就糟蹋阿蕙。阿蕙才兩、三歲，因為規定一次只能一個人進去接見，所以阿蕙經常只能在鐵門外頭等，有一次接見出來，我發現阿蕙因為害怕，腳趾竟然嚇得彎向後面。所以我一直覺得阿蕙的病，雖然是罕見疾病，但跟小時候的遭遇一定有關係，不然罕見疾病，小時候就應該要有了，哪有長大才有的道理，所以一定有關係。

　　本來我一直吵著要結婚，我當然想嫁給明德，有時候一個禮拜就去台東一次，所以媽媽才氣得罵我，因為光是車錢就嚇死人。說起來，我們的結婚證書也很好笑，那其實是泰源發出來的。因為他被關，一定要監獄提出證明。等到監獄辦出來，區公所就通知我去辦戶口，結果就被《台灣時報》和幾個報紙登出來。他本來沒有同意，他曾經說過，等到他出獄之後，他會先查我在等他的這段時間裡，是不是清清白白；如果是清白的，他會找一間教堂跟我結婚。但後來為了不能接見的事，他才勉強同意我去辦戶口，不然說實在的，以他的意思，他一定是要等到出獄之後才辦。

　　總之，我就是在這樣的情況下跟施明德完成手續的。生小君（施又熙，原名施珮君）也一樣。那時候媽媽罵我說：「他被關，妳現在大肚子，是要怎樣跟人家說？」其實，她說得沒錯，我有小君之後，去三塊厝的市場，我爸爸也是有人望的人，但還是被很多人說：「她先生是思想犯，不是在關嗎？她怎麼會大肚子？」好在小君長得很像她爸爸，不然被講成這樣，實在很羞辱人。

施明德在花蓮、台東的軍醫院

我和施明德是在花蓮美崙半山腰的八一一軍醫院懷有小君的。他跟我說得癌症,但其實是裝病,所以才可以保外就醫。那時候我也有胃病,白血球指數升到一萬多,但那時候還不流行檢查,所以一直以為是得癌症,白血球指數才會那麼高。有一天下午,他妹妹打電話來醫院,跟我說:「麗珠啊,妳要趕快出來,我們老四(施明德)比妳還嚴重!」她和施明雄兩個人都打來醫院,醫院說:「妳昏迷才剛救起來而已……」我說:「沒有啦,我要趕快離開。」出院之後,我馬上去施家拿X光片,然後去找施明德開婦產科的同學幫忙看片子。那個人說,看起來胃部有問題,但不敢說是不是癌症。於是我和施明雄就趕公路局的夜車去台東,然後包計程車去監獄。聽到他得癌症會死,我一路上都在哭,倒是施明雄每站都在吃東西,在楓港吃了東西,到了大武,也下車吃東西,我不是,我連廁所也沒去,除了哭還是哭。

那時候我們去台東,是為了看施明德能不能保外就醫。其實,那張X光片是假的,但我不知道,是後來才知道的。但不是X光片有問題,而是他喝難友的血讓自己排出血便,所以台東省立醫院的診斷師才判定他疑似胃癌。但明雄知道不是,因為他有先去面會,施明德把那張假的X光片讓他帶回來,也就是說,他們兩個人聯合起來騙我。所以明雄知道,我不知道。他在笑,我在哭,司機還跟他說:「你叫她起來喝杯茶吧,不然一直在哭。」

後來,我和明雄兩個人當保證人,一起簽了保證書,才把Nori帶去花蓮。當時我住在花蓮車站前面的金龍旅社,他

住在八一一軍醫院，我每天都去看他。到後來我發現醫院附近有一間稅捐處的宿舍，我們高雄三民區花生批發商的女兒剛好嫁給稅捐處的主任，很巧地在那裡遇到，她說她有一間空房，所以我就租在那裡，住了差不多五個月。

　　我看施明德都不肯接受開刀，但他一直吵著要保外就醫，回來家裡。當時沒有任何阿兵哥看守，都讓他自由出入，我也會煮東西給他吃。我想，大概是因為有我們兩個人做保證，所以才不怕他逃走吧。但，他其實一直想逃走。他都約我去海邊坐著看遠方一艘艘的船，一直在計畫怎樣用船逃走。他說，不能帶阿蕙一起走，要把阿蕙留給我媽媽顧，我們先走，不然小孩子在船上哭，會被抓到。他還建議我拿他的一塊地去請我媽媽想辦法換成現金，但我媽媽不答應，她覺得太危險了，所以事情就沒有成。到後來三拖四拖，施明德就被送回去泰源。因為他一直不肯開刀，還一直吵著要回來台北，那時候泰源剛好出了一件小事，所以1968年11月1日他就被帶回去泰源繼續執行。

　　說起來，為了幫施明德申訴，真的是費盡千辛萬苦。我曾經跟二二八的家屬說，你們以前很緊張、很淒慘，我都知道，但你們怕也只有這樣怕而已，我不是，我遇到的是這個人，不做不行，我才一、二十歲，還不懂社會事，所以憨憨地一直做，到後來才知道，為他辛苦為他忙，他卻把我說得那麼難聽。雖然寬裕以前年輕英俊，穿著時尚，又是代理校長，但我哪有跟他怎麼樣，誰知道後來竟然走到今天的地步。到現在小君還會念我說，我對施明德還不死心。但說實在地，我那時候年紀很小，就愛上他，所以全部精神都奉獻在他身上，根本不會想說會離開這個人。我真的很忍耐，他

一直無理取鬧，我心裡想說要原諒他，但我妹婿應我一句：
「三姊，速戰速決，不要猶豫不決！」施明雄的太太也跟我
說：「麗珠，男人怎樣對待我們，我們就怎樣對待回去。」
我想也對，我付出那麼多，他怎麼會這樣！那時候施明雄和
他太太兩個人都很護著我，還說：「不可能啦！麗珠如果有
（討客兄），全世間的人都有。」

　　那時候我已經跟明德結婚了，但他一直說我討客兄，甚
至要我跪下來承認跟寬裕的事，他才願意原諒我，才不離
婚。這是綠島和仁教所的事，跟他結婚則是泰源的事。其
實，63年（1974年）他就一直要約我（離婚）了，但我不想
理他。他不要我帶這些小孩去探監，一直要約我去廁所「方
便」，真的氣死人，因為我有時候會拒絕，他就懷疑我在外
面有人－就是寬裕，所以才不需要他。

　　他在綠島時，也被送去台東住院一段時間。我去看他
時，他一直約我去「方便」，就很討厭，因為怕被指導員看
到。每次去醫院面會，都要先去綠園招待所辦理登記，登記
完，指導員有時候會跟我一起走進去，看我們兩個人說話，
因為說話要做紀錄，但有時候不會，就讓我們「方便」，他
離開。但離開是離開，中途會再進來，很少是沒再進來的。
明德約我去廁所，很討厭沒錯，至少不會緊張，最怕是在房
間。有一次我去看他，他設法弄到了一間單人房，因為那裡
有一塊透明玻璃，他就把他的藍色上衣脫掉，掛在門的中
央，並且把折好的一堆報紙往門縫裡塞。那時候我很傻，很
愛他，也很怕被誤會。像是有一次去看電影，換了四、五次
位子，因為我要坐在最旁邊的位子，不敢有人坐我旁邊，我
是保守、緊張到這樣的地步，所以他要約我去「方便」，我

怎麼會不緊張？門又沒鎖，萬一指導員進來，我該怎麼辦？可是他居然說：「妳把被子蓋好就好。」原來他只想跟我「方便」而已，不是真的愛我。那時候我也有一點年紀了，漸漸會覺得他怎麼這樣，而且有時候寫信都一直誤會我，所以我就開始有點討厭他了。記得蔣介石快死的時候，他還跟我說，蔣介石如果死了，他就有機會出來，而且有機會做總統。

老實說，我跟施明德吵架是在台東的軍醫院開始的，那時候主要的背景是麻煩寬裕幫忙申訴、陳情，但被他知道了，他就一直懷疑我討客兄。而且在軍醫院，他一直想「方便」，我很不喜歡，所以才發生衝突。

我當年的選舉助講

前些時候，我跟黎彩（林黎彩）說，我活得很沒有價值，大家採訪你們，是因為你們是某某人的家屬，我不是，到今天我還不知道自己是誰的家屬，我覺得我很沒有用。但我也很不客氣地跟她說，我做的事情比你們「二二八」的人還多，辛苦也比你們多，因為你們嚇到就縮起來了，我不是，我為了台灣獨立，就這樣一直做，還去樹下講給人家聽，大家都很愛聽，說我講得很實在。

事實上，阿蕙還沒生病之前，我都在幫人演講、站台，無論黨外時代，還是民進黨成立之後，都一樣。民進黨在圓山成立時，我也是高雄來的六十三位其中之一。六十三人中，只有我、林黎琤和李慶雄的太太李陳彩華三個女的而已。換句話說，高雄市有六十三人登記，成為創黨黨員。我

是寬裕帶我去入黨的,黨證是307號。為什麼是307號?因為那時候有張俊雄的「港都編聯會」和王義雄的「首都編聯會」,我被王義雄拖來這裡,張俊雄和黃昭輝則排在前面,所以排到我就變成307號,但我說不要緊啦!

那時候比較有印象的,是幫高雄市議員林黎琤、朱星羽、陳武勳助講,包括最近(2020年6月6日)墜樓而死的許崑源[2]的哥哥許崑龍,在黨外時期我也幫他演講過。雖然蘇治芬我沒有幫她助講,但她的文宣是寬裕幫忙做的,而且我有從台中請兩台宣傳車去給她贊助,那時候我們在做工廠,生意還不錯。後來當過台中縣黨部主委的沈國榮,在斗南選國代時,我也有去助講。幫他們助講,我都在講台獨,但我說不能限制時間,如果限制時間,我就不知道要怎麼講了,而且沒講完,大家會聽不懂。

我甚至說,林義雄家的血案和江南案是蔣孝武做的。以前是十天前才可以競選活動,所以開始演講時,情治單位的人都會來錄影,那時候大概只有我在講台獨而已,可以說是敢死敢講。比如水扁仔和謝長廷上台,都只說:「誰做的,大家心裡有數。」不敢說是誰做的,但我都直接說是蔣孝武做的。所以群眾很愛聽我講,還會問說:「明德的太太會不會來啊?」

蘇嘉全是這樣被我拱上去的,不然他國代怎麼選得上?他選縣議員三千多票,選國代四萬多票。邱連輝的兒子要選

---

2 〈挺韓大將 高市議長許崑源墜樓亡〉,2020年6月7日,「自由時報電子報」:https://news.ltn.com.tw/news/politics/paper/1377927,點閱日期:2020年8月4日。

的時候，我人在台北，他也一直拜託我去幫他兒子助講，因爲屏東人很愛聽我講。那時候美麗島事件才沒多久而已，美麗島的事情和政治犯的事情，說實在地，很多大家都沒有聽過。阿芬（蘇治芬）知道是知道，但沒有知道得很清楚，她只知道她是她媽媽（蘇洪月嬌）的女兒而已，那時候她只是「憨囝仔」，哪有在管這些事？我不是，我是十幾歲就投入了，而且什麼都去探聽，好比郝柏村有可能政變的事。

黃憲清在台南佳里選舉時，我幫他助講，在台上就說政變的事。那是國民黨一位軍方的人跟我說的。他和我很好，名字忘了，有台灣獨立意識，他跟我說這個消息，就是一定要讓我在台上說。我也知道郝柏村準備要抓我。爲什麼我會知道？因爲我媽媽知道我缺錢，幫我跟廟裡一位誦經的師姊借了五十萬，剛好師姊的先生是調查局的人，就跟媽媽說了這件事，媽媽就要我回高雄一趟，妹妹也打電話給我，我心裡就知道可能有事要發生了。回去之後，媽媽說：「妳在台上說了什麼什麼……」怎麼她說的跟我昨天說的內容一樣？可見有人告訴她。她說是誦經的師姊跟她說的。

當天我沒有住下來，又直接趕回台南佳里，因爲晚上是一場很盛大的演講場。我一上台，馬上宣佈：「今天我回高雄，調查局的人說，我昨天說了郝柏村要政變的事，所以要抓我。我現在如果離開這裡，沒有看到我，你們要知道哦，是國民黨抓我的！」事實上，不是只有在這場，我每場都這樣講。那時候蔣經國還沒死，我每次台獨講完，都會說一句：「今天如果沒有看到我，就是蔣經國抓我的！」所以要我演講的，大家都怕死了，都在台下，沒人敢跟我在台上。而且只要我開始演講，情治單位的人就會用最大的鏡頭一直

錄影。那時候選舉,我真的很忙!

和蔡寬裕的子女們

　　我和寬裕有一個兒子和兩個雙胞胎女兒。兒子恆毅是民國67年(1978年)生的。那時候明德一出獄就要跟我離婚,我想,既然他堅持離婚,沒辦法了,我就找寬裕。後來,我跟寬裕說,因為明德的關係,我沒辦法嫁給你,也沒辦法跟你在一起。他大姊於是要求我說:「妳要恆毅,但不生一個給我們怎麼可以?」所以我才答應寬裕,只是很意外地,是一對雙胞胎女兒。那大概是68年(1979年)左右的事。那時候工廠也收了,所以我就沒有跟他在一起。當時蔡先生也有跟一位周小姐相親,本來也要和她結婚的。周小姐是藥廠會計。但他們家裡的人的條件是,一定要我回去施明德的身邊,他才可以娶別人,但我說不可能。

　　雙胞胎女兒結婚時,我不知道,因為都沒有什麼往來。那時候小君和蔡先生住在通化夜市附近,小君住三樓,蔡先生住六樓,因為我的摩托車停在地下室,有時候在地下室會遇到,她們會叫我「媽」,就這樣而已,說實在地,也沒有什麼說話。因為我想說,我生給他,然後就沒事了。他本來都和兩個小孩一起住。兩個小孩出生後,就給人家照顧,我媽媽有拿六十萬出來,給奶媽養這兩個小孩。養了一段時間之後,才換另一位奶媽,照顧到長大,就像她們的媽媽,和她們很親。換句話說,我只有生,沒有養。

　　老實說,我最對不起的是我的父母,沒有聽他們的話,害他們那麼操煩;再來就是寬裕,把他拖累得那麼慘,但後

來他跟周小姐在一起時，我也很慘。其實，蔡先生有去過我媽媽那裡，所以我爸爸還沒過世之前，有見過他一次。我爸爸是65年（1976年）10月23日過世的，蔡先生應該是63年（1974年）回來，我跟Nori吵架也差不多是在那個時候。那時候他還沒送去生教所，還在綠島，所以才會去台東軍醫院，我們就是從那裡開始吵的。那時候我很需要蔡先生幫忙，因為我一直送東西去國外，很怕被抓走，萬一我出了什麼事，都會請他去通知我媽媽，也請他保護我，但說實在地，我是用報復的心理跟他在一起。後來他說要娶周小姐，是因為他知道我不可能嫁給他。

因為寬裕有日本精神，都說日本話，我爸爸過去也在日本食頭路，所以見過他一次，還說至少要選這位。但沒多久，我爸爸就去世了。說真的，我那時候曾經想說要嫁給他。可是，我是用報復施明德的心理跟他在一起的。因為施明德一直誤會我，還越說越故意，我想，既然他跟我離婚了，我當然可以去找蔡先生。後來，他跟我打官司時，他不曾出來，都是他太太陳嘉君代理他出來，而且說得好像是真的一樣。我看她年紀比我女兒還小，做我的女兒還差不多，是知道我們多少事？那時候跟他打官司是為了我的回憶錄。[3]告了一陣子，後來他輸了，所以我的書可以賣，樹枝（林樹枝）的書[4]不行賣。告樹枝的時間好像跟我差不多，

3　陳麗珠口述，施珮君文字整理，《台灣查某人的純情曲──陳麗珠回憶錄》（台北市：陳麗珠，2008）。
4　林樹枝作，《玩弄眾生：施明德的偽裝歲月》（中和市：本土化有限公司，2000年）。

明德告他五條，樹枝也有請我作證，但樹枝寫的是比較離譜一點。像幸男（王幸男）這幾位立委是把我書裡寫的東西拿出來講，但書會出就是因為內容是實在的，包括裡面也有寫到一段，說有人給他兩千萬的事。[5]

施明德在獄中，有請許晴富、施明正做證人，寄離婚協議書來高雄給我，但我一直沒去辦，因為我沒想過要跟他離婚。但他回來之後，聽到我沒有離婚，就打電話給我，約我隔天早上八點去區公所辦手續。結果，七點不到，他就在我家騎樓等候了。他是民國66年（1977年）6月16日出獄的，出獄沒幾天就約我去區公所辦手續。所以，我就約寬裕去萬里的一間飯店發生關係，恆毅就是這樣來的。

陳嘉君在法院一直虧我說，施明德還在坐牢時，我在外面就一直跟他生小孩，說到最後是說生了五個，所以大家遇到蔡先生就說：「寬裕，寬裕，你到底有幾個兒子？」我說，不然你查查看，我兒子是67年（1978年）3月19日生的。他們現在一直說，這個小孩是明德還在坐牢時生的，但我在法院就跟他們說了，我在哪裡生的，這個小孩是幾個月生出來的，都查得到。至於為什麼不到十個月就出生？那是因為我的血壓太高，所以才提早生出來，不然太危險了。

現在回想起來，施明德66年（1977年）回來，離婚協議

---

5 甚至也有消息告訴我，前聯合報總經理現任香港東風衛視董事長的楊仁峰也跟施明德在美國見面，還有人指證歷歷聽說交了兩千萬人民幣給施明德，到底這些都不是真的？我實在很好奇，可不可以請施明德偷偷告訴我啊？陳麗珠口述，施珮君文字整理，《台灣查某人的純情曲——陳麗珠回憶錄》，頁391。

書應該是65年（1976年）12月27日寄給我的，但我一直沒去辦，是等他出獄之後，才去辦的。事實上，差不多63年（1974年）、64年（1975年），他就開始寄出來好幾張要我去辦離婚了，但我都不理他。他都沒有找證人，所以有一次我跟他說：「你要離婚哦，又不是我約你的，你要約我，那證人你要找，為什麼是我找？」所以後來施明正和許晴富就是他找的，陳三興和蔡財源都不要。（60年9月3日，我和施明德補結婚登記。63年10月7日，施明德被送到台東八一七軍醫院住院。64年2月20日，寄第一張離婚書。64年6月6日，第二張離婚書。65年12月5日，第三張離婚書。65年8月1日，我媽去仁教所接見，他也當場告訴我媽，本來婚姻他並沒有承認。66年6月16日，施明德出獄。66年6月20日，辦完離婚手續。）

　　我和蔡先生有了恆毅之後，在台中我就跟他在一起做工廠，但我不要跟他結婚。那時候我把恆毅認作我們姓陳的小孩，但我去日本不在時，他居然去旅行社拿我的身分證，偷偷去辦小孩跟他同姓的手續。後來我要告他，他們姊妹說：「不要啦，讓弟弟有一個爸爸也是好的。」我才原諒他，不然我本來要告寬裕，說他怎麼可以這樣。換句話說，以前恆毅有一段時間叫陳恆毅，不是蔡恆毅。

　　那時候他大姊說：「妳要恆毅，但妳又不回妳前夫那裡，我們寬裕沒辦法娶，要不妳生一個給我們。」講難聽一點，我一輩子都很乾淨，比如在萬里，一下子就有恆毅了，這兩個女孩子也一樣，很快就有了。生這兩個女兒，我有等到她們出生，但那時候我已經搬去高雄住了。確實，我有跟寬裕在台中一陣子，但後來我跟他說，生完，我就不要跟他

在一起了。因為他跟周小姐在一起，我就沒有跟他在一起。但，周小姐等到後來，也去嫁給別人了。周小姐是他東吳大學同學的外甥女，所以他們有認識一段時間，但她也等寬裕很久。寬裕等我，那個女孩子則是等他，但我跟他說：「我不可能跟你結婚。」

【施又熙：在台中時，蔡爸爸和我媽其實相處得不好。他們在台中經營工廠的時候，只有我有跟去，所以只有我知道。我小學三年級下學期到四年級整年，在忠孝國小念了一學期半，住在美村路。那時候蔡爸爸好像跟周小姐在一起，所以他們兩個人常在吵，蔡爸爸也有為此打過我媽。反正我媽的嘴巴很壞，蔡爸爸的脾氣其實也不太好，兩個人就吵吵吵，然後他就拉著她的頭要撞牆，我就用手去墊在她的頭後面，可是撞了很痛啊，所以我的手就會收回來，然後就聽到砰砰砰，然後我的手再墊上去。所以小時候有一段時間我跟蔡爸爸處得也不是很好，一直到後來我們的關係才改善，蔡爸爸雖然很容易跟我媽吵架，但是對我跟姊姊是非常好的，很疼我們，現在我們的關係就很好。】

被工廠和王隆基拖累

寬裕跟周小姐的舅舅是東吳的同學，說實在地，這個女孩子也對他很好。【施又熙：我記得蔡爸爸之前接受訪談有提到，他那時候為了要籌錢，周小姐其實有挪用他們的公款在幫忙，所以彼此之間的牽扯太深了，除了感情之外，還有金錢上的問題。】台中的鞋子工廠，我也投了三千多萬下

去，所以才會那麼淒慘。塑膠粒我們娘家也在用，專門在做塑膠粒的台聚和福聚就是我爸爸很大的客戶。我爸爸的用量很大，因為我們是亞洲很大的纖維公司，所以寬裕的公司都要用我的票，但後來為了《票據法》我還被關過，因為跳票。蔡先生的票我都顧好沒有跳，但我自己會跳票，是因為銀行叫我要跳。因為政治犯像李萬章、林金煌都來跟我借票，我有借，但他們都沒有把錢存進支票戶頭裡，我本來是信用很好的人，想不到被這些政治犯搞到跳票。到後來第十信用合作社的經理，也是鄰居和我爸爸的朋友跟我說：「陳小姐，跳啦！」我說：「怎麼可以跳票？」他說：「妳就要跳啊！」那時候三張跳票就有紀錄，變成拒絕往來戶，他要我用五萬塊的金額，分成三張來跳。

　　為了《票據法》被抓去關的時候，整台車都是女人，警察還說：「這些男的真夭壽，支票開了讓這些女的進來關。」我進去關了幾個禮拜，都是為了寬裕的公司。那時候差不多是民國65年（1976年）的事，說起來，公司也被國民黨迫害過，那時候剛好發生王幸男郵包炸彈事件，因為公司都請政治犯，所以國民黨還不知道是幸男之前，還來我們這裡查政治犯的筆跡。

　　我本來有好幾間房子，小君我也準備一間，但為了這間工廠、為了這些政治犯，房子都拍賣光了。後來又被王隆基保證人的事給拖累，實在有夠淒慘！【施又熙：王隆基其實不是什麼檯面上的人，他是民進黨裡的小金主，也是黨中央的中常委，跟許信良他們很熟。他以前常跟我媽有周轉錢，也就是把我外公給我媽媽的房子去銀行貸款出來借他用，這種模式也走了好多年，結果就被他倒帳。】我不但被王隆基

拖累，許榮淑也是受害者，他還告我誹謗等等，害我跑了好幾趟法院，那時候阿蕙還在台北入院呢！王隆基是82年（1993年）跟我借錢的，85年（1996年）被他拖累，89年（2000年）跟他打官司，因為他，我的房子都拍賣掉了。記得高等法院的法官也看不下去，還跟他說：「你把她倒這麼多錢，她都沒告你了，你倒她的錢，你還告她兩、三項，她一個女兒在台北病重了，你還這樣！」

陳嘉君一直嗆說我們已經離婚了，還說我四處要他的錢，但法官說了一句：「妳知道離婚的意思是什麼嗎？雙方如果一方比較好，一方比較不好，好的一方有義務幫助弱者。」我自己在法庭上也說，我們已經離婚了，我沒有要他的錢，我要的是政治犯分的錢。因為李登輝總統說過，會發補償金給政治犯，是要幫助家庭改善環境。因為過去大家在坐牢，環境都不好，所以發補償金，是要讓家庭好一點。李登輝總統是這樣說的，補償家庭。我們都有辛苦到，所以我要求說，這筆錢要分作幾份，包括艾琳達也要分到，因為艾琳達也是他的妻子。結果他領了錢給紅黨五百三十萬，電視都有報出來！[6]

我當幸男的證人那次，施明德敗訴之後，有開記者會，

---

6 由紅衫軍組成的「紅黨」（Home Party）昨舉行成立酒會，並介紹七名不分區立委參選人。反貪腐運動總指揮施明德以貴賓身分出席，捐出五百三十萬元的「政治受難不當審判補償金」。至於是否加入紅黨？施說：「不需要吧。」〈挺紅黨 施明德捐530萬 小黨變多「湊人數」搶政黨票〉，2007年11月26日，「蘋果新聞網｜蘋果日報」：https://tw.appledaily.com/headline/20071126/XS2ZK6OJY3YIXZYUHC7VVO6LZU/，點閱日期：2020年8月14日。

說他早就知道，如果我出面，他一定會輸，這是他自己承認的。那時候他告幸男，求償兩百萬。【施又熙：最主要是因為幸男叔說我父親「拋棄妻女」。】[7]

回憶錄惹出的官司

紅衫軍是95年（2006年），我的回憶錄是97年（2008年）9月出版的，書一出來，施明德馬上就去告我。那時候我有去問智慧財產局，關於刊登施明德寫給我的信的事。

書賣得很好，所以他要把它下架。【施又熙：那時候誠品等書店都有上，但是他先寄存證信函到各大書店去，要他們下架，不然他要告他們，所以書全部下架，後來才變成我媽自己賣。】最早下架的是三民書局，誠品好像撐到最後，差不多半個月、一個月才退書回來。這本書如果在紅衫軍那時候出來，我就賺翻了！【施又熙：紅衫軍那時候已經在整理了，但是沒有辦法來得及在那時候出。而且因為後來有官司，後來就沒辦法流通了，所以我媽只能自己去演講場賣，或是在臉書上有粉專。】現在「台灣e店」還有在賣，只有「台灣e店」有收而已。我知道那時候誠品撐得最久。

小君出《五芒星的誘惑》[8]時，在凱達格蘭大道擺攤，恆毅和他女朋友負責收錢，我負責簽名，因為大家都要我簽

7　〈被指「拋棄妻女」施明德告王幸男敗訴確定〉，2017年4月13日，「自由時報電子報」：https://news.ltn.com.tw/news/society/breakingnews/2034972，點閱日期：2020年8月14日。

8　施珮君，《五芒星的誘惑》（台北市：圓神，2007年）。

名，遊行完，短短兩個小時，就賣了四百五十本。紅衫軍的時候，我正在紅，而且那件「求饒衣」賣得很好！那是童錦茂畫的，衣服我還留著，留了好幾件呢！

一開始阿蕙有在阻擋出這本書，但後來她擋不住了，就叫我要寫好。我是想說，阿蕙生病，本來一個月給她四萬塊，讓她生活的，但紅衫軍之後就沒有給了。我現在很後悔，如果這本書真的在紅衫軍的時候出，賣一百萬本都有可能。其實，不是只有這本施明德在擋，樹枝的《玩弄眾生》他也在擋。

長年生病的施雪蕙

阿蕙還沒生病以前，施明德在當立委，阿蕙就在那裡當會計。那時候的薪水是三萬多塊，後來就在那邊升級，一直升到四萬多。到88年（1999年）阿蕙生病之後，還是像薪水一樣讓她領，沒有減少，但一直領到施明德好像正式在報紙上承認陳嘉君是他老婆的時候，陳嘉君就說她是施太太，然後每個月要給阿蕙的錢就開始糟蹋，比如初一一定要給，她就糟蹋到月中還沒給，所以阿蕙就得打電話來台北催，因為阿蕙必須靠那些錢生活。甚至到95年（2006年）紅衫軍的時候，生活費就不給阿蕙了。

現在阿蕙的身體很差，她88年（1999年）生病，93年（2004年）開刀，移植肺臟，也就是說，生病了六年多才換到。【施又熙：我姊的病名有點複雜，簡單來說，在她的肺臟裡，一般氣泡的地方它長肉，所以它變纖維化，所以她的呼吸就出問題，氣體進不去。她的肺臟已經移植了，所以病

算是解除了，但現在變成是移植後病人。因為移植是一輩子
都要吃抗排斥藥，而且每個月都要回診，看她的肺功能等
等，問題是抗排斥藥通常也很毒，所以會開始產生其他的副
作用，可能就要加吃別的藥，保護哪裡哪裡，反正就是越吃
越多。她年紀也大了，大我九歲，今年（2020年）也六十
了，所以開始有骨質疏鬆，而且身上也開始長一些誇張的息
肉，變得很怪。】

　　阿蕙半年要注射一支六千塊的針，她本來要注射馬英九
媽媽打的那種，馬英九媽媽也有骨質疏鬆，是打一萬兩千多
塊的。但我們的生活很苦，我也沒有錢，好在榮總一位張醫
生都有幫忙出，但後來他說，一萬兩千多的不能打，因為太
強了，阿蕙的身體受不了，所以改打六千多塊的。但打了一
陣子，張醫生要去美國了，我就開始煩惱該怎麼辦，剛好那
個月開始健保可以給付了，所以現在就半年打一次，讓疏鬆
不會一直惡化。因為她都吃抗排斥藥，所以一定會傷到。
【施又熙：我姊好像有一次牽摩托車而已，別人牽車從後面
經過，撞到她的骨盆，她的骨盆就骨折了。】沒有跌倒就斷
了，髖骨也斷了，可見疏鬆有多嚴重，所以現在都很小心。

　　現在我跟阿蕙一起住，幫忙照顧她和孫子。她88年
（1999年）生病時就離婚了。兩個兒子現在一個在工作，
一個還在念碩士，9月畢業後就要去當兵了。大兒子賺的錢
也不是很多，一個月拿八千塊出來給我買菜而已，但八千塊
給我買菜，一頓七十塊要怎麼吃？有時候阿蕙吃一頓，就
要一百二十塊了，有時候吃不下，說要吃義大利麵，就要
一百二十塊，但我們還是給她吃，不然能怎麼辦？她最近來
台大回診，有做核磁共振，因為經過了一段時間，要檢查一

下。開刀的那些人，剩兩、三個還在，其他都過世了，很厲害，她撐了十幾年。【施又熙：肺臟移植存活率比較低，因為它跟一般移植不一樣，一般移植是移植完要休養，但肺臟是移植完只要可以下床，就要立刻做復健，要讓他可以自主呼吸，不然肺部一樣會衰敗，所以很多人其實是沒有辦法熬過術後復健的那一段，因為很痛苦。還帶著引流管，就要馬上在那裡踩腳踏車、做運動，要是肺只靠那個儀器的話，很快就會壞掉，所以肺臟移植存活率是最低的，而且也很難取得肺臟。】現在她沒有做手工藝了，不然她以前也會做一些漂亮的小東西，那時候民進黨辦演講會，我如果出來賣，知道的人都會來跟我買書，買小君的書，也會買她做的東西。

　　現在在高雄，早上六點多就要幫大孫子買早點，他七點多要去勞工公園那邊上班，接下來回來就是洗衣服，整理東西。中午快到了，我比較沒有在煮，我都煮晚上的，就看阿蕙要吃什麼，有時候吃到我得摩托車騎去很遠的地方，高雄又熱，颱風很大我也得騎出去買，很危險，但還是要去買。恆毅自己住，以前我有留房子，但為了隆基，都拍賣掉了，但後來我又跟銀行買回來。

　　兩個女兒跟寬裕很親，恆毅則跟我比較多，只有一陣子他有上來跟寬裕一起作伴，但寬裕經常走路走得很遠，有一次恆毅被嚇到，因為他都用走的，很遠也用走的。【施又熙：現在蔡爸爸比較不能走了，都乖乖坐車。他現在脊椎好像有問題。醫生跟他討論的結果，他說他這輩子脊椎都沒有受過什麼傷，唯一受傷是當年刑求的時候，他端著椅子，水杯倒了，後面一個人就踹他的下脊椎，把他踹倒在地上，他說脊椎唯一受傷就是那一次。】寬裕現在心臟也有一點問

題，之前還聽他說裝心臟支架要好多錢，也因為眼睛開刀沒有處理好變成右眼失明。

蔡寬裕先生大事記

1933　2月5日出生於台北大稻埕，生父蔡乞食（水金），生母顏招治（養家姓楊），在家排行第二，五歲前住在瑞芳。

1938　父母離婚，生父再婚後，隨繼母（楊桃）遷居台北松山，父親到台中經營木材生意。

1940　遷居台中，不久後又遷回瑞芳，由舅父母扶養。

1942　父親因肺癆過世，隨繼母再遷至台中，後畢業於新高（太平）國小。

1943　繼母再婚，繼父莊仁義為中醫師。

1946　就讀省立台中商業職業學校（中商）初中部。

1947　初中二年級目睹二二八事件發生，對國民黨政府萌生反感。

1952　經常與高中同學討論台灣問題，反抗意識強化。

1953　就讀東吳大學經濟系（第一屆），寒暑假回台中幫忙老師李樹遠處理新生商職補校校務，受張深切先生台灣意識啟蒙。

1954　隨繼父改姓莊。

1957　大學畢業之際在校評論「劉自然事件」，5月30日深夜於家中遭調查局人員逮捕，拘押偵訊至11月，處以「保護管束」飭回，須向台中調查站報到。

1958　幫忙餐廳開業，後回母校台中商職任教，私立新生補校兼課。

1959　因教育廳獎勵教育人員進修方案，自費前往日本東京教育大學短期進修，並接觸廖文毅台獨運動的組織，年底返國。

1960　自日返國後，代理新生商職校長、接手學校董事會改組，欲發展為培養台灣意識的台獨組織。

1961　關注「蘇東啟案」後續發展。

1962　5月因「獻身台灣民族獨立運動」的傳單再度被拘押，先移送台中、新竹偵訊，9月移送警備總部軍法處看守所（台北市青島東路三號）。

1963　5月11日初審，警備總部軍事法庭以《懲治叛亂條例》二條三「陰謀以非法之方法顛覆政府」判處十年有期徒刑，褫奪公權五年。8月8日覆審確定，後移送軍法處看守所安坑分所。

1964　移送泰源監獄（1964年3月至1972年3月）執行。

1970　2月8日參與泰源監獄武裝叛亂不成，因醫務所外役身分，經三個月隔離偵訊，始回押房。5月30日江炳興、詹天增、陳良、謝東榮、鄭金河五烈士遭槍決。

1972　3月移監綠島國防部感訓監獄（綠洲山莊），5月刑滿，又留在綠島指揮部延訓三年。

1974　繼母過世。

1975　5月出獄，始知繼母過世，接收經營輝興化學公司、製鞋廠（至1984年），關心、安頓政治犯難友，並協助陳麗珠女士處理施明德保外就醫事宜。

1977　陳麗珠離婚後，到台中幫忙經營工廠。

1978　大兒子出生。

1979　雙胞胎女兒出生。

1981　恢復原姓，籍名改回蔡寬裕。

1983　合夥經營砂石開發公司。

1987　抗議國民黨政府制定《國家安全法》。7月15日解嚴。

籌備發起「台灣政治受難者聯誼總會」（8月30日成立，至2000年改名為「台灣戒嚴時期政治受難者關懷協會」）。

接手經營三棉貿易公司。

2001　赴中國擔任寧波台商會的企管顧問（至2006年）。

2006　接任「台灣戒嚴時期政治受難者關懷協會」第四屆秘書長，後連任第五、第六屆秘書長（至2012年）。

2008　擔任景美人權文化園區諮詢委員（至國家人權博物館籌備處成立）；從第七屆立法院會期起，推動《戒嚴時期人民受損權利回復條例》修正案。

2011　10月19日國家人權博物館籌備處成立，12月10日掛牌，促成組織法草案，終於在2017年底三讀通過，12月13日公布。

2012　擔任「台灣戒嚴時期政治受難者關懷協會」第七屆理事長，成立後援會支持蔡英文競選總統，要求推

動轉型正義。

2014　獲任「台灣戒嚴時期政治受難者關懷協會」榮譽理事長。

2016　推動《促進轉型正義條例》立法（終在2017年12月27日公布）。

2018　3月15日國家人權博物館正式成立，5月18日掛牌，擔任該館人權種子老師。5月31日促進轉型正義委員會正式成立，發動政治案受難者組織成立「聯合工作小組」（由「台灣二二八關懷總會」、「五十年代白色恐怖平反促進會」、「中華民國台灣地區政治案件處理協會」、「台灣戒嚴時期政治受難者關懷協會」組成），重點放在修正《促轉條例》第六條損害賠償及沒收財產返回。

2019　3月，再度提出「戒嚴時期人民受損權利回復條例」修正案，特別是第四條有關「沒收財產」的發還。

7月，立法院三讀通過「政治檔案條例」，7月24日公布。

2020　以「行動聯盟」（由「台灣地區戒嚴時期政治受難者關懷協會」、「五十年代白色恐怖案件平反促進會」、「台灣二二八關懷總會」組成）名義成立小英後援會。

索引

國家圖書館出版品預行編目(CIP)資料

活著說出眞相：蔡寬裕先生訪談錄/陳儀深訪問；
彭孟濤, 林東璟, 潘彥蓉紀錄. -- 初版. -- 臺北市：
前衛出版社, 國史館, 2020.12
320面；15×21公分

　ISBN 978-957-801-925-6（平裝）

　1. 蔡寬裕　2.訪談　3.臺灣傳記

783.3886　　　　　　　　　　　　110000686

活著說出真相——蔡寬裕先生訪談錄

訪　　問　陳儀深
記　　錄　彭孟濤、林東璟、潘彥蓉

責任編輯　楊佩穎
校　　對　蔡寬裕、陳儀深、彭孟濤、楊佩穎、施又熙

美術設計　盧卡斯工作室
電腦排版　宸遠彩藝

出 版 者　國史館
　　　　　100006 台北市中正區長沙街一段2號
　　　　　電話：02-23161000
　　　　　郵撥帳號：15195213
　　　　　官方網站：https://www.drnh.gov.tw

　　　　　前衛出版社
　　　　　10468 台北市中山區農安街153號4樓之3
　　　　　電話：02-25865708｜傳真：02-25863758
　　　　　郵撥帳號：05625551
　　　　　購書‧業務信箱：a4791@ms15.hinet.net
　　　　　投稿‧編輯信箱：avanguardbook@gmail.com
　　　　　官方網站：http://www.avanguard.com.tw

總 經 銷　紅螞蟻圖書有限公司
　　　　　11494 台北市內湖區舊宗路二段121巷19號
　　　　　電話：02-27953656｜傳真：02-27954100

出版日期　2020年12月初版一刷
定　　價　新台幣400元（平裝）